# 선악의 기원

아기를 통해 보는 인간 본성의 진실

# 선악의 기원
## JUST BABIES

폴 블룸 지음  최재천·김수진 옮김

The Origins of Good and Evil

21세기북스

JUST BABIES: The Origins of Good and Evil
by Paul Bloom
Korean translation copyright © 2024 by Book21 Publishing Group
Copyright © 2013 by Paul Bloom
All rights reserved.

이 책의 한국어판 저작권은 Brockman, Inc.을 통한 저작권자와의 독점 계약으로
㈜북이십일에 있습니다. 저작권법에 의하여 한국 내에서 보호를 받는 저작물이므로
무단전재와 무단복제를 금합니다.

**헌사**
일레인 라이저와 머레이 라이저에게
그들의 사랑과 응원에 감사하며 이 책을 바친다.

**일러두기**
1. 단행본은 《 》로, 정기간행물, 영화, 방송 프로그램 등은 〈 〉로 표기했습니다.
2. 원서의 이탤릭체는 단어의 경우 홑따옴표로, 문단의 경우 고딕체로 표기했습니다.
3. 본문에서 언급하는 외서가 국내에 출간되지 않은 경우 최대한 원서에 가깝게 번역하고 원제를 병기했습니다.
4. 인명, 지명, 작품명 등의 외래어는 국립국어원 표기법을 따르되 몇몇 경우는 관용적 표현을 참고했습니다.
5. 일부 표기와 맞춤법은 역자의 표현을 따랐습니다.

인간은 사회를 이루며 살 운명이었다.
따라서 그의 도덕성은 이런 목적에 맞게 형성되었다.
그는 단지 이런 목적과 관련된 옳고 그름만을 감별하는 감각을 타고났다.
이 감각은 청각이나 시각, 촉각만큼이나 그의 본성을 이루는 한 부분이다.
이 감각이야말로 도덕성의 진정한 토대다….
도덕감각 또는 양심은 팔이나 다리처럼 사람의 한 부분이다.
모든 인간이 다 가지고 있지만,
사람에 따라 더 강하기도 하고 약하기도 하다.
마치 팔다리의 힘이 사람마다 더 세기도 하고 약하기도 한 것처럼.
이 감각은 훈련을 통해 강화할 수 있다.
마치 어느 팔다리나 그렇게 할 수 있듯 말이다.

**토머스 제퍼슨**Thomas Jefferson**,** 1787년

### 이 책에 쏟아진 찬사

"아기가 풍요로운 인지적, 도덕적 삶을 산다는 것은 21세기 심리학이 발견한 가장 매혹적인 사실 가운데 하나다. 폴 블룸 교수는 이러한 연구로 인간 본성을 어떻게 조명할 수 있는지 설명한다. 그 과정에서 그의 전매특허와 같은 명료함과 심오함, 명민함, 우아한 문체가 빛을 발한다."
— 스티븐 핑커Steven Pinker, 하버드대학교 심리학과 교수, 《우리 본성의 선한 천사》 저자

"영아기 이후로 우리의 도덕성이 어떻게 발달하는지를 경이로운 시선으로 깊이 있게 들여다보면서 우리의 모습을 빚어내는 유전자와 환경의 미묘한 상호작용을 탄탄한 논거로 입증한다. 사회과학 열성팬과 부모라면 꼭 읽어보아야 할 책이다."
— 댄 애리얼리Dan Ariely, 듀크대학교 심리학 및 행동경제학과 교수, 《상식 밖의 경제학》 저자

"폴 블룸은 영아의 도덕적 선호를 흥미롭게 탐구하여 한 권의 책을 무대에 올린다. '그저 아기'에 관한 책이 아니다. 도덕성의 본성 그 자체를 깊숙이 파고들기에 우리 모두를 위한 책이며 우리가 어떤 도덕적 존재인지 더 많이 알고 싶은 모든 사람을 위한 책이다."
— 피터 싱어Peter Singer, 프린스턴대학교 생명윤리학과 교수, 《죽음의 밥상》, 《동물 해방》 저자

"《선악의 기원》은 중요한 책이다. 오늘날에는 도덕성이 실재하지 않는다는 것이 통설이다. 우리의 진화적 본능은 순전히 이기적이기 때문이다. 또한, 인간 사회는 불합리한 충동적 욕구를 토대로 삼으며 이성과 선택은 아무짝에도 쓸모없다고 한다. 그런데 영향력 있는 실험 심리학자이자 철학 분야의 숙련된 독서가인 블룸 교수는 이 두 가지 오류에 모두 확고히 마침표를 찍는다. 《선악의 기원》은 대립하는 견해들을 경탄스러우리만치 공정하게 다루면서 생생하고 능숙하게 주장을 펼친다. 인간은 도덕성의 풍부한 기반뿐만 아니라 불편한 성향 역시 얼마간 물려받는다고 말이다. 선을 최대한 발휘하고 악을 억제하기 위해 우리가 할 수 있는 바를 다 하는 것이 역사와 문화, 이성이 해야 하는 일이다."

— 마사 너스바움Martha Nussbaum, 시카고대학교 법학 및 윤리학과 교수, 《정치적 감정》 저자

"아동심리학 분야의 가장 놀라운 최신 연구를 살펴봄으로써 어른들이 하는 불가사의한 일들을 더 잘 이해하게 된다. 블룸 교수는 일급 과학자가 어떻게 서로 충돌하는 연구 결과들과 폭넓은 학문, 심오한 인간성을 통합하여 미묘하고도 종종 놀라운 인간 본성의 초상을 그 아름다움과 참상, 경이로움을 담아 그려내는지를 보여준다."

— 조너선 하이트Jonathan Haidt, 뉴욕대학교 스턴경영대학원 교수, 《바른 행복》, 《바른 마음》 저자

"폴 블룸은 흥미로운 지성의 소유자다. 인간 도덕성의 기원을 추적하는 그의 뒤를 따르는 일은 희귀한 선물과도 같다. 블룸은 명료함과 위트를 발휘하면서 우리가 아기에게 배울 것이 믿을 수 없으리만치 많다는 것을 보여준다. 거장의 솜씨가 묻어 있는 페이지 하나하나마다 그 가르침은 놀라움과 기쁨으로 가득하다."
— 에밀리 베이즐론Emily Bazelon, 《몽둥이와 돌멩이》 저자

"폴 블룸은 우아하고 위트 넘치는 글과 지적인 엄격함을 한데 버무려, 사람들이 어떻게 그리고 왜 그토록 경이로우면서도 끔찍한지를 설득력 있게 설명한다. 이 책은 자아 성찰을 부추김으로써 그 자체가 깨우침의 도구가 될 뿐만 아니라, 인류가 선을 향해 또 한 걸음 나아가게 도와주기도 한다."
— 로버트 라이트Robert Wright, 《도덕적 동물》 저자

"《선악의 기원》은 마음을 꿰뚫는 통찰과 최첨단 과학, 우아한 산문의 조합물이다. 수많은 독자가 심리학계 최고 작가 중 한 명이자 예리한 지성 가운데 한 사람에게 기대할 법한 바로 그것이다."
— 대니얼 길버트Daniel Gilbert, 하버드대학교 심리학과 교수, 《행복에 걸려 비틀거리다》 저자

"폴 블룸은 마음을 사로잡는 매력적인 이야기를 들려줄 줄 아는 과학자다. 초보 부모의 시각에서 본 《선악의 기원》은 우리 아들의 도덕감각 발달에 대한 통찰로 가득할 뿐만 아니라 대단한 즐거움을 선사하는 읽을거리이기도 하다."
— 마이클 셔머Michael Shermer, 〈스켑틱〉 발행인, 《선악의 과학》 저자

"폴 블룸은 오늘날 최고의 심리학자이자 작가 가운데 한 사람으로 꼽힌다. 《선악의 기원》에서 그는 딱딱한 데이터를 매력적인 일화와 예리한 분석과 한데 섞어 인류가 직면한 가장 심오한 질문 가운데 하나를 탐구한다. 그것은 바로 '우리는 어떻게 도덕적 존재가 되는가?'이다. 그는 대중적 심리학이 통명스럽게 다루는 진실, 즉 우리 삶에서 숙고와 이성이 으뜸이라는 사실을 해박하고 열정적인 논거로 입증한다."
— 샐리 사텔Sally Satel, 의학박사, 《세뇌》 저자

"이 책을 통해 폴 블룸 교수의 한결같이 뛰어난 심리학 연구를 만나고, 이를 풀어내는 그의 지혜롭고 편안한 글쓰기에 매료된다."
— 짐 홀트Jim Holt, 《세상은 왜 존재하는가》 저자

"경이로우리만치 명료하고 즐거운 책이다. 당신 자신과 당신의 자녀, 바로 옆 칸에 있는 사이코패스를 지금보다 잘 이해하고 싶다면 이 책을 펼치시길."
— 샘 해리스Sam Harris, 《자유 의지는 없다》, 《종교의 종말》 저자

"《선악의 기원》은 옳고 그름에 대한 우리의 감각을 매혹적이고도 독창적으로 탐구한다. 블룸 교수와 그의 동료들은 아기들과 게임을 하면서 도덕성의 수수께끼를 파헤친다. 재치 있고 우아한 이 책에서 그는 아기들의 반응을 통해 알 수 있는 심오한 교훈을 가르쳐준다. 이 책을 읽고 나면 결코 예전과 같은 시선으로 어린 아기를 바라보지 못하게 된다."
— 칼 짐머Carl Zimmer, 《영혼이 몸을 만들었다》 저자

"폴 블룸 교수는 마음을 사로잡는 매력적인 이야기보따리를 풀어낼 줄 아는 과학자다. 이제 막 부모가 된 내가 보기에 《선악의 기원》은 우리 아들의 도덕감각 발달에 관한 통찰로 가득할 뿐만 아니라, 큰 즐거움을 선사하는 읽을거리이기도 하다."
— 조슈아 포어Joshua Foer, 《아인슈타인과 문워킹을》 저자

"다른 종들과의 진화적 연속성 측면에서 보면, 그리고 아기들이 도덕적 추론과 논리를 기대할 수 있는 나이가 되기 훨씬 전부터 보이는 반응을 보면, 도덕성은 우리 안에 심겨 있음이 분명하다. 폴 블룸 교수는 인간의 선악 감각이 어렸을 때 출현한다는, 근사한 새로운 증거들을 활기 넘치고 유쾌한 문체로 살펴본다."
— 프란스 드 발Frans de Waal, 에모리대학교 심리학과 교수, 여키스 국립영장류연구센터 산하 리빙링크스 센터장, 《착한 인류》 저자

"속 시원하고 권위 있게 혐오를 논하는 블룸 교수의 솜씨가 특히 훌륭하다. 그가 기술하는 실험들은 재치 있고 뛰어나다."
— 〈네이처〉

"블룸 교수는 자신을 비롯한 다른 학자들의 학구적 연구 결과를 범접할 수 있고 소구력 있는 문장으로 뽑아내는 재주가 있다. 권위 있으면서도 열린 자세가 읽히는 그의 글을 보면 그가 이의를 제기하는 어떤 사람과도 활발히 토론을 즐기는 사람이라는 것을 알 수 있다."
— 〈워싱턴 포스트〉

"통찰로 가득하고 재미가 쏠쏠한 책이다. 블룸 교수는 추상적인 원리를 명확하고 가독성 있는 문장으로 옮겨냄으로써 복잡한 소재를 과도하게 단순화하지 않으면서도 문외한이 접근할 수 있게 만든다. 그는 재기 넘치고, 매력적이며 기발함을 진솔하게 드러내는 목소리로 도덕성과 인간성을 둘러싼 놀라운 진실을 들려준다."
— 〈보스턴 글로브〉

"블룸 교수는 우아하고 명확하며 경제적인 글쓰기로 탁월한 안내자 역할을 한다. 관찰자이자 평가자인 그는 증거를 두고 어느 한쪽의 해석에 이념적으로 편중되지 않는다. 그는 인간을 배제한 사고에 집착하는 도덕철학에 이의를 제기하면서 도덕성이 우리의 진화적 과거에서 파생된 감정들에 전적으로 바탕을 두고 있다는 생각에 의구심을 가진다. 그는 우리가 타고난 것들은 그저 시작에 불과하며, 이성 역시 우리의 도덕 발달에 핵심적인 역할을 한다고 지적한다."
— 로라 밀러Laura Miller, 〈Salon.com〉

"생기 있고 편히 다가갈 수 있는 문체로 쓴 블룸 교수의 글은 현존하는 수렵, 채집 부족을 포함해서 많은 사회에 속한 성인들을 연구한 결과를 근거로 삼는다. 그는 철학과 종교가 주장하는 도덕에 제동을 걸면서 '도덕과 무관한 자연선택의 힘'이 도덕적 사고와 행동의 토대를 조금씩 쌓아 올렸을 수 있다고 주장한다."
— 〈뉴 사이언티스트〉

"블룸 교수는 도덕성에는 연민이 요구되지만 때로는 그보다 우선되기도 한다는 것을 설득력 있게 주장한다. 인간의 도덕성에 대한 매력적인 고찰에 관한 책이다."
— 〈커커스 리뷰〉

"재치와 열정 넘치는 폴 블룸 예일대학교 심리학과 교수가 도덕성의 본성을 탐구한다. 그 과정에서 심리학, 진화생물학, 철학 분야의 최신 연구를 바탕으로, 어떤 요인은 타고나는 것으로 보이며 또 어떤 요인은 문화적으로 결정되어 있는지를 논한다. 블룸 교수는 도덕성의 본성이 과학적 연구 대상이 된다는 사실을 확고히 보여준다."
— 〈퍼블리셔스 위클리〉

옮긴이의 글

# 아기에게 선악을 묻다

폴 블룸 예일대학교 심리학과 교수는 1990년 나랑 같은 해에 박사 학위를 취득했다. 나는 하버드대에서, 그는 하버드에서 그저 몇백 미터 떨어진 MIT에서. 그는 언어심리학자로 학문에 입문했으나 점차 도덕성의 기원과 발달 과정을 연구하는 진화심리학자로 변모했다. 나 역시 곤충학자로서 학문의 여정을 시작했으나 어느덧 인간 행동을 연구하는 진화심리학에도 입문했다. 그와 나는 지금 나란히 국제학술지 〈진화심리학Evolutionary Psychology〉의 편집위원으로 일하고 있다.

이 책은 선과 악의 이해와 판단 그리고 실행이 개인의 발생 과정에서 언제, 어떻게 일어나고 변모하는지 촘촘히 읽어낸다. 그러기 위해 블룸 교수는 철학에서 출발해 발달심리학, 사회심리학, 행동경제학, 뇌인지과학과 진화생물학에 이르기까지 학문의 경계 따위는 아랑곳하지 않고 종횡무진 넘나든다. 20여 년 전 내가 우리 사회에 던진 화두인 통섭적 연구의 전형을 보는 듯하다.

도덕 심리의 발달과 진화를 이해하려면 거의 필연적으로 공감의 속성과 범주를 파악해야 한다. 나는 2017년 이타성과 공정성의 생물학적 기원에 관해 저명한 영장류학자 프란스 드 발Frans de Waal이 저술한 《공감의 시대》를 번역했다. 드 발에 따르면, 공감 본능은 포유동물의 진화 초기부터 나타난 적응 현상이다. 공감의 개념을 처음으로 확립한 사람은 1776년에 펴낸 《국부론》 때문에 흔히 '경제학의 아버지'로 불리지만 정작 본인은 그보다 17년 전에 출간한 《도덕감정론》을 자신의 역작으로 평가한다고 알려진 애덤 스미스Adam Smith였다. "우리는 서로에게 공감하고 그 사람의 입장이 되어 본다. 그러면 그와 어느 정도 같은 사람이 되고 그때부터 그와 비슷한 감각을 형성하며 비록 정도는 약해도 그와 다르지 않은 뭔가를 느끼기도 한다." 심리학자 사이먼 배런코언Simon Baron-Cohen은 공감 능력의 감퇴가 악행으로 나타나며 악인은 바로 공감 능력이 낮은 사람이라고 규정했다.

《공감과 도덕 발달》이라는 책에서 심리학자 마틴 호프먼Martin L. Hoffman은 어린아이들에게는 공감이 핵심적 능력이기 때문에 그들의 도덕적 행동은 전부 공감에서 기인한다고 주장했다. 블룸 교수는 바로 이 점에서 출발해 예일대학교 유아인지센터를 이끌고 있는 아내 캐런 윈Karen Wynn 박사와 함께 영·유아를 관찰하며 도덕성의 기원을 탐구해왔다. 영·유아를 관찰하며 실험하는 그의 연구 전략은 탁월한 결과들로 이어져 그는 스탠턴 상, 윌리엄 제임스 상, 엘레노어 맥코비 상 등 심리학자로서 받을 수 있는 거의 모든 상을 휩쓸었다. 이 책에서 그는 오랜 영·유아 연구를 바탕으로 인간의 공감 능력의 발달과 소멸이 어떻게 성인의 도덕적 행위로 발현되는지 설명한다.

"도덕감각 또는 양심은 팔이나 다리처럼 사람의 한 부분이라네. 모든 인간이 다 가지고 있지만, 사람에 따라 더 강하기도 하고 약하기도 하지. 마치 팔다리의 힘이 사람마다 더 세기도 하고 약하기도 한 것처럼."이라는 토머스 제퍼슨의 말처럼 인간의 도덕적 본성은 진화의 산물이다. 우리가 어떻게 선과 악을 구분하고 그 이해를 바탕으로 행동하며 사는지를 아기에게 물어 답을 찾아낸 이 책은 내가 그동안 이 주제에 관해 읽은 그 어떤 책보다 탁월한 설득력을 지닌다. 나는 2023년 서울대학교 졸업식에서 축사를 하는 영광을 누렸다. 나는 '치졸한 공평'이 아니라 '고결한 공정'을 추구하자고 호소했다. "공평은 양심을 만나야 비로소 공정이 됩니다. 양심이 공평을 공정으로 승화시켜 줍니다."

이 책은 우리 각자의 마음속에서 꺼질 듯 꺼질 듯, 그러나 쉽사리 꺼지지 않는 양심의 촛불을 어떻게 환히 타오르게 할 수 있는지에 대한 과학적 근거와 사회적 배경을 제시한다. 다짜고짜 더 나은 사회를 만들자며 공허한 구호를 외치기 전에 왜 그런 구호를 부르짖고 싶어지는지, 그리고 어떻게 부르짖어야 보다 많은 사람들이 동참하게 되는지 짚어준다. 도덕성, 공감, 그리고 공정에 관한 이론과 실재를 이처럼 치밀하게 엮어주는 책은 일찍이 없었다. 이 책은 사실 2015년에 번역되어 출간된 적이 있다. 하지만 책 내용의 완성도나 우리 사회에 던지는 시사성에 비해 그리 주목받지 못해 많이 아쉬웠다. 그래서 직접 번역 작업에 뛰어들어 새롭게 선보이게 되었다. 아이를 선하고 따뜻한 사람으로 키우고 싶은 부모라면 반드시 이 책을 읽어야 한다. 읽은 다음에는 아이도 읽을 수 있도록 슬며시 아이의 책상 위에 놓아두시라.

통섭원에서

**최재천**

이화여대 에코과학부 교수/ 생명다양성재단 이사장

**머리말**

# 도덕성을 찾아서

2005년 댈러스에 사는 작가[1] 버지니아 포스트렐은 지인인 샐리 사텔이 신장 질환으로 고통받고 있다는 소식을 접한다. 신장을 이식받지 않는다면 샐리는 얼마 지나지 않아 1주일에 사흘씩 혈액 여과기로 투석을 받아야 할 상황이다. 이것저것 알아보고 남편과 상의한 다음, 버지니아는 워싱턴 D.C.로 날아가 자신의 오른쪽 신장을 샐리에게 내주었다. 신장 이식은 대개 가족들 간에 이루어지는 것이 보통인데, 버지니아와 샐리는 하물며 친한 친구 사이도 아니었다. 그래도 버지니아는 샐리의 처지가 남의 일처럼 느껴지지 않아서 이런 식으로 에두르지 않고 직접 도울 수 있다는 생각에 좋았다고 했다. 세상에는 이보다 한 걸음 더 나아가는 사람들도 있다.[2] 그들은 장기 이식을 알선해주는 machingdonors.com 같은 사이트에 접속해서 신장을 비롯한 여러 장기를 생면부지의 남에게 기증할 준비를 한다.

어떤 사람들은 이런 종류의 이타심을 신이 심어놓은 도덕률의 증거[3]로 본다. 그 가운데는 미국 국립보건원 원장 프랜시스 콜린스Francis Collins 같은 유명한 과학자들도 있다. 그의 주장에 따르면, 우리의 도덕적 판단과 도덕적 행동은 생물학적 진화의 힘으로는 완전히 설명되지 못하며, 그 증거가 바로 이런 사심 없는 행위라고 한다.

하지만 이처럼 출중한 친절함과 함께 세상에는 등골을 오싹하게 만드는 잔인함도 있다. 오늘 아침만 해도, 신문에는 여자친구로부터 이별을 통보받은 남성이 그녀를 스토킹하고 얼굴에 염산을 뿌렸다는 기사가 실렸다. 또 내 기억 속에는 어렸을 적에 처음으로 들었던 홀로코스트 이야기도 선명하게 남아 있다. 가스실과 가학적인 의사들, 아이들로 비누와 전등갓을 만들었다는 이야기가 또렷이 기억난다. 과연 우리의 경이로운 친절함이 신이 존재한다는 증거라면, 엄청난 악행을 저지르는 우리의 능력은 악마가 존재한다는 증거일까?

이외에도 세상에는 더 일상적으로 행해지는 친절한 행동과 잔인한 행동이 있다. 나의 경우, 내가 저지른 나쁜 짓들이 가장 기억에 남는다. 과거에 했던 선택들 가운데 몇몇은 머리에 떠올리면 여전히 수치심에 몸 둘 바를 모르겠다. (여러분은 그렇지 않은가? 그렇다면 여러분은 나보다 훨씬 좋은 사람이다. 혹은 훨씬 나쁜 사람이거나.) 어떤 선택들은 그 당시 내가 옳다고 생각했던 것을 바탕으로 저지른 순수한 실수가 맞다. 하지만 다른 경우들도 있다. 그때 나는 어떻게 하는 게 옳은지 알고 있었지만, 그와 다르게 하는 쪽을 선택했다. 이를 두고 스타워즈의 현인 요다라면 이렇게 표현했을 것이다. "강한 법이지, 어둠의 힘은." 물론, 인정한다. 내 신장 두 개는 아직 멀쩡히 그대로다. 그렇더라도 나는 다른 사람들을 돕기 위해 희생한 적도 있고, 내가 옳다고 여긴 대의명분을 위해 위험을 무릅쓴 적도 있다. 이런 모든 면에서 봤을 때, 나는 완벽히 보통 사람이다.

본디 도덕성은 우리 마음을 사로잡는다. 소설, TV 드라마, 영화처럼 허구이건 언론과 역사에 등장하는 실제 사건이건, 우리가 가장 좋아하는 이야기는 권선징악이다. 우리는 착한 자들이 상을 받기를 바란다. 그리고 나쁜 놈들이 고통받는 모습을 진심으로 보고 싶어 한다.

처벌하고 싶은 우리의 욕구는 극단으로까지 치닫기도 한다. 몇 년 전, 영국에서는 한참 동안 잃어버렸던 고양이가 쓰레기통에 갇힌 채 발견된 일이 있었다. 고양이 주인은 그 거리를 촬영한 보안용 감시 카메라를 돌려보고 무슨 일이 벌어졌는지 알게 되었다. 한 중년 여성이 고양이를 집어 들더니 주위를 둘러본 뒤 쓰레기통 뚜껑을 열고 고양이를 안에 던져 넣었다. 그런 다음, 뚜껑을 닫고 유유히 사라졌다. 고양이 주인이 이 동영상을 페이스북에 올리자, 메리 베일이라는 그 여성의 정체가 금세 밝혀졌다. 자, 고양이 주인이(그리고 이 경우 그 고양이가) 왜 베일의 행동에 격분하는지는 쉽게 이해가 간다. 그런데 그 외에도 수많은 사람이 그들이 본 장면에 큰 충격을 받았다. 그들은 그녀의 피를 원했다. "메리에게 죽음을"[4]이라는 페이스북 페이지를 만든 사람까지 등장한 탓에 그녀는 경찰의 보호를 받아야만 했다. 실제로, 군중에게 부도덕한 행위를 저지른 죄인으로 지목되어 군중의 손에 처단되는 사람들이 있다. 그런데 그런 행위 중에는 한편에서는 이처럼 죽어 마땅한 부도덕한 행위이지만 다른 사람들에게는 도덕적으로 용납되는 행위도 포함되어 있다. 가령, 혼인하지 않은 채 성관계를 가지는 것이 그렇다.

그렇다면 어떻게 해야 우리의 도덕적 본성을 가장 잘 파악할 수 있을까? 많은 사람이 이것은 신학의 영역이라는 콜린스의 주장에 동의할 것이다. 그런가 하면, 도덕성은 소설가와 시인, 극작가의 통찰을 통해 가장 잘 알 수 있다고 생각하는 사람들도 있다. 어떤 이들은 철학적 관점으로 도덕성에 접근하는 것을 선호하기도 한다. 그들은 사람들이 무엇을 생각하고 어떻게 행동하는지를 보는 것이 아니라, 규범윤리학(거칠게 말하면, 어떻게 행동해야 하는지)과 도덕철학(거칠게 말하면, 옳고 그름의 본질)의 문제에 주목한다.

그다음으로 과학이 있다. 도덕적 본성은 언어나 인식, 기억 등 우리의 정신적 삶의 다른 측면들을 연구할 때와 같은 방법을 사용해서 탐구할 수 있다. 여러 사회의 도덕적 추론을 들여다볼 수도 있고, 하나의 사회 안에서 사람들이 어떻게 다른지 탐구할 수도 있다—가령, 미국 내 진보주의자 대 보수주의자를 비교할 수 있다. 냉혈한 사이코패스처럼 예사롭지 않은 사례들을 조사할 수도 있다. 아니면 침팬지 같은 생명체들에게도 도덕성이라고 할만한 것이 있는지 궁금증을 가지고, 진화생물학으로 눈을 돌려 도덕감각이 어떻게 진화했는지 탐구할 수도 있다. 사회심리학자들은 어떻게 환경적 특성이 친절함이나 잔인함을 북돋우는지 연구할 수 있으며, 신경과학자들은 도덕적 추론과 관련된 뇌 부위를 관찰 대상으로 삼을 수 있다.

이 책에서는 이 모두를 간략히 다룬다. 하지만 나는 발달심리학자이니만큼 주된 관심사는 따로 있다. 바로 영유아가 지니는 도덕성의 기원을 들여다보는 방법으로 도덕성을 탐구하는 것이다. 나는 현대 발달학의 연구 결과로 우리의 도덕적 삶에 관한 충격적인 사실이 밝혀졌다고 주장할 참이다. 일찍이 토머스 제퍼슨이 친구 피터 카에게 쓴 편지에서 했던 말이 옳았다.[5] "도덕감각 또는 양심은 팔이나 다리처럼 사람의 한 부분이라네. 모든 인간이 다 가지고 있지만, 사람에 따라 더 강하기도 하고 약하기도 하지. 마치 팔다리의 힘이 사람마다 더 세기도 하고 약하기도 한 것처럼."

도덕감각은 타고나는 것이라는 제퍼슨의 견해는 그 당시 일부 계몽주의 철학자들도 공유했다. 그 가운데 한 사람이 바로 애덤 스미스[6]다. 나는 이 책을 탈고하기 전, 여름 동안 에든버러에서 지내면서 《도덕감정론》에 푹 빠졌다. 사람들은 대부분 애덤 스미스라고 하면 이보다 더 유명한 《국부론》을 떠올리지만, 막상 스미스는 자신의 첫 저서인 《도덕감정론》을 더 훌륭하다고 여겼다. 이 작품은 섬세하게 쓴 사려 깊고 관대한 글로 이루어져 있다. 그러면서도 상상과 공감의 관계, 연민의 한계, 다른 사람들의 잘못된 행동을 벌하고 싶은 우리의 충동 등 많은 것을 날카롭게 통찰한다. 현대 과학이 발견한 것들을 스미스의 눈을 통해 보는 것은 참으로 신나는 경험이다. 그래서 나는 마치 이제껏 읽은 책이라고는 단 한 권밖에 없는 대학생이라도 된 듯, 당혹스러울 정도로 애덤 스미스를 인용할 작정이다.

이 책에서는 발달심리학이 진화생물학과 문화인류학에 힘입어, 도덕성의 일부 측면은 타고나는 것이라는 제퍼슨과 스미스의 견해를 어떻게 지지하는지를 주로 기술한다. 그렇다면 우리가 타고나는 도덕적 자질에는 어떤 것이 있을까? 바로 다음과 같다.

- 도덕감각 – 친절한 행동과 잔인한 행동을 구별하는 어떤 능력
- 공감과 연민 – 주변 사람들의 고통에 아파하고 이 고통을 없애고 싶은 바람
- 초보적인 공정심 – 자원의 동등한 분배를 선호하는 성향
- 초보적인 정의감 – 좋은 행동은 상을 받고 나쁜 행동은 벌받는 것을 보고 싶은 욕구

하지만 우리의 타고난 선함에는 한계가 있으며, 때로 그렇기에 비극적이다. 1651년 토머스 홉스Thomas Hobbes는 "자연 상태에서" 인간은 사악하며 이기적이라고 주장했다. 이에 따라 나는 홉스가 어떤 면에서 옳았는지를 탐구할 예정이다. 본디 우리는 낯선 사람들에게 무관심하거나 심지어 적대적이기까지 하다. 우리는 지역주의와 편협함에 쉽사리 기운다. 우리가 보이는 본능적인 감정적 반응 가운데에는 집단 학살과 같은 끔찍한 짓을 하도록 부추기는 것이 있다. 가장 악명 높은 건 바로 혐오감이다.

마지막 장으로 넘어가기에 앞서 나는 아기의 도덕적 본성을 올바로 이해하면 어른의 도덕적 심리에 관한 새로운 관점이 마련될 수 있다는 것을 보여줄 예정이다. 이 관점에 따라 우리가 어떻게 세상을 가족 대 친구 대 이방인으로 나누는지 진지하게 살펴볼 것이다. 그런 다음, 마지막으로 우리가 어떻게 타고난 도덕성을 뛰어넘을 수 있게 되었는지를 탐구할 것이다. 우리의 상상력과 연민, 특히 우리의 지성이 어떻게 도덕적 통찰력과 도덕적 진보를 가져와 우리를 그저 아기가 아닌 그 이상의 존재로 만들었는지 들여다볼 것이다.

## 목차

**옮긴이의 글** 아기에게 선악을 묻다 ··· 16
**머리말** 도덕성을 찾아서 ··· 20


### 1장 아기의 도덕적 삶 ··· 31
도덕성이란 무엇인가? ··· 33
아기의 머릿속에서 벌어지는 일 ··· 48
우리는 도덕감각을 가지고 태어난다 ··· 56


### 2장 공감과 연민 ··· 67
사이코패스에게 없는 것 ··· 69
공감과 연민, 그 미묘한 차이 ··· 77
아기도 타인의 고통을 외면하지 못한다 ··· 87
돕는 행동을 하는 아기의 속마음 ··· 90
아기도 자기평가를 할까? ··· 97

## 3장 공정, 지위, 처벌 ··· 103
우리는 타고난 평등주의자이다 ··· 105
평등을 향한 인간의 두 얼굴 ··· 112
최후통첩 게임과 평등주의의 허상 ··· 119
아이들은 정말 욕심쟁이일까? ··· 128
처벌과 복수, 도덕성의 어두운 면 ··· 134
아이들은 평화주의자가 아니다 ··· 149

## 4장 타인들 ··· 159
낯선 사람을 향한 우리의 본능 ··· 161
인종 편향의 뿌리 ··· 165
언어 동질성이 만드는 사회적 유대감 ··· 172
사회적 분열은 어떻게 시작되는가 ··· 178
일반화의 함정 ··· 189

## 5장 몸 ··· 201
인간은 왜, 무엇을 혐오하는가? ··· 203
몸, 도덕 그리고 혐오의 삼각관계 ··· 216
혐오 민감성과 성행동 ··· 224
혐오감을 도덕적 신호로 여기지 말 것 ··· 230

## 6장 가족이 중요하다 ··· 237

혈연관계의 특수성 ··· 239
폭주 전차가 보여주는 딜레마 ··· 241
도덕성의 기원에 관한 진화론적 해석 ··· 252
친족, 내집단, 이방인: 관계 중심의 도덕 심리학 ··· 258

## 7장 어떻게 해야 좋은 사람이 될까? ··· 273

인간이 친절한 행동을 하는 진짜 이유 ··· 275
관습의 일부가 된 이타심 ··· 280
도덕적 범주를 확장하는 문학과 미디어 ··· 284
종교가 도덕의 기준이 될 수 있는가 ··· 291
이성과 감성 사이 ··· 298
타고난 본성, 배워가는 공평함 ··· 305

**감사의 말** ··· 314
**참고 문헌** ··· 318

# JUST BABIES

### The Origins of Good and Evil

# 1장
# 아기의 도덕적 삶

선악의 기원

**Just Babies**

### ♦ 도덕성이란 무엇인가?

한 살배기 아기가 제 손으로 직접 정의를 구현하기로 마음먹는다.[7] 그는 세 명의 등장인물이 나오는 인형극을 막 구경한 참이다. 극 중에서 가운데 인형이 오른쪽 인형에게 공을 굴리자 이 인형은 다시 공을 되돌려주었다. 이번에는 왼쪽 인형에게 공을 굴렸는데, 그만 공을 들고 달아나버렸다. 인형극이 끝난 후, 오른쪽과 왼쪽의 두 인형을 무대에서 내려 아기 앞에 놓아두었다. 각 인형 앞에는 사탕을 하나씩 두고, 아기에게 이 사탕들 가운데 하나를 가져갈 수 있게 했다. 예상대로, 이 실험에 참여한 영아들 대부분과 마찬가지로 이 아기도 '못된' 인형—공을 들고 도망간 인형—의 사탕을 가져갔다. 그런데 그는 이것만으로는 성이 차지 않았다. 그래서 몸을 앞으로 숙이더니 그 못된 인형의 머리를 후려쳤다.

이 책을 통해 내가 시사하고자 하는 바는 이렇다. 위와 같은 여러 실험 결과, 우리의 도덕성은 일부 측면은 타고나는 것이고 일부 측면은 그렇지 않음이 입증되었다. 우리에게는 다른 사람들을 판단하고, 연민과 비난을 하도록 유도하는 도덕감각이 있다. 선천적으로 우리는 다른 사람들에게 친절하다. 적어도 어느 순간만큼은 그렇다. 그런데 우리에게는 추한 본능도 있다. 이런 본능은 전이되어 악으로 흑화하기도 한다. "우리는 악한 근성으로 가득한 본성을 가지고 세상에 태어난다"라며, 19세기에 어린 아이들의 '타고난 패악'을 언급했던 토머스 마틴Thomas Martin 목사[8]의 주장이 완전히 틀렸던 건 아니다.

나는 아기들이 도덕적인 존재라는 주장이 누군가에게는 터무니없는 소리처럼 들릴 수도 있음을 잘 안다. 그렇기에 내가 하고자 하는 말이 정확히 무엇인지 분명히 밝히면서 시작하겠다.

이 책에서 사용하는 '아기'라는 단어는 정말로 아기를 의미한다. 셰익스피어Shakespeare의 표현을 빌자면 "유모의 품에서 가녀린 소리로 울기도 하고 토하기도 하는" 아기 말이다. 그런데 아기라고 다 같은 아기가 아니다. 나는 생후 3개월 미만의 아기는 거의 다루지 않을 생각이다. 가장 큰 이유는 이들을 대상으로 한 실험 데이터가 부족하기 때문이다. 현재 우리가 사용할 수 있는 방법으로는 이들의 마음을 연구하기가 어렵다. 나로서는 이런 데이터가 없는 상황에서 이처럼 작은 생명체들이 정말로 도덕적 삶을 산다고 주장하기가 조심스럽다. 일부 도덕성은 타고나는 것이라 하더라도, 타고난 특성 가운데에는 날 때부터 즉시 나타나지 않는 경우가 많다. 주근깨나 사랑니, 겨드랑이털을 생각하면 된다. 신체 다른 부위와 마찬가지로 두뇌도 시간을 두고 성장한다. 그렇기에 나는 날 때부터 도덕성이 있다고 주장하는 것이 아니다. 그 대신 어느 정도의 도덕적 토대는 학습을 통해 획득되는 것이 아니라고 주장하려 한다. 이런 토대는 엄마의 무릎 위에서 놀던 아기 때 생기는 것도 아니고, 학교나 교회에서 배우는 것도 아니다. 그보다는 생물학적 진화의 산물이다.

자, 그렇다면 '도덕성'은 무엇을 의미할까? 정말로 도덕성이 무엇인지에 대해서는 도덕 철학자들조차 의견의 일치를 보지 못한다.[9] 게다가 많은 비非철학자들은 이 단어를 사용하기를 꺼린다. 사람들에게 이 책이 무슨 내용인지 이야기했더니 많은 이들이 "나는 도덕성을 믿지 않는다"라는 반응을 보였다. 한번은 이렇게 말한 사람도 있었다. 진담인지 농담인지 확실치는 않지만 도덕성은 누구와 잠자리를 가질 수 있고 없는지를 정하는 규칙 그 이상도 그 이하도 아니라고.

용어를 두고 벌이는 논쟁은 지루하다. 누구나 원하는 대로 단어를 사용할 수 있는 법이니까. 그래도 내가 '도덕성'이라는 단어로 의미하고자 하는 것—내가 흥미롭게 탐구하고자 하는 것—에는 성적 행동에 대한 제약보다는 훨씬 많은 의미가 포함되어 있다. 간단한 사례를 하나 들어보자.

10대 청소년들이 가득 탄 자동차 한 대가 정류장에서 버스를 기다리던 고령의 여성 옆을 천천히 지난다. 그런데 차에 탄 청소년 가운데 한 명이 창밖으로 몸을 내밀더니 그 여성을 쳐서 넘어뜨린다. 그러고는 모두 웃으면서 차를 몰고 사라진다.

사이코패스가 아니라면, 여러분은 이 청소년들이 잘못했다고 느낄 테다. 더군다나 이 행동은 일종의 악행이다.[10] 이는 셔츠를 뒤집어 입고 밖을 돌아다니는 것과 같은 사회적 결례가 아니며, 태양이 지구 주위를 돈다고 생각하는 것처럼 사실을 오인한 것도 아니다. 체스 게임에서 졸을 앞으로 세 칸 움직이는 것과 같은 임의적 규칙 위반도 아니다. 이뿐만 아니라, 영화 〈매트릭스〉의 속편도 전편만큼 훌륭하다고 여기는 것과 같은 취향상의 착오도 아니다.

이러한 도덕 위반 행위는 특정한 감정과 욕구로 연결된다. 우리는 피해 여성에게는 동정심을, 가해 청소년들에게는 분노를 느끼게 될 수 있다. 그들이 벌받는 모습이 보고 싶어질 수도 있다. 그들은 자신들이 한 행동 때문에 마음이 불편해져야 하고 후회도 해야 한다. 최소한 그 여성에게 사과는 해야 한다. 만약 여러분 자신이 수년 전 그들 가운데 한 명이었던 사실이 불현듯

떠오른다면, 마음속으로 죄책감이나 수치심이 고개를 들 수도 있다.

누군가를 때리는 행위는 아주 기본적인 도덕 위반이다. 실제로 철학자이자 법학자인 존 미하일John Mikhail 교수에 따르면,[11] 허락 없이 누군가를 의도적으로 치는 행위—법률 용어로 '구타'—는 특수한 직접적인 악행이라서 모든 인간이 이에 반응한다고 한다. 그런 만큼, 누군가의 얼굴을 주먹으로 치려면 그럴 만한 합당한 이유가 있는 편이 좋다. 이것이야말로 시공을 초월한 도덕 규칙이 될 만하다.

이와 달리, 비교적 직접적이지 않은 도덕 위반 행위도 있다. 가령, 그 청소년들이 여성에게 벽돌을 한 장 던졌을 수 있다. 혹은 고의로 그녀의 차에 접촉 사고를 일으켜 차를 훼손했을 수도 있다. 이 경우, 직접 현장에서 목격하지 않았더라도 그녀는 해를 입는다. 그들이 그녀의 반려견을 죽였을 수도 있다. 아니면 만취 상태로 고래고래 소리 지르다 실수로 그녀를 차로 치었을 수도 있다. 이 경우, 그들에게는 전방주시 의무가 있었기 때문에 악의가 없었더라도 이것은 잘못이 된다.

그런가 하면, 어떤 잘못은 물리적 접촉 하나 없이 저지를 수 있다. 그 청소년들은 피해 여성에게 인종차별적 욕설을 퍼부을 수도 있고, 그녀에게 살해 위협 이메일을 보내거나, 그녀에 관해 악의적 소문을 퍼뜨릴 수 있다. 그녀에게 공갈 협박하거나, 인터넷에 그녀가 나오는 음란한 사진을 올리는 등의 일을 저지를 수도 있다. 이렇게 늦은 밤 나는 홀로 컴퓨터 앞에 앉아 이 글을 쓰면서, 당장 자리에서 일어나지 않고도 저지를 수 있는 끔찍하고 불법적인 일이 얼마나 많은지 생각하며 깜짝 놀란다. 이제 우리는 누구나 클릭 몇 번만으로도 중대범죄를 저지를 수 있는 세상을 살고 있다.

이외에도 우리는 아무것도 하지 않았다는 이유로 비도덕적이 될 수 있다. 자녀에게 밥을 주지 않는 부모는 분명 잘못을 저지르는 것이다. 반려견이나 반려묘를 굶겨 죽이는 사람에 대해서도 우리는 대부분 같은 마음을 느낀다.

이런 점에서 때로 법과 상식에 괴리가 존재한다. 두 젊은이—제러미 스트로마이어와 데이비드 캐시 주니어[12]—가 1988년 네바다 카지노에서 벌인 사건을 살펴보자. 스트로마이어는 일곱 살 여자아이를 쫓아 여자 화장실로 들어가 아이를 성폭행하고 살해했다. 스트로마이어의 행위는 도덕적 관점에서나 법적 관점에서나 모두 잘못임이 명백하다. 반면, 캐시의 경우는 어떨까? 그는 스트로마이어와 함께 여자 화장실에 들어가 마지못해 그를 말리는 시늉을 하다가 포기하고는 산책을 가버렸다. 후에 그가 말했듯, 그는 "남의 일로 잠을 설치고" 싶지 않았다.

스트로마이어는 감옥에 갔지만, 케시는 아니었다. 네바다에서는 범죄가 일어나지 않게 막지 못한 것이 불법은 아니었기 때문이다. 그래도 많은 사람이 그가 잘못했다고 느꼈다. 그가 다니던 대학교에서는 그를 보이콧하는 시위와 함께 퇴학시켜야 한다는 요구가 일었다(실제로 이 사건을 계기로 네바다 의회에서는 민심의 눈높이에 맞게 법을 개정했다). 현재 캐시는 인터넷에서 스토킹 대상이 되고 있다. 사람들은 그의 행방을 속속 보고하면서, 그가 직장을 얻고 친구를 사귈 기회를 차단하려고 한다. 그들은 캐시의 부작위로 인해 개인적으로 타격을 받은 바는 없지만, 그럼에도 그의 인생을 파괴하고 싶어 한다. 이 사례는 도덕적 잘못이 우리에게 얼마나 중요한지를 잘 보여준다. 우리는 캐시가 나쁜 놈이라는 사실을 그저 두고 보지만은 않는다. 어떤 사람들은 그에게 고통을 가하고 싶은 마음마저 품는다.

이에 반해, 도덕적 잘못 가운데는 해를 끼치는지가 단칼에 자르듯 명백하게 드러나지 않는 것이 문제인 경우도 있다.[13] 다음과 같은 경우를 한번 생각해보자.

- 수간(동물에게 아무 고통을 주지 않는 경우)
- 죽은 자와의 약속 어기기
- 국기 훼손
- 잠든 아이를 대상으로 한 성 접촉(단, 아이는 아무 해도 입지 않고 이런 사실도 전혀 알아채지 못한다)
- 동의에 따른 성인 형제자매 간 근친상간
- 합의에 따른 식인 행위(A가 자신이 사망한 뒤 B에게 먹히기를 원하는 탓에 B가 어쩔 수 없이 그렇게 하는 경우)

자, 이 가운데 몇몇은 실제로 해악을 끼칠 수 있다. 가령 근친상간의 경우, 성인들 사이에 동의가 있었다 하더라도 심리적 손상이 생길 수 있다. 하지만 위의 경우 대부분의 사람들은 구체적인 의미에서 실제로 상황이 나빠지지 않는다. 그런데도, 많은 사람이 이런 행위들을 보면 신체적 공격을 받았을 때와 같은 반응을 보인다. 가해자들에게 분노하거나 그들이 벌 받기를 바란다.

어쩌면 위의 목록에 있는 예들은 이질적이거나 억지로 꾸며낸 것처럼 보일 수도 있다. 하지만 현실 세계에서 피해자는 없어도 이와 같은 유형의 도덕적 격분을 유발하는 행위를 쉽게 마주할 수 있다. 어떤 곳에서는 동의에 따른 동성애 관계를 악으로 보는가 하면, 또 어떤 나라에서는 이를 사형으로 벌하기도 한다. (그렇다. 때로 도덕성은 누구와 잠자리를 함께 할 수 있느냐 하는 문제가 '맞다'.) 어떤 사회에서는 혼전 성관계를 여성 측 가족의 명예에 먹칠하는 행위로 여긴다. 이 상황을 바로잡기 위해 아버지가 친딸을 살해해야만 한다고 느낄 정도다.

미국과 유럽은 매춘과 마약, 안락사, 성인 형제자매 간 혼인, 인체 장기 거래를 법으로 금하고 있다. 이 같은 제약은 해악을 방지한다는 차원에서 때때로 정당화된다. 하지만 대개는 이런 행동들이 그저 전적으로 나쁘다는 직감에 그 뿌리를 둔다. 아마도 인간의 존엄을 침해하기 때문일 것이다. 이러한 직관이 어떻게 작동하고 어디서 생겨나는지 설명하는 것이 바로 도덕성의 심리에 관한 이론이 풀어야 할 숙제다.

그런데 도덕성이라고 모두 그릇됨과 관련된 건 아니다. 도덕성에는 올바름에 관한 문제도 망라되어 있다. 이는 심리학자 필릭스 워네킨Felix Warneken과 마이클 토마셀로Michael Tomasello가 설계한 유아들의 자발적인 도움에 관한 연구[14]에서도 잘 드러난다. 연구 조건은 동일했다. 모든 유아는 방 안에서 어머니와 함께 대기한다. 한 어른이 양팔 가득 무언가를 든 채 방 안으로 걸어 들어와 벽장 문을 열려고 한다. 이때 누구도 아이를 쳐다보거나 아이가 도와주도록 유도하지 않는다. 그런데도 아이들 가운데 절반 정도가 어른을 도왔다. 그들은 자발적으로 자리에서 일어나 뒤뚱거리며 걸어가서는 어른을 위해 벽장 문을 열어주었다.

위의 이야기는 어느 작은 개인이 보여주는 하나의 작은 사례다. 그런가 하면, 사람들이 시간이나 돈, 심지어 피를 기부하여 다른 사람들, 때로는 모르는 사람들을 도와주면 이런 친절함은 크게 부각된다. 그리고 이러한 행동도 도덕적인 행동으로 여겨진다. 그래서 자부심과 감사 같은 감정을 느끼게 되고, 이런 행동을 좋은 행동, 윤리적인 행동이라고 부른다.

그러므로 도덕성의 범위는 넓다. 냉혹한 판단 요소뿐 아니라, 애덤 스미스가 표현했듯[15] "관대함, 인간애, 친절, 동정, 상호 우정과 존중 등 모든 사회적 차원의 자애로운 감정"을 포함하는 부드럽고 이타적인 요소도 다 아우른다.

도덕적 관습과 관념 가운데 일부는 문화권에 따라 다른 것으로 보아, 이들은 학습되는 것이 분명하다. 여행을 해본 사람이나 심지어 폭넓은 독서를 하는 사람이라면 문화에 따라 도덕적 차이가 있음을 잘 알 것이다. 헤로도토스Herodotus[16]는 2,500년 전에 이미 그의 저서 《역사》의 한 대목에서 이 점을 강조했다. 그는 다음과 같은 논평으로 말문을 연다. "누구든 예외 없이 자신이 태어난 곳의 관습과 자신이 믿고 자란 종교가 최고라고 생각한다." 그런 다음, 그는 페르시아의 왕 다리우스의 이야기를 들려준다.

다리우스 왕은 그의 궁전에 머물게 된 그리스인들을 불러 모아 무엇을 주면 그들의 아버지 시신을 먹겠냐고 물었다. 그들은 천만금을 준다 해도 그런 일은 할 수 없다고 대답했다. 그런 다음, 왕은 그리스인들이 오고 가는 말을 알아들을 수 있도록 통역사를 배석시켰다. 그러고는 칼라티아이Callatiae라는 부족 출신의 몇몇 인도인에게 질문했다. 이 부족은 실제로 부모의 시신을 먹는 풍습이 있는데, 그들에게 무엇을 주면 부모의 시신을 불태울 수 있냐고 물었다. 그러자 그들은 공포에 질려 비명을 지르며 그런 무시무시한 말을 입에 담지도 못하게 했다. 이 이야기를 통해 우리는 관습이 어떤 역할을 할 수 있는지 알 수 있다.

우리 문화와 우리 시대만의 특유한 도덕관념을 머릿속에 떠올리는 일은 쉽다. 예를 들면, 이 책을 읽는 거의 모든 독자는 아마도 피부색만으로 누군가를 혐오하는 건 잘못이라고 생각할 것이다. 하지만 이것은 어디까지나 근대적 통찰이다. 인류 역사의 대부분 동안 인종주의에 무언가 잘못된 부분이 있다고 생각한 사람은 아무도 없었다. 나는 문화인류학자 리처드 슈웨더Richard Shweder가 현대의 도덕적 차이를 요약해놓은 목록을 가장 좋아한다.[17] 그는 사회에 따라 칭송받을 만하다고 여겨지거나 형편없다고 여겨지는 사항들을 모아 긴 목록을 만들었다.

> 자위행위, 동성애, 성적 금욕, 일부다처제, 낙태, 할례, 태형, 사형, 이슬람교, 그리스도교, 유대교, 자본주의, 민주주의, 국기 불태우기, 미니스커트, 장발, 삭발, 음주, 육식, 예방접종, 무신론, 우상숭배, 이혼, 과부의 재혼, 중매결혼, 연애결혼, 부모와 자식이 한 침대에서 자는 것, 부모와 자식이 한 침대에서 자지 않는 것, 일하는 것이 허용된 여성, 일하는 것이 허용되지 않은 여성.

이처럼 헤로도토스와 슈웨더의 글을 발췌한 내용에는 다양성이 강조되어 있지만, 그와 동시에 보편적인 요소들도 암시되어 있다. 대체로 민족지학 보고서에서는 인간들이 공유하는 부분은 무시해버린다. 그 이유 중 하나가 인류학자들은 다른 민족들이 서로 얼마나 이질적인지를 과장하는 경향[18]이 있기 때문이다(인류학자 모리스 블록Maurice Bloch은 이를 가리켜 '직무상 과실'이라고 했다). 또 다른 이유 중 하나는 인류학적 관점에서 보면 보편적 요소를 거론하는 것은 전혀 흥미롭지 않기 때문이다. 여행 안내서를 펼쳤는데 여행지에서 만나게 될 사람들도 코가 있고, 물을 마시며, 세월과 함께 몸이 늙는다는 내용이 적혀 있는 셈이다. 이런 정보는 너무 뻔해서 언급할 가치가 없다. 이와 같은 식으로, 세상 모든 사람이 거짓말, 약속 파기, 살인과 같은 행동에 타고난 반감을 느끼는 것은 당연한 일이라고 생각된다. 헤로도토스는 시신을 어떻게 하든 개의치 않는 사람들은 거론하지 않는다. 슈웨더는 근친상간에 무관심한 사람들에 대해서는 기술하지 않는다. 그런 사람들은 존재하지 않기 때문이다.

만약 진화를 오로지 '적자생존'이나 '치열하게 경쟁하는 자연'이라는 측면에서만 본다면, 이와 같은 보편적인 요소들은 우리 본성의 일부가 될 수 없다. 하지만 다윈Darwin 이래로 우리는 진화가 맬서스의 인구론적 관점에서 본 생존을 위한 투쟁 그 이상으로 훨씬 절묘하다는 사실을 알게 되었다. 이제 우리는 도덕성 없는 자연선택의 힘이 어떻게 우리 안에 도덕적 사고와 도덕적 행동의 바탕이 되는 무언가를 스며들게 할 수 있는지 안다.

먼저, 도덕성의 여러 측면 가운데 하나인 친족에 대한 친절을 살펴보자. 사실, 진화적 관점에서 보면 이것은 오래전부터 너무도 명백한 사안이었다.[19] 이를 보여주는 가장 대표적인 경우가 부모와 자식 사이다. 자녀를 돌보는 부모의 유전자는 자녀를 버리거나 잡아먹는 부모의 유전자보다 널리 확산한다. 이런 사실은 굳이 정교한 진화 모형을 동원하지 않더라도 익히 잘 알 수 있다.

그런데 부모 자식 관계 말고도 형제지간이나 사촌지간 같은 또 다른 친족 관계도 존재한다. 이 경우에는 부모 자식 사이보다는 유대가 약하기는 하다. 하지만 그렇더라도 정도의 차이일 뿐이지, 종류가 다른 것은 아니다. 전해 내려오는 이야기에 따르면, 진화생물학자 존 버든 샌더슨 홀데인J. B. S. Haldane에게 익사 직전의 형제를 구하기 위해 목숨을 바치겠냐고 물었더니 바치지 않겠다는 대답이 돌아왔다고 한다. 하지만 그는 물에 빠진 형제 두 명이나 사촌 여덟 명을 구할 수 있다면 기꺼이 목숨을 바치겠다고 했다. 평균적으로 따지면 그는 형제 한 명과는 유전자의 절반을, 사촌 한 명과는 유전자의 8분의 1을 공유한다. 따라서 이런 그의 대답은 유전자 관점에서 보면 적절한 전략이었다. 홀데인은 영리하게도 머릿속으로 이런 계산을 하면서 대답한 것이다.

실제로 유전자를 보존하고 싶은 노골적인 욕구 때문에 의식적으로 행동하는 사람은 거의 없다. 하지만 이런 셈법은 우리의 정상적인 동기와 욕구를 설명해준다. 유전자 차원에서 보면, 한 개인과 그와 피를 나눈 친척 사이에 엄격한 차이는 존재하지 않는다. 이런 식으로, 이기적 유전자는 이타적 동물을 창조할 수 있다. 자기 자신을 사랑하는 것과 똑같이 남을 사랑하는 동물 말이다.

이 밖에도 우리는 혈연관계가 아닌 사람들에게도 친절하고 너그럽게 행동할 수 있다. 이런 행동의 진화적 기원이 처음에는 명백해 보일 수 있다. 우리가—수렵, 채집, 육아 등을—함께하면서 번창하고, 사회적 정서가 이런 조정 작업을 가능케 하는 것이 분명하기 때문이다. 애덤 스미스는 일찍이 다윈보다 훨씬 먼저 이를 지적했다.[20] "인간 사회의 모든 구성원은 서로의 도움이 필요하며, 공통의 부상에도 노출되어 있다. 사랑과 감사, 우정, 존중에서 우러난 도움을 서로 주고받는 사회는 번영과 행복을 누린다." 그러므로 주변 사람들에게 마음을 쓰면 모두에게 다 이익이다.

하지만 여기에는 문제가 하나 있다. 이런 식으로 사회가 번창하려면, 개인은 다른 사람을 이용하는 행위를 삼가야 한다. 좋은 사람들이 모인 공동체에서 악당은 에덴동산의 뱀과 같다. 이를 가리켜 진화생물학자 리처드 도킨스Richard Dawkins는 '내부로부터의 배신'[21]이라고 부른다. 이런 뱀은 비용은 내지 않으면서 협력의 과실을 따 먹기 위해 최선을 다한다. 자, 악마 같은 유전자들이 증식하면 세상이 전체적으로 나빠지는 건 맞다. 하지만 이것은 문세점이지 해결책이 아니다. 자연선택은 '세상 전체'를 배려하는 것에 무감각하다. 우리는 악한 유전자들이 인구를 장악하고 이 세상이 사이코패스의 세상이 되지 않도록 막아낸 게 무엇인지 설명해야 한다.

다윈의 이론[22]에 따르면, 평화롭게 협력하는 개인들이 속한 사회가 그보다 협력적이지 않은 구성원들로 이루어진 사회를 대체로 이긴다면—달리 표현하면, 개인 차원보다는 집단 차원에서 자연선택이 이루어지면—협력에 관련된 형질들이 우세해질 수 있다. 다윈은 가상의 두 부족 사이에 갈등이 있다고 가정하면서 이렇게 설명했다. "한 부족 안에… 늘 기꺼이 서로의 위험을 알리고 서로를 돕고 방어하는 용감하고 마음 맞는 믿음직한 구성원들이 있으면, 틀림없이 이 부족이 제일 성공해서 나머지 다른 부족을 정복하게 된다." 반면, 착한 자들이 나쁜 자들을 벌하는 대안은 개인 차원의 자연선택에 더 부합한다.[23] 즉, 집단 간 갈등이 없더라도, 개인들이 착한 사람에게는 상을 주고 교감하고 싶고, 부정 행위자와 도둑, 깡패, 무임승차자 등은 벌하고—혹은 적어도 꺼리고—싶어진다면, 이타심이 진화할 수 있다.

그 밖의 다른 보편적인 도덕적 요소들은 진화적 관점에서 설명하기가 더 힘들다. 우리는 왜 성(性)의 도덕성에 이토록 집착하는가? 왜 피부색과 같은 표면적인 신체적 특징을 근거로 이처럼 금세 차별하는가? 만민 평등권 같은 도덕 개념의 출현은 어떻게 설명할 수 있는가? 이러한 주제들은 나중에 뒤에서 다룬다.

### ♦ 아기의 머릿속에서 벌어지는 일

자, 이제 우리는 선천적이고 보편적인 도덕성이 있다는 견해를 진지하게 받아들여야 한다. 그런데 이것이 사실인지 알려면, 먼저 아기의 마음을 연구해야 한다.

문제는 이런 연구가 힘들다는 것이다. 아기의 머릿속에서 무슨 일이 벌어지는지 알아내는 일은 어렵기로 악명 높다. 나는 우리 아들들이 아기였을 때 그들을 가만히 응시하면서, 말똥말똥한 눈으로 나를 쳐다보는 의미가 정확히 무엇인지 궁금해하곤 했다. 그들은 흡사 강아지와 같았다. 다만, 강아지보다 훨씬 더 사람 혼을 앗아갔다. (훌쩍 자라서 이제 10대 청소년이 된 이 아이들은 많은 면에서 여전히 멋지다. 하지만 발달심리학자의 관점에서는 흥미가 훨씬 떨어진다. 청소년으로 사는 게 어떤지는 나도 잘 알기 때문이다.) 발달심리학자 존 플라벨John Flavell은 두 살 아이의 머릿속을 단 5분만 들여다볼 수 있다면[24] 그의 모든 학위와 명예를 다 포기할 수 있다고 했다. 나라면 그 5분을 위해 내 수명에서 1개월쯤은 기꺼이 포기할 수 있다. 더 나아가 젖먹이로 5분간 살 수 있다면 내 수명 가운데 6개월과도 맞바꿀 수 있다.

문제가 되는 것 중의 하나는 우리에게 기억이 없다는 점이다. 코미디언 루이스 C. K.Louis C.K.는 아기의 뇌를 하루의 일과가 끝나면 흔들어 지워버리는 장난감 그림판 '에치 어 스케치 Etch A Sketch(1960년대에 등장한 고전적인 장난감으로, 액자 모양의 스크린에 달린 두 개의 손잡이를 조작해서 선을 쉽게 그리고 지울 수 있다. 스크린 안에는 미세한 알루미늄가루와 구슬이 들어 있다. 영화 〈토이 스토리〉에서 볼 수 있다-옮긴이)'에 비유했다. 아기의 기억은 박제되지 않고 휘발된다. 어린아이들조차도 아기 시절의 일은 기억하지 못한다. 심리학자 찰스 퍼니하우Charles Fernyhough[25]가 그의 세 살 딸과의 일화를 소개한 적이 있다. 딸에게 아기였을 때 어땠냐고 묻자, 딸은 아빠에게 도움이 되고 싶어 애써 말했다. "음, 있잖아? 내가 꼬꼬마 아기였을 때는 말이야, 햇살이 아주 눈부셨어."

아기는 쥐나 비둘기보다 연구하기가 더 힘들다. 쥐나 비둘기는 적어도 미로를 찾거나 지렛대를 쪼아 움직이게 할 수 있다. 나의 동료이자 공동연구자인 캐런 윈은 공개 강연에서 아기를 연구한 이야기를 할 때면 아기의 비교 대상으로 민달팽이 사진을 보여준다.

여러분은 아기를 연구하는 심리학자들이 아기의 뇌를 스캔하는 상상을 할 수도 있다. 실제로 몇몇 연구자들은 이 방법을 사용하기 시작하면서 촉망받기도 했다. 하지만 성인 대상으로 설계된 뇌 영상 촬영법은 대개 아기에게는 맞지 않는다. 너무 위험한 탓도 있고, 실험 대상이 깨어 있는 상태에서 움직이지 않고 장시간 있어야만 하기 때문이다. 근적외분광분석법 같은 몇몇 특수 기법들은 훨씬 쉽게 아기에게 사용할 수 있고, 미래의 중요한 발견으로 이어질 수도 있다. 하지만 현재로서는 이런 기법으로 생산된—뇌 부위별 혈중 산소포화도 변화에 관한—데이터로는 정신적 삶의 특성에 대해 알 수 있는 바가 거의 없다. 물론, 아기의 뇌에서 어떤 인지과정이 일어나는 곳이 '어디인지' 알고 싶다면 이런 방법들이 멋진 해결책이 될 수는 있다. 하지만 아기가 어떻게 생각하고 무엇을 아는지 더 정밀한 질문에 답하기에는 이런 방법들은 대체로 민감도가 너무 낮다.

그런데 다행히 우리에게는 더 나은 방법들이 있다. 1980년대에 들어서면서 심리학자들은 어린 아기가 통제할 수 있는 몇 안 되는 행동 가운데 하나를 이용하기 시작했다. 바로 아기 눈동자의 움직임이다. 참으로 아기의 눈은 영혼의 창이다. 아기가 어떤 물건이나 사람을 얼마나 오랫동안 주시하는지—"주시 시간"—를 보면 아기의 이해력에 대해 많은 것을 알 수 있다.

주시 시간을 이용하는 방법 가운데 하나가 '습관화' 방법이다. 어른과 마찬가지로 아기도 같은 것을 보고 또 보면, 질려서 눈을 돌려버린다. 지루함—또는 '습관화'—은 같은 것에 대해 보이는 일종의 반응이다. 따라서 이 방법을 통해 아기가 무엇을 같다고 생각하고 무엇을 다르다고 생각하는지 알 수 있다. 가령, 아기가 개와 고양이를 구별할 줄 아는지가 궁금하다고 가정하자. 먼저, 아기가 질릴 때까지 고양이 사진을 되풀이해서 보여준다. 그런 다음, 강아지 사진을 하나 보여준다. 이때 아기의 눈빛이 나시 반짝이면, 차이점을 간파한다는 뜻이다. 반대로 여전히 지루해한다면, 차이를 모른다는 뜻이다—이런 아기에게는 고양이, 고양이, 개나 고양이, 고양이, 고양이가 다 같은 것으로 여겨진다.

일반적으로 주시 시간 측정법을 사용하면 사람이 새롭거나 흥미롭거나 예상치 않은 것으로 여기는 것이 무엇인지 평가할 수 있다. 이런 방법은 아기에게 특히나 적합하다. 심리학자 앨리슨 고프닉Alison Gopnik의 지적처럼, 어른들은 외부 사건에 주의를 뺏긴다―예를 들어, 누군가 자기 이름을 부르면 우리는 본능적으로 돌아본다. 하지만 대개는 어디에 주의를 집중해야 할지 통제한다. 우리는 순전히 의지에 따라 자기 왼발에 대해 생각할지, 아침으로 먹은 것을 머릿속에 그려볼지 등을 선택할 수 있다. 하지만 아기들은 대부분 환경에 휘둘린다. 억제력과 통제력을 담당하는 뇌 부위인 전두엽은 늦게 발달하는 곳 중 하나이기 때문이다. 고프닉은 아기의 의식 상태를 외국의 어느 낯선 도시 한가운데 버려진 어른의 의식 상태에 비유한다. 완전히 압도되어 끊임없이 새로운 것들을 두리번거리면서 상황을 파악하려 고군분투하는 모습을 떠올리면 된다.

사실, 아기의 상황은 훨씬 더 나쁘다. 어른이라면 최악의 스트레스 상황에 놓였더라도 마음먹기에 따라 다른 생각을 할 수 있다. 우리라면 호텔로 다시 돌아가는 생각을 할 수도 있고, 친구들에게 이번 여행 이야기를 어떻게 들려줄지 상상할 수도 있다. 공상하거나, 백일몽을 꾸거나, 기도할 수도 있다. 반면, 아기는 바로 지금 이 자리에 발목이 잡힌 상태로 '있을' 뿐이다.[26] 그러니 아기들이 흔히 까탈스럽게 구는 것도 놀라운 일이 아니다.

그런데 이는 연구자들에게는 다행스러운 일이기도 하다. 아기들이 이처럼 내면의 통제력이 부족하다는 것은 그들이 우리 연구 방법에 쉽게 넘어갈 수 있다는 뜻이기도 하기 때문이다.

주시 시간 연구는 설계하기가 어렵다. 그 이유 가운데 하나는 아기가 제대로 반응하도록 주의를 기울여야 하기 때문이다. 예를 들면 많은 연구 결과, 아기는 세 개의 대상과 두 개의 대상을 구별하는 것으로 밝혀졌다. 아기가 지루해할 때까지 두 개의 대상—강아지 두 마리, 의자 두 개, 신발 두 개 등—이 담긴 사진을 연이어 보여주다가 세 개의 대상이 나오는 사진을 한 장 보여주면, 아기는 더 오랫동안 그 사진을 주시한다. 이는 아기가 두 개와 세 개의 차이를 안다는 것을 시사한다. 이때, 다음과 같은 반론이 제기될 수 있다. 대상이 두 개면 세 개보다 공간을 적게 차지하는 것이 보통이니, 아마도 아기들은 대상물이 차지하는 공간에 반응하는 것일 수 있다고 말이다—자리를 적게 차지하느냐 아니면 많이 차지하느냐의 문제라는 거다. 그렇다면 이 주장을 반박하기 위해 아기에게 큰 물건 두 개와 작은 물건 세 개가 나오는 사진을 보여줄 수 있다. 물건 개수는 다르지만, 차지하는 공간은 거의 같게 만드는 것이다. 그러면 또 다른 반론이 이어진다. 아기들이 물건의 개수가 아니라 큰 물건 對 작은 물건에 반응하는 것일 수 있다는 주장이다. 이렇듯 영유아 대상 연구에서 연구외 변인만 배제하도록 설계하는 작업은 정교하고도 복잡하다. 하지만 그렇다고 불가능한 것은 아니다.

주시 시간 연구법의 발달은 아기의 마음에 대한 우리의 사고방식에 혁명을 불러왔다. 이 방법을 사용한 초창기 연구에서는 영유아기의 물리적 대상에 관한 지식—아기의 '천진난만한 물리학'[27]—초점을 두었다. 이를 위해 심리학자들은 아기들에게 우주의 법칙을 거스르는 것처럼 보이는 마술을 보여주었다. 가령, 벽돌 아래 있던 받침대를 뺐는데도 벽돌이 그냥 공중에 떠 있다거나, 어떤 물건이 사라지더니 다른 장소에 불쑥 나타나는 모습을 보여주었다. 또는 아기가 보는 앞에서 상자를 칸막이 뒤에 놓아둔 다음, 칸막이를 뒤로 쓰러뜨렸을 때 거기 있어야 할 상자가 온데간데없는 모습을 보여주었다. 만약 아기들이 물리학 법칙에 맞게 세상이 돌아갈 것으로 기대한다면, 그들의 눈에는 이런 결과가 놀라울 수밖에 없다. 이는 그들의 주시 시간으로 확인되었다—물리법칙을 제외한 모든 조건이 같았던 경우와 비교했을 때, 아기들은 위와 같은 장면을 더 오랫동안 주시했다. 방대한 연구 결과—수십 년간 수많은 심리학 전공 대학생들이 배워왔던 내용과는 반대로—이제는 아기가 사물을 생각하는 방식이 거의 어른과 같은 것으로 밝혀졌다. 즉, 아기들도 물건이란 단위별로 움직이고, 단단한 데다 중력이 작용하며, 끊임없이 이어지는 길을 따라 시공간을 이동하는 연결된 덩어리라고 생각한다는 말이다.

최고 수준으로 평가받은 한 연구에서, 캐런 윈은 아기들이 물건으로 기본적인 수학도 할 수 있다[28]는 것을 발견했다. 증명 방법은 간단하다. 아기에게 빈 무대를 먼저 보여준다. 무대 한가운데에 막을 올린다. 막 뒤에는 미키마우스 인형을 둔다. 다시 막 뒤에 또 다른 미키마우스 인형을 둔다. 그런 다음, 막을 떨어뜨린다. 이때 어른이라면 인형 두 개가 있을 것으로 예상한다. 생후 5개월 아기도 마찬가지다. 만약 막이 없어졌는데 인형이 한 개만 있거나 오히려 늘어서 세 개가 있으면, 아기는 막이 걷힌 후 인형 두 개가 있는 경우보다 더 오랫동안 주시한다.

실험자들은 아기가 사람들에 대해 어떻게 기대하는지—'천진난만한 물리학'에 대비되는 '천진난만한 심리학'—를 탐구하는 데에도 이런 방법을 사용했다. 아기가 사람들에게 특별한 방식으로 반응한다는 사실은 오래전부터 익히 알려져 있다. 아기의 마음이 그런 사람에게 끌리는 것이다. 아기는 사람 목소리를, 그중에서도 친숙한 목소리를 특히 좋아한다. 또 사람의 얼굴 모습도 좋아한다.[29] 아기는 자기 예상대로 상호작용이 이루어지지 않으면 불안해한다. 그래서 아기를 기겁하게 만드는 방법[30]은 간단하다. 아기와 마주 앉아서 교감하다가 갑자기 움직이지 않고 가만히 있으면 된다. 시체처럼 보이는 이런 상태가 몇 초만 넘어가면, 아기는 심사가 틀어지고 만다. 또 다른 연구에서는[31] 생후 2개월 아기들을 TV 앞에 앉히고 화면에 엄마 모습을 보여주었다. 엄마가 실시간으로 화상을 통해 아기와 상호작용하자, 아기들은 이를 즐겼다. 하지만 몇 초간 상호작용을 지연시켜 시차가 생기게 하자, 그들은 동요하기 시작했다.

심리학자 어맨다 우드워드Amanda Woodward도 주시 시간 연구를 설계했다. 아기가 사람들에게 목표가 있음을 안다[32]는 사실을 증명하는 연구였다. 먼저, 아기 앞에 물건 두 개를 놓아둔 다음, 손 하나가 나타나 그중 하나를 만졌다. 그런 다음, 물건의 위치를 바꾸었다. 다시 손이 나타나자, 아기는 아까와 같은 위치가 아니라 같은 물건에 손이 갈 것이라고 예상했다. 그런데 아기들의 이런 예상은 사람의 손에만 국한되었다. 손 대신 금속 집게로 물건을 집자 위와 같은 결과가 나오지 않았다.

또 다른 연구에서 심리학자 크리스틴 오니시Kristine Onishi와 르네 바이야르종Renee Baillargeon은 생후 15개월 아기[33]가 자신의 잘못된 믿음을 바탕으로 사람의 행동을 예측할 수 있음을 증명했다. 먼저, 아기가 보는 앞에서 한 어른이 상자 안에 있는 물건을 들여다보았다. 그런 다음 그 어른의 눈을 가린 뒤, 상자 속 물건을 다른 상자로 옮겼다. 그러자 아기는 나중에 그 어른이 실제로 물건이 든 상자가 아닌 원래의 상자에 손을 넣을 거라고 예상했다. 아기는 일종의 정교한 심리적 추론을 한 것이다. 이는 다른 사람의 마음을 충분히 이해한다는 뜻이다. 그동안 심리학자들은 대부분 아이가 4세나 5세는 되어야 이런 능력이 생긴다고 믿었다.

그러므로 우리는 이렇듯 어린 나이에 일찍이 다른 사람들의 마음을 이해하는 기본적인 공감 능력을 지니는 사회적 동물이다.

### ♦ 우리는 도덕감각을 가지고 태어난다

내가 아기의 도덕적 삶을 파헤치기 시작한 계기가 된 연구는 원래 도덕성을 들여다볼 의도로 설계된 것이 전혀 아니었다. 원래는 아기의 정교한 사회적 이해력을 탐구할 의도였다. 나와 동료들의 관심사는 친절하거나 잔인하게 대했던 사람에게 개인들이 어떻게 반응할지 아기가 정확히 예상할 수 있느냐 하는 것이었다. 특히 사람들이 자신을 도와준 이는 가까이하고 해를 끼친 이는 멀리하는 경향이 있음을 아기가 아는지 궁금했다.

마침 이 대목에서 잠시 언급하고 싶은 점이 있다. 내가 참여하는 영유아 대상 연구들은 모두 예일대학교 유아인지센터에서 진행되었다는 사실이다. 이곳은 나의 동료(이자 아내) 캐런 윈이 운영하는 시설이다. 이 실험들은 항상 캐런이 이끄는 학부생과 대학원생, 박사 후 연구원으로 구성된 연구팀과의 협력으로 이루어진다.

우리가 발견한 연구 결과를 소개하기 전에 일반적으로 이런 연구가 실험실에서 어떻게 진행되는지를 먼저 설명하고자 한다. 실험 시간은 보통 15분 정도이며, 부모가 아기를 데리고 작은 실험실로 들어오면서 시작된다. 대개는 부모가 의자에 앉아서 무릎 위에 아기를 앉히지만, 간혹 유아용 키높이 의자에 안전띠를 해서 아기를 앉히고 부모는 그 뒤에 서 있기도 한다. 이쯤 되면 아기가 잠들어버리거나 너무 칭얼대서 실험을 계속할 수 없는 경우가 생긴다. 그래서 이런 종류의 실험은 평균적으로 실험 참가자의 4분의 1 정도는 결국 잃게 된다. 비평가들이 실험심리학을 맥줏값을 벌려는 미국 대학생을 연구하는 학문과 진배없다고 하듯, 발달심리학을 가리켜 호기심 있고 초롱초롱한 아기를 연구하는 학문이라는 주장도 어느 정도 일리가 있다.

우리의 첫 연구는 그 당시 박사 후 연구원이었던 발레리 쿨마이어Valerie Kuhlmeier가 이끌었다. 이 연구에서는 아기들에게 착한 상호작용과 못된 상호작용을 보여주어야 했다. 가장 명백한 못된 상호작용은 한 개인이 다른 개인을 때리는 장면이다. 그런데 마음에 걸리는 부분이 있었다. 아기에게 폭력적인 상호작용을 보여주기를 꺼리는 부모가 있을 것 같았다. 마찬가지로 예일대학교 인간 대상 연구 윤리위원회의 반응도 우려되었다.

그래서 우리는 심리학자 데이비드 프리맥David Premack과 앤 프리맥Ann Premack의 선행 연구 결과[34]를 자료로 삼기로 했다. 이 연구에서는 아기들에게 한 대상이 가까스로 틈새를 통과하려는 다른 대상을 도와주거나 방해하는 내용의 애니메이션을 보여주었다. 연구 결과, 아기들은 도와주는 행위를 긍정적으로 보고 방해하는 행위는 부정적으로 보는 것으로 나타났다.

이 연구를 바탕으로 우리는 기하학적 도형들이 서로 돕거나 방해하는 내용의 애니메이션을 제작했다.[35] 가령, 빨간 동그라미 하나가 언덕을 오르려고 애쓴다. 이때 어떤 애니메이션에서는 노란 네모가 동그라미 뒤로 가서 슬쩍 밀어 올려준다(도와주기). 반면, 어떤 애니메이션에서는 초록 세모가 빨간 동그라미 앞으로 가더니 동그라미를 아래로 민다(방해하기). 이런 내용을 보여 준 다음, 아기에게 빨간 동그라미가 노란 네모나 초록 세모에 다가가는 애니메이션을 보여주었다. 이 실험을 통해 우리는 아기가 동그라미가 네모와 세모 앞에서 어떻게 행동할 것으로 예상하는지를 탐구할 수 있었다.

연구 결과, 생후 9개월과 12개월 아기들은 동그라미가 방해자에게 다가갔을 때 더 오랫동안 쳐다보았다. 조력자에게 다가갔을 때는 그렇지 않았다. 움직이는 도형에 눈을 붙여 사람 모습에 더 가깝게 만들자, 효과가 더 뚜렷했다. 이는 아기들의 이런 반응이 진정한 사회적 판단이라는 생각을 뒷받침한다. (도형에 눈이 없었을 때는 12개월 아기들의 경우 주시 시간 패턴이 반대로 되었고, 9개월 아기들의 경우 효과가 사라졌다. 이들은 두 시나리오 모두 같은 시간만큼 주시했다.) 이 같은 이해력은 생후 6개월에서 9개월 사이 어느 시점에 생기는 것으로 보인다. 얼굴이 있는 3차원 캐릭터가 등장하는 애니메이션으로 후속 연구를 진행한 결과, 생후 10개월 아기들을 새로운 표본으로 삼았을 때는 같은 결과가 나왔다. 반면, 6개월 아기들에게서는 아무 효과도 나타나지 않았다.

이와 같은 연구들은 등장인물이 조력자와 방해자에게 어떤 행동을 할 것으로 아기가 예상하는지를 탐구한다. 그렇지만 이런 연구들로는 아기 사진이 조력자와 방해자를 어떻게 생각하는지 알 수 없다. 과연 아기들은 둘 가운데 선호하는 것이 있을까? 어른의 관점에서 보면, 조력자는 착한 사람이고 방해자는 나쁜 놈이다. 우리는 아기도 어른과 같은 느낌을 느끼는지 알아보기 위해, 당시 대학원생이었던 카일리 햄린Kiley Hamlin의 주도로 일련의 실험을 진행했다.

우리가 했던 첫 번째 연구에서는 애니메이션 대신 인형처럼 조종할 수 있는 3차원의 기하학적 물체를 사용했다.[36] (진짜 사람 대신 물건을 사용한 것이 이상하게 보일 수도 있겠다. 하지만 영아들은 낯선 어른에게 다가가지 않으려는 경우가 많다.) 주시 시간 측정법은 아기가 무엇을 예상하는지 탐구하기에 이상적인 방법이다. 하지만 이번에는 아기 자신이 무엇을 선호하는지를 밝혀내야 했기에 여기에 더 적합한 방법을 사용했다. 바로 손 뻗기를 척도로 판단하는 방법이다. 시나리오는 앞선 실험과 동일했다. 동그라미가 도움을 받아 언덕을 오르거나, 방해를 받아 언덕 아래로 밀쳐진다는 내용이었다. 그런 다음 실험자는 쟁반 위에 조력자와 방해자를 놓고 아기가 어디로 손을 뻗는지 관찰했다.

(실험 관련 몇 가지 세부 사항: 우리는 아기가 물건의 색상이나 모양이 아닌 실제 시나리오에 반응한다는 것을 확실히 하기 위해 조력자와 방해자 역할을 체계적으로 바꾸면서 실험을 진행했다. 가령, 빨간 네모는 실험에 참여한 아기들 가운데 절반 앞에서는 조력자 역할을, 다른 절반 앞에서는 방해자 역할을 하게 했다. 이외에도 우려되던 점이 하나 더 있었다. 바로 무의식적인 신호주기였다. 아기 주변에 있는 어른이 누가 좋은 편이고 누가 나쁜 편인지 알면 어떤 식으로든 이

정보를 아기에게 전달할 수도 있는 일이었다. 이런 문제를 예방하기 위해 인형극이 끝난 후 아기에게 등장인물을 보여주는 실험자는 인형극을 보지 않도록 해서 '정답'을 모르게 했다. 아기와 함께 있던 어머니도 아기가 선택하는 순간에는 눈을 감게 했다.)

우리 예상대로 생후 6개월과 10개월 아기들은 방해자보다 조력자를 압도적으로 선호했다. 통계적으로 그런 추세가 어렴풋하게 보인 정도가 아니었다. 거의 모든 아기가 착한 편에게 손을 내밀었다.

이런 결과를 두고 세 가지 해석이 가능하다. 아기는 조력자에게 끌리거나, 방해자에게 혐오감을 느끼거나, 아니면 둘 다일 수 있다. 이를 탐구하기 위해 우리는 도와주지도 않고 방해하지도 않는 새로운 등장인물을 투입했다. 그 결과, 선택권이 주어지면 아기는 중립적인 인물보다는 도와주는 인물을, 방해하는 인물보다는 중립적인 인물을 더 좋아하는 것으로 나타났다. 아기가 착한 편에는 마음이 끌리고 이와 동시에 못된 편에는 반감을 느낀다는 의미였다. 이번에도 결과는 어렴풋하지 않았다. 아기들은 거의 항상 이런 패턴의 반응을 보였다.

그런 다음, 우리는 생후 3개월 아기들을 대상으로 후속 연구를 진행했다.[37] 생후 3개월이면 정말로 민달팽이나 다름없다. 이들은 손 뻗기 동작을 제대로 통제할 수 없어서 우리가 사용하던 기존의 방법으로는 실험을 할 수 없었다. 하지만 우리는 이들보다 월령이 높은 아기들에게서 포착한 한 가지 특이 사항을 단서로 삼아 실험을 진행했다. 실험 영상을 분석하는 과정에서 우리는 아기들이 조력자에게 손만 뻗는 것이 아니라 조력자를 바라보기도 한다는 사실을 발견했다. 이는 월령이 어린 아기들의 경우, 그들의 시선이 향하는 방향을 이용하면 선호 대상을 파악할 수 있다는 뜻이다. 아기들에게 두 등장인물을 동시에 보여주자 효과가 뚜렷이 나타났다. 생후 3개월 아기들은 착한 편을 보는 걸 선호하는 것이 분명했다.

중립적인 인물을 투입한 두 번째 연구에서는 성공과 실패가 흥미로운 패턴으로 나타났다. 생후 6개월과 10개월 아기들과 마찬가지로 이보다 어린 아기들도 방해자보다 중립적인 인물을 더 오래 쳐다보았다. 하지만 이들은 중립적인 인물보다 조력자를 더 좋아하지는 않았다. 이런 결과는 성인과 아동에게서 흔히 나타나는 '부정성 편향'[38]과 일치한다. 좋은 것(이 경우에는, 조력자)에 대한 감수성보다 나쁜 것(방해자)에 대한 감수성이 더 일찍 출현하고 더 강력하다는 뜻이다.

우리의 첫 번째 조력자/방해자 연구 결과가 〈네이처〉지에 발표되자, 열광적이면서도 회의적인 논쟁에 불이 붙었다. 비판적인 견해를 피력한 동료들은 아기들이 사실은 상호작용의 선함과 악함에 반응하는 것이 아니라 그 장면의 비사회적인 측면에 반응하는 것일 수 있다고 지적했다. 우리 연구팀도 같은 우려를 하지 않았던 건 아니다. 하지만 우리 실험에는 이런 가능성을 배제할 것으로 기대되는 몇 가지 특징이 있었다. 우리는 다른 시나리오로 아기들을 실험했다. '언덕을 오르는 자' 대신 자기 힘으로는 움직이지 못하는 벽돌을 등장시켰다. 그리고 조력자와 방해자의 물리적 움직임은 똑같게 했다. 다만, 이렇게 되면 그들이 실제로 도와주거나 방해하는 게 아니었다. 이렇게 움직이지 않는 벽돌로 바꾸자, 아기들의 선호 현상이 사라졌다. 이런 결과는 아기들이 단순히 움직임에 반응하는 것이 아니라 정말로 사회적 상호작용에 반응한다는 것을 시사한다.

또한, 당시 캐런의 실험실 소속 대학생이었던 마리코 야마구치Mariko Yamaguchi가 이끈 프로젝트[39]에서 연구팀은 수년 전 발레리 쿨마이어 주도의 첫 번째 연구에 참여했던 아이들을 다시 실험했다. 도움을 받았거나 방해를 받았던 동그라미의 행동을 예측하는 실험에 참여했던 바로 그 아이들 말이다. 그 결과, 원래의 조력자/방해자 실험에서 보여주었던 아이들의 수행 능력은 그들이 4세가 되었을 때의 사회적 추론 능력과 관련 있는 것으로 밝혀졌다(단, 이 실험 외의 다른 과제 수행 능력은 해당하지 않는다). 이런 결과 역시 조력자/방해자 실험이 실제로 아기들의 사회적 이해력을 이용하는 실험이라는 사실을 보여준다.

하지만 원래의 조력자/방해자 시나리오를 벗어나더라도 같은 결과가 나오는지 확인하는 건 여전히 중요했다. 그래서 카일리와 캐런은 다양한 도덕성 실험극을 제작해서[40] 아기들에게 보여주었다. 예를 들면, 한 사람이 상자의 뚜껑을 열려고 애쓰고 있다. 이때 한 인형이 뚜껑을 잡고 힘껏 여는 모습과 다른 인형이 상자 위로 뛰어 올라가 뚜껑을 닫는 모습을 번갈아 보여준다. 또 다른 시나리오도 있다. 한 사람이 공을 가지고 노는데, 그만 공이 굴러가 버린다. 마찬가지로 이때도 한 인형은 공을 굴려서 돌려주고 다른 인형은 굴러온 공을 들고 달아나 버린다. 생후 5개월 아기들은 두 가지 상황에서 모두 나쁜 인형보다 착한 인형—상자 여는 것을 도와준 인형과 공을 굴려서 돌려준 인형—을 더 좋아했다.

지금까지 설명한 실험 결과들은 아기가 일반적으로 선한 행동과 악한 행동을 평가할 수 있음을 시사한다. 이런 행동에는 아기가 필시 한 번도 본 적 없는 상호작용까지 포함해서 다양한 상호작용이 그 범위 안에 들어간다. 그런데 우리가 아기들의 선택을 좌우하는 이해력을 실제로 도덕으로 봐야 한다고 입증한 것은 분명히 아니다.

하지만 아기가 보이는 반응에는 성인의 도덕적 판단 특유의 특징이 있다. 자기 자신에게 영향을 주지 않는 행동에 대해서는 이해관계에 얽매이지 않는 공정한 판단을 한다는 것이다. 그리고 어른들이 좋거나 나쁘다고 이야기할 법한 행동에 관해서 판단을 내린다는 것이다. 실제로 우리는 똑같은 장면을 영아들에게 보여준 다음, "누가 착한 사람이야? 누가 좋은 사람이야?" 그리고 "누가 못된 사람이야? 누가 나쁜 사람이야?"라고 물었다. 그러자 그들은 어른들처럼 조력자가 착한 사람, 방해자가 못된

사람이라고 대답했다.[41]

내가 생각하기에 우리는 지금 과거 스코틀랜드 계몽주의 철학자들이 도덕감각이라고 불렀던 것을 아기한테서 발견하고 있는 것 같다. 이것은 선한 행동을 하고 싶고 악한 행동을 하는 걸 피하고 싶은 충동과는 다르다. 그보다는 일종의 판단을 내리는 능력이다―즉, 선과 악, 친절함과 잔인함을 구별할 줄 아는 능력이다. 애덤 스미스는 도덕감각의 존재에 대해서는 회의적이었지만, 그래도 도덕감각을 이렇게 설명했다.[42]

"어떤 면에서 이것은 외부감각과 유사하다. 외부감각을 어떤 식으로든 자극하면 우리 몸에는 소리와 맛, 향, 색을 감지하는 자질이 사람에 따라 다르게 생기는 것으로 보인다. 인간의 마음속 다양한 감정도 마찬가지다. 어떤 식으로든 이 특별한 능력을 자극하면 그 감정들 안에 사랑스럽고 혐오스러운 자질과 도덕적이고 악랄한 자질, 옳음과 그름의 자질이 사람에 따라 다르게 생겨나는 것으로 보인다."

나는 우리가 도덕감각을 가지고 태어난다고 생각한다. 그래서 이 책에서는 앞으로도 계속해서 이 주장을 반복할 예정이다. 그런데 도덕성에는 어떤 식별 능력만이 아니라 그 이상으로 훨씬 더 많은 것이 포함된다. 여기에는 어려움에 처한 타인을 돕고 싶은 욕구, 고통받는 사람들에 대한 연민, 잔인한 사람들에 대한 분노, 자신의 수치스러운 행동에 대한 죄책감과 착한 행동에 대한 자부심 등과 같은 감정과 동기도 포함된다. 자, 지금까지 우리는 우리의 머릿속을 살펴보았다. 그렇다면 우리의 가슴 속은 과연 어떨까?

# JUST BABIES

The Origins of Good and Evil

# 2장

# 공감과 연민

# 선악의 기원

**Just Babies**

## ♦ 사이코패스에게 없는 것

 사람은 옳고 그름을 분별하는 능력이 없으면 도덕적으로 살 수 없다. 하지만 도덕적 행동이 어디에서 기인하는지—우리가 때로는 잔혹하고 이기적으로 행동하는 대신 친절하고 이타적으로 행동하는 이유가 무엇인지—설명하려면 이런 도덕감각만으로는 충분치 않다.

 이 문제를 살펴보기 위해, 완벽한—완벽하게 끔찍한—사이코패스를 머릿속에 그려보자. 그는 복이 많게도 높은 지능과 뛰어난 사회적 기술을 지니고 있다. 보통 사람들과 똑같이 식욕과 성욕, 호기심 등 동기부여가 되는 욕구도 얼마간 가지고 있다. 하지만 다른 사람들의 고통에 정상적으로 반응하는 능력은 결핍되어 있다. 감사와 수치심 같은 감정도 느끼지 못한다. 유전자와 양육 환경, 특이한 개인적 경험이 불행하게 맞물린 탓에[43] 그에게는 도덕적 정서가 없다.

우리의 상상 속 사이코패스가 도덕 지능이 낮아야 할 필요는 없다. 그는 앞 장에서 논했던 간단한 능력들을 지니기도 한다. 심지어 아기였을 때는 언덕을 오르는 사람을 밀어 떨어뜨리는 사람보다 올라오도록 도와주는 사람을 더 좋아하기도 한다. 자라면서는 자신이 속한 사회의 규칙과 관습도 배운다. 우리의 사이코패스는 길 잃은 아이를 구해주는 것이 '옳은 일'이고 의식을 잃은 여성을 성폭행하는 것이 '잘못된 일'이라는 걸 잘 안다. 다만, 이와 연관된 도덕적 감정을 전혀 느끼지 못할 뿐이다. 그가 옳고 그름을 인식하는 건 태어날 때부터 앞을 보지 못하는 사람이 풀은 '초록색'이고 하늘은 '파란색'이라고 말할 수 있는 것과 같다. 사실을 정확히 알고 있기는 하지만, 대개 이 지식과 함께하는 경험은 빠져 있다.

그의 올바른 행동을 유발하기 위해 우리가 그에게 이치에 맞는 주장을 펼치고 있다고 상상해보자. 우리는 그에게 다른 사람들을 위해 이기적인 충동을 억제해야 한다고 말할 수 있다. 또는 그에게 철학을 내세울 수도 있다. 인간 행복의 총합을 증대시키도록 행동해야 한다는 공리주의 철학자들의 관점을 제시하거나, 임마누엘 칸트Immanuel Kant의 정언명령이나 존 롤스John Rawls의 무지의 장막, 애덤 스미스의 공정한 관찰자에 대해 이야기할 수 있다. 아니면 부모가 자녀에게 흔히 사용하는 전략[44]을 시도해볼 수도 있다. 즉, 그가 다른 사람들에게 하는 것처럼 누군가 그에게 한다면 어떤 느낌이 들 것 같냐고 묻는 것이다.

그러면 이 모든 시도에 대해 그는 뭐라고 대답할까? 아마도 인간 행복의 총합을 증진하는 일 따위는 자신과 전혀 상관없으며, 정언명령이건 뭐건 아무 관심 없다고 할 것이다. 물론, 그는 타인을 해치는 자신과 자신에게 해를 가하는 타인이 논리적 동치 관계에 있다는 것은 제대로 인식한다—어쨌든 그는 바보가 아니니까. 하지만 아무리 그래도 이런 인식이 동기가 되어 그가 사람들을 친절하게 대하는 일은 없다.

상상이 아닌 실제 사이코패스들도 거의 같은 대답을 한다. 심리학자 윌리엄 데이먼William Damon이 소개한 〈뉴욕타임스〉에 실린 열세 살짜리 강도[45]의 인터뷰 기사를 보자. 이 소년 강도는 악랄하게 노인들을 공격했는데, 그 가운데는 시각장애인 여성도 한 명 포함되어 있었다. 그는 자기 행동에 대해 전혀 후회하는 모습을 보이지 않았다. 더 나아가, 앞을 보지 못하는 사람들은 나중에 그를 알아볼 수 없으니 그런 사람들을 목표로 삼은 것은 합리적이라고 했다. 기사에 따르면, 그가 피해 여성에게 가한 고통에 관해 물었다고 한다. 소년은 그런 질문을 받고 놀란 듯 대답했다. "그걸 내가 왜 신경 쓰죠? 난 그 여자가 아닌데." 테드 번디[46]는 자신이 저지른 살인사건들 때문에 세상이 떠들썩한 게 도무지 이해되지 않았다. "아니, 세상에는 사람도 많은

데, 왜 그러지?" 연쇄살인범 개리 길모어[47]는 도덕적 감정이 없는 사람의 태도가 어떤 것인지를 압축해서 보여주었다. "난 언제든 살인할 수 있었소…. 난 다른 사람들의 감정을 전혀 느끼지 않을 수 있거든. 그래서 감정에 좌우되지 않을 수 있지. 내가 완전 진짜 잘못하고 있다는 건 안다오. 그래도 난 계속 그렇게 할 수 있소."

10대 때 세 명의 어린아이를 강간하고 살해한 피터 우드콕의 인터뷰[48]도 살펴보자. 정신병원에서 수십 년을 보낸 후, 그에게 감시받지 않은 상태로 세 시간 동안 구내를 돌아다닐 수 있는 허가가 떨어졌다. 그런데 그 시간 동안 그는 친하게 지내던 다른 환자를 불러내어 숲으로 가서 그를 도끼로 살해했다.

질문자: 그때 당신 머릿속에는 어떤 생각이 스쳐 지나갔나요? 그 사람은 당신이 좋아했던 사람 아닌가요?

우드콕: 호기심이 생겼소. 그리고 분노도. 내가 들이댈 때마다 그자가 날 밀쳐냈거든.

질문자: 그렇다면 왜 당신의 호기심 때문에 누군가가 죽어야 한다고 느낀 거죠?

우드콕: 그냥 누군가를 죽이는 느낌이 어떨지 궁금했소.

질문자: 하지만 당신은 이미 세 사람을 죽였잖아요.

우드콕: 그렇소. 하지만 그건 벌써 옛날 옛적 일이잖소.

이처럼 사람 마음을 불편하게 하는 모습과는 대조적으로, 이제 보통의 유년기에 생겨나는 도덕적 정서를 살펴보자. 1877년, 찰스 다윈이 저명한 철학 저널 〈마인드〉에 발표한 '한 아기의 일대기에 관한 스케치'에는 이 같은 유년기의 도덕적 정서를 보여주는 몇몇 사례가 소개되어 있다.[49] 다윈은 같은 저널에서 아동 발달에 관한 논문을 읽은 후, 이를 계기로 자신이 37년 전 그의 아들 윌리엄의 발달 과정을 관찰하면서 기록해둔 메모들을 훑어보았다. 거기에서 그는 아들을 '아름답고 이지적인 영재'라고 자랑스럽게 묘사하고 있었다.

메모장에는 먼저 신체적 반응들이 기록되어 있었다. "우리 아기는 빨기와 울기는 물론이고 재채기, 딸꾹질, 하품, 기지개 펴기도 다 잘했다." 그리고 곧이어 그가 '도덕적 감정'이라고 묘사한 내용도 기록되어 있었다. 윌리엄은 생후 6개월이 되자 다른 사람들의 고통을 인지하고 이에 반응했다.[50] "동정심과 유사한 이런 감정은 생후 6개월 11일에 그의 우울한 표정으로 뚜렷이 드러났다. 유모가 우는 척하자, 그의 양쪽 입꼬리가 축 내려갔다." 그 후로 한참이 흐른 어느 날 윌리엄이 자신의 친절한 행동에 만족감을 느끼는 모습[51]이 포착되었다. "생후 2년 3개월이 되자, 그는 마지막 진저브레드 조각을 여동생에게 주더니 '우와, 착한 도디, 착한 도디'라고 소리치며 자화자찬했다." 그리고 4개월 뒤, 윌리엄은 처음으로 죄의식과 수치심의 기미[52]가 보였다. "식당에서 나오는 윌리엄과 마주쳤는데 눈빛이 부자연스러우리만치 환하게 밝았고, 이상하고 부자연스러운 또는 꾸민 듯한 태도가 느껴졌다. 그래서 방에 누가 있나 들어가 보니, 그가 가루 설탕을 먹었음을 알 수 있었다. 해서는 안 된다고 배운 행동을 그가 한 것이다. 그때까지 그는 어떤 식으로든 벌을 받은 적이 한 번도 없었다. 그래서 그의 이상한 태도가 두려움 때문이 아닌 것은 확실했다. 내가 추측하기로는 양심과 싸우면서 즐거운 흥분을 느꼈던 것이 아닌가 한다."

2주 후 다윈은 이렇게 기록했다. "지난번과 같은 방에서 나오는 그를 또 마주쳤다. 그는 조심스럽게 말아 올린 자기 앞치마에서 눈을 떼지 못하고 있었다. 이번에도 그의 태도가 너무 수상쩍었다. 그래서 그 앞치마 안에 뭐가 있는지 봐야겠다고 생각했다. 물론, 그는 안에 아무것도 없다며 내게 '저리 가'라고 되풀이했다. 그런데 보아하니 앞치마에 피클 즙이 얼룩져 있었다. 알고 보니 치밀하게 계획된 속임수[53]였다."

우리는 어린 윌리엄의 모습에서 우리가 일상에서 전형적으로 접하는 선과 악 사이의 갈등을 발견할 수 있다. 보통 사람들은 자기 행동을 책임지지 않아도 된다고 생각하면 매우 나쁘게 행동하는 경우가 많다. 그러면서도 우리는 가루 설탕이나 피클 같은 유혹에 마주치면 누구나 가끔은 자제력을 발휘하기도 한다. 그런데 또 한 가지 분명한 사실이 있다. 양심은 어렸을 때부터 발현되어 우리가 이러저러한 충동에 저항할 수 있게 도와준다. 실제로 많은 경우 우리는 처벌받는다는 위협 없이도 선하게 산다. 원래 이기적이거나 잔인하게 행동하면 불쾌해질 수 있기 때문이다. 이를 보여주는 사례가 하나 있다. 1930년대에 실시한 연구에서 사람들에게 "돈을 얼마나 주면 맨손으로 고양이 목을 졸라 죽일 수 있겠는가?"[54]라고 물었다. 사람들은 평균적으로 1만 달러라고 답했다―현재 가치로 환산하면 약 15만 5천 달러다. 그런데 이렇게 대답한 사람들이 자기 앞니 중 하나를 뽑는 데에는 겨우 그 절반에 해당하는 금액만을 요구했다.

하지만 사이코패스는 돈을 훨씬 적게 받아도 한다. 사실, 고양이 목을 조르고 싶어지면 아무 대가 없이 그렇게 할 수도 있다. 단, 보는 눈이 없어야 한다. 아마도 그는 꽤 똑똑해서, 그렇게 했을 때 사람들의 분노를 사고 그에 따른 배척과 처벌로 인해 그가 추구하고자 하는 다른 목표에 걸림돌이 될 수 있음을 잘 알 테니 말이다. 다만, 그에게는 고양이 목을 조르는 행위에 대해 보통 사람들이 느끼는 반감 따위는 없다.

그런데 많은 소설이나 영화, 드라마에서는 특정한 면에서 사이코패스가 나머지 우리보다 뛰어난 인물로 묘사된다―인육을 먹는 정신과 의사 한니발 렉터나 사랑스러운 연쇄 살인마 덱스터 모건처럼 위협적이면서도 매력적이고 성공한 인물로 말이다. 일부 심리학자와 사회학자는 반사회적인 사이코패스 성향이 비즈니스와 정치 분야에서는 자산이 될 수 있으며,[55] 그 결과 성공한 사람들에게서는 이런 특징이 과도하게 드러난다고 생각한다.

이런 주장이 사실이라면, 고개를 갸우뚱하게 된다. 우리의 도덕적 감정들이 자연선택 과정을 통해 진화한 것이라면, 이런 감정 없이도 성공과 번영을 누리는 일이 있어서는 안 된다. 아마도 실제로는 성공한 사이코패스는 예외적인 사례일 것이다. 사이코패스에게는 몇 가지 결핍이 있다. 이런 결핍 가운데 몇몇은 감지하기 힘든 것도 있다.

심리학자 애비게일 마쉬Abigail Marsh 연구팀은 사이코패스가 공포에 질린 표정에 현저히 무감하다는 사실을 발견했다. 보통 사람들은 공포를 알아보고 이를 괴로움의 표시로 생각하고 처리한다. 반면, 사이코패스는 공포에 적절히 반응하기는커녕 이를 알아보는 데에도 문제가 있다. 마쉬는 한 사이코패스의 일화를 들려주었다. 이 사이코패스에게 여러 장의 사진을 연달아 보여주었지만, 공포에 질린 표정은 계속해서 알아보지 못했다. 그러다가 마침내 깨달은 그녀가 던진 한마디. "아, 내가 칼로 찌르기 직전에 사람들이 짓는 표정이네."[56]

다른 결핍들은 이보다 심각하다. 도덕적 정서가 전반적으로 부족한 결과는—특히 타인에 대한 배려 부족은—사이코패스의 몰락으로 이어질 수 있다. 우리와 같은 비非사이코패스는 끊임없이 서로를 재단하고, 친절과 수치 등을 찾아내어, 이런 정보를 이용해서 누구를 믿고 누구와 친분을 맺을지 결정한다. 사이코패스는 우리와 같은 무리인 것처럼 가장해야 한다. 그런데 이것은 어려운 일이다. 어떤 행동이 정상인지 이성적으로 판단하는 과정만으로 도덕 규칙을 스스로 준수하기란 힘들다. 고양이 목을 졸라 죽이고 싶다고 하자. 이것이 눈살을 찌푸리게 하는 짓임을 아는 것만으로는 이런 충동을 억누르기가 어렵다. 정상적으로 수치심과 죄의식을 느끼지 않는 사이코패스는 악한 충동에 무릎을 꿇는다. 그리하여 악의와 탐욕으로 인해 또는 단순히 지루하다는 이유로 끔찍한 일을 저지른다. 그런 다음에는 시간문제이긴 하지만 결국에는 붙잡힌다. 사이코패스는 단기적으로는 성공할 수 있지만, 장기적으로는 대체로 실패한다. 그래서 결국에는 감옥에 가거나 더 심한 결말을 맞게 되는 경우가 많다.

### ♦ 공감과 연민, 그 미묘한 차이

이제 사이코패스와 우리 같은 나머지 사람들을 구분하는 차이점이 무엇인지 더 자세히 들여다보자. 사이코패스는 병적 허언, 양심의 가책이나 죄책감의 부족 등 많은 증상을 보인다. 하지만 그중에서도 핵심적인 결핍은 타인의 고통에 대한 무관심이다. 그들에게는 연민이 부족하다.

사이코패스가 아닌 우리 모두의 마음속에서 연민이 어떻게 작동하는지 알려면, 연민과 공감을 구별하는 것이 중요하다. 현재, 일부 연구자들은 이 두 용어를 호환해서 사용하기도 하지만, 누군가에게 마음을 쓰고 돌보는 것(연민)과 그 사람의 입장이 되는 것(공감)에는 큰 차이가 있다.

애덤 스미스는 비록 '공감'이라는 단어를 사용하지는 않았지만—이 단어는 '감정 이입'을 뜻하는 독일어 '아인휠룽Einfühlung'을 바탕으로 1909년에 생긴 신조어다—다음과 같이 이를 잘 묘사했다.[57] "우리는 마치 '다른 사람의' 몸에 들어간 것처럼, 어느 정도는 그 사람이 된다." 공감은 워낙 강력한 충동이라 저항하기 힘든 경우가 흔하다. 코미디언이 무대 위에서 우스꽝스럽게 행동하는 걸 보면 보는 사람이 민망해진다. 동요하는 사람 옆에서 차분함을 유지하기란 힘들다. 웃음은 전염되는 법이며, 눈물도 마찬가지다.

영화 〈007 카지노 로얄〉에서 제임스 본드가 급소를 가격당하는 장면을 보면서 관객은 그의 통증에 대한 거울 반응으로 몸을 움츠린다. (자신 있게 말하지만, 제임스 본드처럼 고환이 있는 관객이라면 이 장면이 유독 불편했을 것이다.) 존 업다이크 John Updike는 자신의 유년기를 묘사하면서 이렇게 서술했다. "우리 할머니는 식탁에서 숨넘어갈 듯 발작적인 기침을 하곤 했는데, 그럴 때면 동정심이 일어서 마치 내 목이 막힌 것처럼 느껴졌다."[58]

공감은 타인의 기쁨을 보고 기뻐하게 만든다. 타인의 쾌락에 대한 우리의 반응은 복잡하다. 왜 저 여자는 나보다 훨씬 즐거워하지? 이처럼 질투로 얼룩지기도 한다. 그래도 쾌락은 전염성이 있음이 분명하다. 유튜브에서 '하하하Hahaha'라는 동영상을 검색해보라. 한 아기가 아기 의자에 앉아 발작적으로 웃는 동안 카메라 밖에서 한 남자가 이상한 소리("품! 큭!")를 내며 반응하는 것을 볼 수 있다. 혹은 검색창에 '종이를 찢자 웃음 발작이 일어난 아기Baby laughing hysterically at ripping paper'라고 입력해 보라. 이 영상은 5천8백만(2024년 현재는 1.2억)이 넘는 조회 수를 기록하면서 코 고는 판다와 방귀 뀌는 고양이 영상보다 더 많은 인기를 누린다. 이들 영상의 매력 포인트는 아기들이 느끼는 쾌락에 있다. 영상을 보고 있노라면 아기들의 쾌락이 마치 마법처럼 그들의 머리에서 우리 머릿속으로 훌쩍 뛰어 들어온다.

애덤 스미스는 또 다른 사례를 든다.[59] "어떤 책이나 시를 너무 자주 읽어서 더는 재미가 느껴지지 않을 때는 옆에 있는 사람에게 읽어주면 즐거움을 계속 느낄 수 있다. 그 사람에게는 어디까지나 참신한 작품이기 때문이다. 그러면 그의 마음에서 우러나오는 놀라움과 경탄에 우리도 감정이 이입된다…. 우리는 그 작품의 내용을 그 사람의 시각으로 보게 되어… 그가 느끼는 재미에 공감하며 재미를 느끼게 된다." 스미스가 설명한 이것이야말로 인터넷이 제공하는 가장 큰 쾌락 가운데 하나다. 바로 농담, 어여쁜 동물 사진, 블로그, 동영상 등을 전달하는 즐거움 말이다. 그의 분석에는 부모로서 느끼는 기쁨 중 하나도 포착되어 있다. 부모가 되면 동물원에 가고 아이스크림을 먹는 등 태어나 처음 하는 몇몇 즐거운 경험을 다시 할 수 있기 때문이다.

공감은 어떻게 작동하는 걸까? 이를 설명하는 유명한 신경

이론이 있다. 바로 거울 뉴런[60] 이론이다. 히말라야원숭이의 뇌에서 가장 먼저 발견된 이 신경세포는 원숭이가 다른 동물의 행동을 관찰할 때도 그리고 그 원숭이가 직접 그 행동을 할 때도 모두 활성화된다. 이들 거울 뉴런은 자신과 타인의 차이를 모르며, 필시 인간을 포함해서 다른 영장류들의 뇌에도 존재한다.

어느 저명한 신경과학자가 DNA의 발견에 견주면서[61] 거울 뉴런의 발견은 엄청난 파장을 일으켰다. 과학자들은 앞다투어 언어 습득, 자폐증, 사회적 행동 이론에 거울 뉴런을 통합시키고 있다. 수년 전에는 신경망이 그랬듯, 지금은 이들 거울 신경 세포에 대중의 관심이 쏠려 있다. 그래서 사람들이 모여 정신생활의 흥미로운 측면을 논할 때면, 누군가가 나서서 이 모두가 거울 뉴런으로 설명된다고 주장하는 것이 기정사실이 되었다.

이런 생각은 다음과 같은 단순한 연민 이론으로 이어진다. X가 고통스러워하는 Y의 모습을 본다. 거울 뉴런의 힘으로 X가 고통을 느낀다. X는 Y의 고통이 사라지기를 바란다. 그렇게 되면 X의 고통도 사라질 테니까. 거울 뉴런으로 작동되는 공감은 사람들 사이의 경계를 허문다. 누군가의 고통이 나의 고통이 된다. 자기 이익이 연민으로 변환된다. 그러나 이와 같은 이론은 아무리 좋게 말해도 환원주의적 주장이 될 수밖에 없다. 수수께끼 같은 중요한 현상—우리가 타인에게 마음을 쓰고 보살피는 것—을 더 근본적인 심리적 메커니즘—공감—차원에서 설명하고, 이를 다시 뇌에서 일어나는 특정한 메커니즘으로 설명하는 셈이기 때문이다.

이처럼 우아하고 깔끔한 이론을 내세우는 데는 충분한 일리가 있다. 그렇더라도 아인슈타인Einstein이 말했듯 "무엇이든 가능한 한 단순해야 하지만, 그 이상이 되어서는 안 된다."

먼저, 현재로서는 거울 뉴런에 관한 원래 주장들이 상당히 부풀려진 상태[62]임이 분명하다. 언어나 복잡한 사회적 추론 같은 능력을 설명하기에는 거울 뉴런만으로는 부족하기 때문이다. 히말라야원숭이에게는 거울 뉴런이 있지만, 이들은 언어도 없고 복잡한 사회적 추론도 하지 않는다. 심지어 타인의 행동을 모방하는 데에도 충분하지 않다. 히말라야원숭이는 다른 동족을 모방하지 않는다. 거울 뉴런은 공감에 관여하는 뇌 부위들과는 다른 별개의 여러 부위에 존재한다. 그래서 많은 심리학자와 신경과학자가 거울 뉴런은 사회적 기능이 전혀 없을 가능성이 크지만 운동 학습에 특화되어 있다고 생각한다. 물론, 이런 주장에 대해서도 논란이 있다.

어떤 경우가 됐건, 거울 뉴런은 이 이론 중 가장 흥미롭지 않은 부분이다. 우리에게는 공감 능력이 있고, 이 능력은 어떻게든 우리 뇌에서 발현해야 한다. 거울 뉴런이 아니라면 다른 메커니즘을 통해 나타나야 한다. 신경해부학이나 신경생리학 관련 문제가 흥미로운 것이 아니다. 더 광범위한 도덕 심리학 이론

안에서 공감의 역할이야말로 중요하고도 흥미로운 사안이다.

나는 공감과 같은 심오한 능력이 우연한 생물학적 사건이라고 생각하지 않는다. 그러기에는 내가 뼛속부터 진화적 적응론자이기 때문이다. 공감에는 필시 어떤 기능이 있다. 여기서 가장 그럴듯한 후보는 타인을 배려하게 만드는 기능이다. 배고픔은 음식을 찾게 만든다. 성욕은 성적 행동을 유발한다. 분노는 일종의 위협에 직면했을 때 공격성을 띠게 한다. 이와 마찬가지로 공감이 존재하기에 우리에게는 연민과 이타심이 우러난다.[63]

그런데 (다른 사람의 감정을 반영한다는 의미에서) 공감과 (친절하게 느끼고 행동한다는 의미에서) 연민 사이에는 많은 사람이 생각하는 것보다 더 미묘한 차이가 있다.[64]

첫째, 공감은 자동적이고 무의식적으로 일어날 수 있지만—우는 사람을 보면 우리 기분이 영향을 받는다. 우리가 이를 미처 깨닫지 못하거나 이것이 우리가 바라는 바가 아니더라도 그렇게 된다—대체로 우리는 다른 사람에게 공감할지 말지 선택한다. 나는 정치범이 당한 고문 이야기를 들으면 의지력을 발휘하여 그의 처지에 대한 상상을 시작할 수 있다(물론, 실상에는 한참 미치지 못하겠지만). 또, 누군가 무대 위에서 상을 받는 모습을 보고 마음만 먹으면 그 사람의 긴장감과 자부심을 느낄 수도 있다. 따라서 공감이 될 때는 이것이 도덕적 선택의 원인이 아니라 그 산물일 수 있다.

공감은 타인을 어떻게 생각하느냐에 따라 영향을 받는다.[65] 한 연구에서는 남성 실험 참가자들을 대상으로 모르는 사람과 금융거래를 하도록 했다. 그중에는 거래 결과 보상을 받은 사람도 있고 사기를 당한 사람도 있었다. 그런 다음, 실험 참가자들의 눈앞에서 그 사람에게 약한 전기 충격을 가했다. 착했던 사람이 전기 충격을 받자, 참가자들은 공감에 해당하는 신경 반응을 보였다―실제로 자신이 전기 충격을 받았을 때와 같은 뇌 부위가 활성화되었다. 반면, 몹쓸 짓을 한 사람이 전기 충격을 받았을 때는 공감이 일지 않았다. 그 대신 보상, 쾌락과 관련된 뇌 부위가 작동했다. (이에 비해 여성들은 상대적으로 차별이 덜했다. 아니, 확실히 더 친절했다. 그 사람이 자기를 어떻게 대했건 이와 무관하게 공감 반응을 보였다.)

둘째, 연민을 유발하는 데 공감이 필요한 것은 아니다. 이를 확인하기 위해 철학자 피터 싱어Peter Singer가 예로 제시한 명백한 선행 사례[66]를 살펴보자. 여러분이 호숫가를 산책하고 있는데 한 꼬마가 물에 빠져 허우적대는 것이 보인다. 호수는 몇 피트 깊이밖에 되지 않지만, 그 아이는 익사 직전이다. 주위를 둘러봐도 아이의 부모는 보이지 않는다. 여러분도 보통 사람들과 다르지 않다면, 구조 과정에서 신발을 버리더라도 물속으로 뛰어들어 아이를 끌어낼 것이다. (보아하니 철학자들은 물에 빠진 아이들을 예로 드는 것을 좋아하는 듯하다. 약 2천 년 전, 중국의 맹자[67]도 그랬다. "타인의 고통에 무감한 사람은 없다…. 한 남자가 우물에 빠지기 직전의 어린아이 하나를 갑자기 발견한다고 가정하자. 그는 마음이 동해서 연민을 느낄 것이 분명하다.")

물론, 공감이 연민으로 이어져 행동이 일어난다고 생각할 수도 있다. 가령, 여러분이 물에 빠진 아이가 공포에 질려 숨을 헐떡이는 모습을 보게 된다고 하자. 여러분은 아이가 느끼는 것처럼 똑같이 느끼게 된다. 그러면 여러분 자신이 물에 빠지는 느낌에서 벗어나고 싶은 마음이 든다. 그래서 그 아이를 구하게 된다는 식이다. 하지만 보통은 이렇게 되지 않는다. 십중팔구 여러분은 익사의 공포를 간접 경험하지 않은 채 물속에 뛰어들 것이다. 심리학자 스티븐 핑커Steven Pinker가 지적하듯,[68] "개 짖는 소리에 놀란 아이가 무서워서 울 때, 나는 어떤 교감 반응을 보일까? 나는 아이와 함께 무서워하며 울지 않는다. 그 대신 아이를 안심시키고 보호한다."

셋째, 공감 없는 연민이 가능하듯, 연민 없는 공감도 가능하다. 다른 사람의 고통이 똑같이 느껴져서 그렇게 느끼는 것을 멈추고 싶은 경우, 그 사람의 고통을 덜어주는 대신 그에게서 멀리 떨어지는 방법을 해결책으로 택할 수도 있다. 가령, 호수 주변을 벗어나는 것이다. 철학자 조너선 글로버Jonathan Glover는 실제 사례[69]로 나치 독일에서 죽음의 수용소 근처에 살았던 한 여성이 어떻게 반응했는지 들려주었다. 그녀의 증언에 따르면, 수감자들은 총살당한 뒤 몇 시간이 지나야 사망했다고 한다. 이런 상황에 대해 화가 난 그녀는 다음과 같은 내용의 항의

서한을 보내게 된다. "사람들이 자신의 의지와는 무관하게 이처럼 잔인무도한 참상을 목격하는 일이 비일비재합니다. 어찌 됐든 저는 역겹습니다. 이런 광경을 보면 제 신경에 너무 부담되어 장기적으로 견디지 못할 것 같습니다. 그래서 요청합니다. 이런 비인간적인 행위를 중단하거나 아니면 사람들 눈에 띄지 않는 곳에서 하도록 조처해주십시오."

이 여성은 사람들이 살해되는 모습을 보면서 상처를 받을 만큼 공감 능력이 있었다. 게다가 이 같은 행위를 '잔인무도한 참상'이나 '비인간적인 행위'로 묘사한 것으로 보아 그 야만성에 완전히 둔감하지도 않았다. 그러함에도 이런 살인이 눈에 보이지 않는 곳에서 일어나기만 한다면 얼마든지 공존하며 살 수 있었다. 물론, 이것은 극단적인 사례다. 하지만 그렇다고 우리가 도저히 납득할 수 없는 것도 아니다. 아무리 다른 경우에는 착하고 좋은 사람이라도 먼 나라에서 벌어지는 고통스러운 이야기를 접하거나 시내에서 길을 가다 노숙자를 지나칠 때면 때때로 외면하기도 한다.

이 밖에 다른 경우들도 있다. 다른 사람의 고통을 나도 느끼지만—최대로 감정이 이입되지만—연민 대신, 영어로는 한마디로 표현할 수 없는 감정이 일어나는 경우다. 독일어에는 이 감정을 표현하는 완벽한 단어가 있다. 바로 '샤덴프로이데 Schadenfreude'다. 타인의 괴로움을 즐기면서 이 괴로움이 지속되거나 악화하기를 바라는 마음이다. 이런 감정의 극단적 예가 사디즘Sadism이지만, 어떤 샤덴프로이데는 지극히 정상적인 감정이다. 내 경쟁자가 천벌을 받는다고 생각하면, 나는 그가 어떤 느낌일지 상상하고 그 경험을 즐기면서 고소해할 수 있다.

지금까지 우리는 공감과 연민이 어떻게 다른지 살펴보았다. 그런데 연민과 '도덕성'이 같지 않다는 것도 분명한 사실이다. 한 범죄자가 경찰관에게 풀어달라고 사정하는 상황을 상상해보자. 그 경찰관은 연민을 느낄 수는 있지만 그렇다고 굴해서는 안 된다. 지켜야 하는 다른 도덕 원칙들이 있기 때문이다. 이보다 극적이지 않은 예를 들자면, 낙제점을 맞은 학생이 나를 찾아와 성적을 올려달라고 간청하는 경우를 생각해볼 수 있다. 나는 이 학생에게 연민을 느낄지도 모른다. 하지만 내가 순순히 그렇게 해주면 나머지 학생들에게는 공정하지 않게 된다.

가끔 실험실에서는 연민과 도덕성이 충돌하는 경우가 목격된다. 심리학자 C. 대니얼 뱃슨C. Daniel Batson 연구진의 실험 결과,[70] 어떤 사람의 관점에서 생각하라는 요청을 받은 실험 참가자들은 다른 사람들보다 그 사람에게 호의를 느낄 가능성이 큰 것으로 나타났다. 가령, 그들은 구조를 기다리는 사람들 가운데 아픈 소녀를 대기 줄 제일 앞에 세울 가능성이 크다. 이것은 연민 어린 행동이긴 하지만 도덕적이지는 않다. 이런 종류의 결정은 객관적이고 공정한 절차에 바탕을 두어야지, 누가 가장 강렬한 감정적 반응을 불러오느냐에 따라 좌우되어서는 안 되기 때문이다. 그러므로 좋은 사람이 되려면 연민을 함양할 것이 아니라 연민을 우선시하지 말아야 한다.

### ♦ 아기도 타인의 고통을 외면하지 못한다

연민과 도덕성이 같지 않을뿐더러 때로는 서로 충돌하더라도 연민은 필요하다. 우리에게 다른 사람들을 돌보려는 마음이 없다면 도덕성은 존재하지 않을 테니.

세상에 발을 들인 첫 순간부터 우리는 다른 사람들과 공감한다. 동떨어진 섬과 같은 아기는 없다. 신생아들조차 다른 사람의 표정에 반응한다.[71] 실험자가 아기에게 혀를 내밀어 보이면 아기는 그를 흉내 내려는 경향을 보인다. 이 아기는 태어나 거울을 본 적이 없기에, 어른의 혀가 자기가 한 번도 본 적 없는 자기 입속의 그것에 대응한다는 것을 본능적으로 아는 것이 틀림없다. 이런 모방력이 존재하는 이유는 아기와 주변 어른들 사이에 유대가 생겨 서로 감정이 이어지게 하기 위해서인 듯하다. 실제로 부모와 아기는 마치 거울을 비추듯 서로의 표정을 보여주는 일이 빈번하다.[72] 특히나 이런 일은 흔히 무의식적으로 일어난다.

아기들은 타인의 고통에도 반응한다. 어린 윌리엄 다윈이 생후 6개월 때 유모가 우는 척하자 '우울한 표정'을 지으며 '동정심'을 보였던 일을 기억하는가? 태어난 지 며칠 되지 않아도 우는 소리는 아기에게 불쾌하다. 그래서 그 소리에 아기들도 대체로 따라 울게 된다.[73] 소음에 대해 말로 표현할 줄 몰라서 그렇게 반응하는 것이 아니다. 아기들은 자기 울음소리보다 다른 아기의 울음소리를 들으면 더 많이 운다.

반면, 볼륨은 같더라도 컴퓨터로 생성된 소음을 들을 때나 새끼 침팬지의 울음을 들을 때는 그만큼 울지 않는다.[74] 다른 생명체들도 같은 종의 구성원이 괴로워하면 불쾌감을 느낀다. 배고픈 히말라야원숭이는 음식을 손에 넣기 위해 레버를 당겼을 때 다른 원숭이가 전기 충격을 받는다면 그 레버를 당기지 않으려 든다.[75] 쥐는 공중에 매달린 다른 쥐를 내려주거나 물이 채워진 수조에 갇힌 쥐를 풀어주기 위해 막대를 누른다.[76] 그리고 원숭이와 마찬가지로 음식을 제공해주는 막대를 눌렀을 때 다른 쥐가 충격을 받으면 그 막대를 누르는 행동을 멈춘다.

이러한 행동들은 연민을 보여주는 것일 수 있다. 하지만 더 냉소적으로 설명한다면, 원숭이와 쥐는―그리고 아마도 인간 역시도―다른 동족의 고통을 불쾌하게 여기도록 진화한 것이다. 고통스러워하는 개체에 대한 순수한 걱정과 같은 감정은 느끼지 않으면서 말이다. 아마도 그들은 공감은 하지만 연민은 느끼지 않을 것이다.

그래도 영유아들이 행동하는 것을 지켜보면 무언가 더 있다는 것을 알 수 있다. 그들은 고통에 처한 사람을 그냥 외면하지 않는다. 그 대신 그 사람의 기분이 나아지게 하려고 애쓴다. 발달심리학자들이 오랜 기간 관찰한 바에 따르면, 한 살 아기들은

다른 아기들이 괴로워하면 쓰다듬으며 달래준다.[77]

심리학자 캐럴린 잰-왁슬러Carolyn Zahn-Waxler 연구진의 연구 결과,[78] 어린아이들은 자기 주변 사람들이 고통스러운 것처럼 행동하는 모습을 보면(가령, 아이의 엄마가 무릎을 부딪치거나 한 실험자가 클립보드 집게에 손가락이 끼는 경우) 달래주는 행동으로 반응하는 경우가 많은 것으로 나타났다. 여자아이들이 남자아이들보다 달래는 걸 더 잘한다.[79] 이는 더 광범위하게 실시된 연구 결과, 평균적으로 여성의 연민과 공감 능력이 더 크게 나타난 것[80]과 일치하는 결과다. 이와 유사한 행동은 다른 영장류에서도 발견된다.[81] 영장류학자 프란스 드 발에 따르면, 침팬지는 공격받은 희생자를 팔로 감싸 안고 쓰다듬어주거나 털을 손질해준다고 한다. 반면 원숭이는 그렇지 않다.

이처럼 영유아들은 달래주려고 하긴 하지만, 그들의 시도는 결코 완벽하지 않다. 또 생각만큼 빈번하지도 않다. 달래는 행동은 영유아들보다는 더 큰 아이들이, 아이들보다는 어른들이 더 많이 한다. 게다가 때로 영유아들은 다른 사람들의 고통에 대한 반응으로 화를 내거나 고통받는 당사자가 아니라 '자기 자신'을 달래는 행동을 보인다. 고통을 공감하는 것은 불쾌한 일이며, 때로는 이런 불쾌감에 압도되기도 한다.

이것은 쥐도 마찬가지다. 막대기를 누르면 다른 쥐가 받는 고통스러운 전기 충격을 멈출 수 있는 실험[82]을 진행했더니, 그 결과, 많은 쥐가 막대기를 누르지 않았다. 그 대신 그들은 "상자 안에서 괴로움에 찍찍거리며 춤추듯 날뛰는 쥐에게서 제일 멀리 떨어진 구석으로 몸을 피한 뒤, 거기서 꼼짝도 하지 않은 채 웅크리고 있었다."

영유아들은 다른 사람들의 고통에 종종 자기중심적으로 반응하기도 한다.[83] 다시 말해, 자기가 어떤 대우를 받고 싶은지가 그들의 행동에 반영된다는 뜻이다. 심리학자 마틴 호프먼은 생후 14개월 영아가 우는 친구를 친구의 엄마가 아니라 자기 엄마에게 데리고 가는 경우를 일례로 든다. 호프먼은 이런 혼동이 일어나는 이유가 아이들은 남의 입장이 되는 데 필요한 정교한 인지능력이 아직 발달하지 않았기 때문이라고 주장한다. 하지만 실제로는 나이와 상관없이 사람은 누구나 다른 사람의 고통을 마주할 때 자기중심적으로 반응할 수 있다.

일전에 내가 아내와 함께 레스토랑에 앉아 있었을 때도 그랬다. 아내가 목마르다고 하자, 나는 내 손에 들려있던 맥주를 정중히 아내에게 건넸다. 그러자 아내가 나를 빤히 쳐다보는 것이 아닌가? 아차, 나는 잠시 후에야 깨달았다. 아내는 맥주를 싫어하는 사람임을. 그리고 맥주를 좋아하는 사람은 '나'라는 것을.

### ♦ 돕는 행동을 하는 아기의 속마음

영유아들이 보여주는 색다른 연민의 징후가 하나 있다. 바로 남을 도와주는 행동이다. 지난 수십 년간 많은 일화와 연구를 통해 자발적으로 노움을 수는 사례들[84]이 확인되었다. 1942년 한 연구자는 자기 아들에 대해 이렇게 이야기했다. "녀석은 요즘 무척이나 사려 깊다. 오늘 아침 집에 갔더니 '아빠한테 슬리퍼 드려야지'[85]라며 조르르 달려가 가져왔다." 1966년 한 심리학자는 생후 18개월 여아[86]가 "정원에서 내 옆을 따라다니며 낙엽을 긁어모으거나 모종삽을 썩 잘 다룰 줄 안다…. 집 안에서는 진공청소기를 돌리거나 걸레질을 돕는다…. 그리고 아버지가 옷을 입거나 벽난로에 불을 지필 때 필요한 것들을 먼저 알아서 챙길 줄 안다"라고 기록했다. 1980년대 초에 활동하던 또 다른 심리학자는 실험실을 정리가 안 된 집처럼 꾸며놓고 실험을 진행했다.[87] 식탁은 어질러 놓고, 침대는 흐트러져 있고, 바닥에는 책과 카드가 널려 있으며 개켜야 할 빨래를 쌓아두는 등 어지러운 집처럼 설정했다. 이런 실험실에 데려온 (생후 18개월에서 30개월 사이의) 아이들은 대다수가 열심히 청소를 도우면서 다음과 같은 식으로 말했다. "내가 도와줄게요, 저 작은 전구는 제가 들게요."

최근에도 심리학자들은 아이들이 도와주는 모습을 확인했다. 앞 장에서 언급했듯, 어른들이 손이 닿지 않는 물건을 줍거나 양손에 뭔가를 든 채 문을 열려고 애쓰면 영유아들이 와서 도와준다.[88] 어른들이 그렇게 하도록 유도하거나 심지어 눈 맞춤조차 하지 않아도 그렇게 한다. 이런 행동이 인상적[89]인 이유는—달래기와 마찬가지로—도와주기를 하려면 몇 가지 도전이 따르기 때문이다. 아이는 무언가가 잘못되었음을 깨달아야 하고, 이 상황을 호전시키려면 무엇을 해야 하는지도 알아야 하며, 실제로 도와주는 노력을 하려는 의욕이 있어야 한다.

이때, 회의론자들은 이처럼 도와주는 행동이 '대체 왜' 일어나는지 우리가 모른다는 점을 지적한다. 어른들은 연민으로 인해 마음이 동하지 않아도 남을 도와주는 행동을 자주 하기 때문이다. 여러분도 어떤 사람이 양손 가득 책을 들고 비틀거리며 닫힌 문을 향해 걸어가는 모습을 보면, 그가 뭐라 하기도 전에 얼른 뛰어가 문을 열어주기 마련이다. 이런 행동은 친절이나 심지어 습관으로 유발되는 것은 아닐 것이다. 누군가가 재채기를 하면 "감기 조심하세요"라는 말이 저절로 나오는 것처럼 말이다. 혹은 어쩌면 영유아들은 도움을 주는 사람에게 마음을 쓰지는 않으면서 단지 도와주는 행위 자체만을 즐기는 것인지도 모른다. 한 어른이 손이 닿지 않는 곳에 있는 물건을 잡으려 손을 뻗자 아이가 그것을 건네주는 경우를 생각해보자. 이런 행동의 동기는 문제를 해결하면서 느끼는 보람일 수 있다. 혹은 어쩌면 영유아들이 도와주는 행위를 하는 것은 어른들의 행복이 아니라 어른들의 인정을 받기 위해서일 수도 있다.[90] 아이들이 도와주려 애쓰는 모습은 우리 어른들 눈에 예뻐 보인다. 아마도 이것이 핵심일 것이다. 그들이 하는 도와주는 행동은 아마도 자신을 돌봐주는 사람들에게 이쁨을 받도록 고안된 적응행동인 듯하다. 큰 눈망울과 통통한 볼살 등 아이들의 신체적 매력이 그렇듯 말이다.

하지만 연구 결과―적어도 유소년의 경우―정말로 순전히 다른 사람들을 배려하는 마음 때문에 도움을 주는 행동을 하는 것이라는 증거가 있다. 우리 연구팀의 알리아 마틴Alia Martin과 크리스티나 올슨Kristina Olson[91]은 세 살 아이와 놀던 어른이 특정한 과제를 위해 특정한 물건을 건네달라고 아이에게 요청하는 실험을 진행했다. 예를 들면, 물 주전자를 옆에 둔 어른이 아이에게 "물을 부을 수 있게 그 컵 좀 건네주겠니?"라고 묻는 식이었다. 이때, 건네달라고 한 물건이 적절한 것이었으면―가령, 깨지지 않은 컵이면―아이들은 대개 그 물건을 건네주었다. 그런데 때때로 요청한 물건이 과제와 맞지 않은 경우가 있었다. 가령, 컵에 금이 간 경우 말이다. 그러면 대체로 아이들은 달라고 하는 물건은 무시하고 다른 적합한 물건을 집었다. 가령, 방 다른 편에 있는 온전한 컵을 대신 건넸다. 따라서 아이들은 그저 아무 생각 없이 어른의 말을 잘 들었던 게 아니다. 그들은 어른이 과제를 완수하도록 실제로 돕고 싶었던 것이다.

또한, 아이들이 정말로 다른 누군가의 이익을 염두에 두고 도와주는 거라면, 그들은 사람을 골라가며 도와줄 것이다. 심리학자 암리샤 바이슈Amrisha Vaish 연구팀의 연구 결과, 3세 유아들은 다른 사람을 도와준 적이 있는 사람을 도와줄 가능성이 크고[92] 다른 사람을 냉혹하게 대했던 사람을 도와줄 가능성이 작은 것으로 나타났다.

심리학자 크리스틴 던필드Kristen Dunfield와 발레리 쿨마이어[93]도 생후 21개월 아기들을 대상으로 연구한 결과 유사한 결과를 얻었다. 실험 대상 아기들을 앉혀 놓고 맞은편에서 두 명의 실험자가 각각 장난감을 하나씩 손에 들고 아기들에게 장난감을 건네줄 것처럼 내밀었다. 하지만 어느 것도 아기들에게 제대로 전달되지는 않았다. 한 실험자는 마치 줄 것처럼 놀리기만 하고 끝끝내 주지 않았고, 다른 실험자는 주려고 하다가 떨어뜨렸기 때문이다. 그런 다음, 이번에는 아기들에게 손에 들고 있는 장난감을 두 실험자 중 한 명에게 건네주게 했다. 그랬더니 아기들은 앞서 장난감을 주려고 노력했던 실험자에게 자기 장난감을 주고 그들을 놀렸던 실험자에게는 주지 않는 경향을 보였다.

나눔은 연민과 이타심이 한층 더 발현된 것이다. 아이들은 생후 6개월이 지나면 저절로 나눔을 시작하고,[94] 그다음 해가 되면 나눔의 정도가 급증한다. 하지만 가족과 친구들과는 나누지만 낯선 사람들과 나누는 일은 거의 없다.

일부 과학자와 부모는 아이들이 충분히 나누지 않는다고 우려하면서, 이것이 아이들이 도덕적으로 미성숙한 탓이 아닌가 생각한다. 하지만 이런 진단은 억울할 수 있다. 두 살 아기가 방금 심리학 실험실에서 만난 아이에게 자기 장난감을 넘겨주기를 꺼리는 경우, 낯선 사람에게 자기 자동차 열쇠를 넘기지 않으려는 어른의 마음과 뭐가 그리 다르겠는가?

그러므로 영유아에게서 나눔을 발견하려는 실험들이 미미한 결과를 얻는 것도 놀라운 일이 아니다. 심리학자 실리아 브라우넬Celia Brownell 연구팀[95]은 원래 침팬지의 이타성을 탐구할 목적으로 고안된 실험법을 영유아에게 적용했다. 연구자들은 실험 대상 아기를 두 개의 레버 사이에 앉히고 둘 중 하나를 당기게 했다. 한쪽 레버를 당기면 아기와 아기 맞은편에 앉은 실험자에게 모두 간식이 제공되었다. 다른 쪽 레버를 당기면 아기에게는 간식이 나오지만, 맞은편 사람에게는 아무것도 제공되지 않았다.

맞은편 사람이 아무 말도 하지 않고 조용히 있는 경우, 생후 18개월과 25개월 아이들은 모두 무작위로 레버를 당겼다. 맞은편 어른에게 간식을 주려는 아무런 시도도 하지 않은 것이다. 반면, 맞은편의 실험자가 "나 크래커 좋아하는데. 나도 크래커 먹고 싶어"라고 했을 때는 25개월 아이는 도와주려 했지만, 18개월 아이는 여전히 무작위로 행동했다.

이 연구팀은 논문에서 긍정적인 면에 초점을 두었다. 즉, 2세 유아들은 "잃을 것이 없으면 자기와 관계없는 사람들과도 귀한 자원을 자원해서 나눈다"라고 결론지었다. 이것은 참으로 인상적인 내용이다. 하지만 내가 흥미를 느낀 지점은 따로 있다. 바로 두 그룹의 아이들 모두 아무것도 잃을 것이 없는 상황에서도 유도하지 않으면 나누지 않는다는 사실이다. 추측건대, 그 이유는 아이들이 테이블 건너편에 있는 낯선 어른을 상대했기 때문이다. 만약 부모나 조부모였다면 아이들은 훨씬 더 친절한 모습을 보였을 것이다.

바로 이 점은 강조할 만한 내용이라, 이 책의 나머지 부분에서 되풀이해서 다시 다룰 예정이다. 약 4세 이전의 아이들은 낯선 어른에게 자발적으로 친절하게 대하는 일이 거의 없다. 그런데 우리가 조금 전 논했던 연구들 가운데에는 아이들이 친구나 가족이 아닌 어른들에게—도와주는 등—친절하게 행동하는 것을 발견한 경우가 일부 있다. 하지만 명심해야 할 점이 있다. 이들 연구에서는 어른들이 실제로 '그렇게' 낯선 사람들이 아니라는 사실이다.

보통은 연구를 시작하기 전에 실험 대상 아이들은 (어머니, 아버지와 함께) 실험자 어른과 상호작용하면서 '워밍업' 시간을 가진다. 이때 서로 공을 굴려서 주고받는 등 친근한 상호작용을 한다. 이렇게 하면 확실히 차이가 난다. 심리학자 로돌포 코르테스 바라간Rodolfo Cortez Barragan과 캐럴 드웩Carol Dweck[96]의 연구에 따르면, 이런 식의 상호작용이 없으면—그냥 친근하게 인사만 하고 실험 참여에 동의해준 것에 따뜻한 감사의 말만 하는 경우—나중에 실험 중에 아이들이 도와주는 정도가 절반으로 뚝 떨어진다고 한다. 내가 확신하건대, 사전에 긍정적인 상호작용이 전혀 없으면—도움을 받아야 하는 어른이 그 순간에 진짜로 낯선 사람인 경우—아이들에게는 자발적으로 친절한 마음이 거의 또는 전혀 생기지 않는다.

### ♦ 아기도 자기평가를 할까?

지금까지 우리는 타인에 대한 사람들의 반응과 행동을 탐구했다. 그런데 도덕적 존재는 남뿐만 아니라 자기 자신도 판단한다. 우리는 자기가 한 좋은 행위에 자부심을 느끼고 나쁜 행위에 죄책감을 느낀다. 그리고 우리의 도덕적 판단력을 사용해서 장차 무엇을 해야 하고 무엇을 해서는 안 되는지를 결정한다. 심리학자들은 적어도 어른들에게는 타인에 대한 판단과 자신에 대한 판단 사이에 밀접한 연관성[97]이 있음을 발견했다. 여러분이 어떤 사람에게 대체로 공감한다면, 여러분은 그 사람에게 해를 끼치는 것에 죄책감을 느낄 가능성도 크다. 여러분이 공감 능력이 뛰어난 사람이라면, 여러분은 죄책감을 쉽게 느끼는 부류일 가능성이 크다.

아기 안에서 이루어지는 자기평가는 연구하기가 어렵다. 그래서 우리는 아기의 자기평가가 어떻게 발달하는지에 대해 아는 바가 거의 없다. 아기에게 착한 사람과 나쁜 사람을 보여주고 아기가 그들에게 어떻게 반응하는지를 탐구하는 상황을 만드는 일은 그리 어렵지 않다. 반면, 아기 스스로 다양한 방식으로 행동하게 하면서 자신의 선행과 악행에 어떻게 반응하는지를 관찰할 수 있는 상황을 만들기는 더 힘들다(그렇더라도 아마 불가능하지는 않을 것이다).

그래도 자기평가의 징후는 어렸을 때부터 관찰된다. 앞서 어린 윌리엄이 여동생에게 진저브레드를 주면서 기뻐하던 이야기에서도 그랬지만, 영유아들은 자부심을 종종 표현한다. 죄책감도 마찬가지다. 1세 아기들은 자기가 다른 사람들을 해할 때 괴로워하는 모습을 보인다.[98] 이런 모습은 나이가 들면서 더 빈번하게 나타난다.

1937년 심리학자 샬럿 뷸러Charlotte Buhler는 아이들의 마음속에서 죄책감이 어떻게 유발되는지 연구하기 위해 기발한 실험을 했다.[99] 어른 한 명과 아이 한 명이 있는 방 안에서 어른은 아이가 손 닿는 곳에 있는 장난감을 만지지 못하게 했다. 그런 다음, 어른은 돌아서서 잠시 방을 나가 있었다. 그러자 실험에 참여한 1세에서 2세 사이 아기들은 한 명도 빠짐없이 "어른과의 접촉이 없어지는 순간, 금지령이 취소된 것으로 알고 장난감을 가지고 놀았다." 그러다가 어른이 갑자기 돌아오면, 16개월 아기들 가운데 60퍼센트와 18개월 아기들 100퍼센트는 "더없이 당황한 모습을 보이며 얼굴이 빨개지면서 놀란 표정으로 어른을 돌아보았다." 21개월 아기들은 "재빨리 장난감을 제자리에 돌려놓는 방법으로 상황을 수습하려고 시도했다."

아이들이 보여준 공포감에는 도덕적 내용이 전혀 들어 있지 않을 수 있다. 하지만 그들의 당황하는 모습—빨개진 얼굴!—은 공포 말고 무언가 다른 일도 일어나고 있음을 보여준다. 이처럼 죄책감을 반사적으로 표현하던 아이들은 나이가 많아질수록 반사적 표현 대신 명시적으로 도덕적 자기 정당화 행위를 했다. 이 연구에 참여한 2세 아기들은 "가령, 그 장난감이 자기 것이라고 주장하면서 어른의 명을 거역한 이유를 대려고" 했다.

주지하다시피, 아기들은 스스로 선하거나 악한 일을 할 능력이 생기기 훨씬 전부터도 다른 사람들의 선행과 악행에 민감하다. 그러므로 '도덕감각'은 먼저 타인에게 미치게 되고, 나중에 발달이 진행되어 어떤 시점이 되면 자기 내면을 향하게 되는 듯하다. 이 시점이 되면 아이들은 자신을 도덕적 행위자로 보게 되고, 이는 죄책감, 수치심, 자부심을 통해 발현된다.

지금까지 우리는 어린아이들의 공감과 연민에 어느 정도 한계가 있음을 확인했다. 하지만 그렇다고 해서 아주 어린 존재들에게서 이런 도덕적 행동과 정서를 발견하는 일이 얼마나 감동적인지 외면해서는 안 된다. 새뮤얼 존슨Samuel Johnson은 (매우 다른 맥락에서) 이를 가장 잘 표현했다. "이것은 마치 강아지가 뒷다리로 걷는 것과 같다. 물론 제대로 걷지는 못한다. 그래도 어쨌든 걷는 것을 보면 놀랍다."

하지만 다윈이나 그보다 앞섰던 많은 과학자와 철학자, 신학자에게는 우리의 타고난 연민이 놀라움의 대상이 아니었던 듯하다. 연민은 이 책에 등장하는 여러 영웅 가운데 한 명이 웅변적으로 표현하며 내린 결론이었다. 애덤 스미스의 대표작은 그가 1776년에 발표한 《국부론》이다. 여기서 그는 이기적 행위자들의 상호작용으로부터 번영이 생겨날 수 있다고 주장한다.

하지만 그는 사람들이 전적으로 자기 이익에만 매몰된 존재라고는 절대 생각하지 않았다. 그는 연민의 심리적 견인력[100]에 대한 예리한 감수성을 지니고 있었다. 그는 웅변적이고 힘 있는 논지를 담고 있는 세 문장으로 《도덕감정론》을 시작한다.

> 아무리 인간이 이기적이라 해도, 분명 인간의 본성에는 몇 가지 원칙이 있다. 이들 원칙 때문에 인간은 타인의 운명에 관심을 가지게 되고, 타인의 행복이 필요하게 된다. 자신에게 파생되는 것이라고는 타인이 행복한 모습을 바라보며 느끼는 즐거움뿐이더라도 말이다. 이런 종류에 해당하는 것이 동정 또는 연민이다. 이것은 우리가 타인의 비참함을 실제로 보거나 아니면 생생하게 상상할 때 느끼는 감정이다. 우리는 대개 타인의 슬픔에서 슬픔을 느낀다. 이것은 굳이 입증하려고 예를 들 필요도 없을 정도로 너무도 명백한 주지의 사실이다. 인간의 본성에 해당하는 인간 본연의 다른 모든 격정적인 감정이 그렇듯, 이 감정도 결코 덕망 있고 인도적인 사람들에게만 국한된 것이 아니다. 물론, 그런 사람들은 아마 누구보다도 예리한 감수성으로 이런 감정을 느낄 수 있겠지만 말이다.

# JUST BABIES

## The Origins of Good and Evil

# 3장
# 공정, 지위, 처벌

선악의 기원

**Just Babies**

### ♦ 우리는 타고난 평등주의자이다

 코미디언 루이스 C. K.가 늘 이야기하는 소재가 하나 있다. 그의 딸이 공정을 어떻게 이해하고 있는지를 보여주는 에피소드를 들려주는 것이다. 그는 이렇게 말문을 연다. "요전 날, 다섯 살짜리 우리 딸이 자기 장난감 하나를 망가뜨렸습니다. 그러면서 저더러 공정하게 여동생 장난감을 하나 망가뜨려달라고 하더군요." 이렇게 하면 두 자매는 '동등한' 상황에 놓이겠지만, 그가 던진 농담의 핵심은 무언가 옳지 않은 느낌이 든다는 것이다. "그래서 울며 겨자 먹기로 그렇게 했죠. 그런 다음 딸아이를 봤더니, 얼굴 가득 오싹한 미소를 짓고 있더군요."

공정에 관한 직관을 보여주는 더 단순한 예도 있다. 여러분에게 장난감 두 개와 자녀 두 명이 있다고 가정하자. 장난감 두 개를 모두 자녀 한 명에게 줄 경우, 나머지 한 명이 말할 수 있는 나이라면 항의할 것이다. "그건 공정하지 않아요!"라고 말할지도 모른다. 옳은 말이다. 균등하게 나누면 아이들의 전체 행복은 극대화된다. 장난감을 각각 하나씩 주면 둘 다 행복해진다. 반면, 불균등하게 나누면, 아무것도 얻지 못하는 아이는 비참해진다. 이 아이가 느끼는 슬픔은 장난감 두 개를 모두 가지게 된 아이가 느끼는 추가적인 쾌락을 능가한다. 하지만 더 중요한 점은 따로 있다. 굳이 그럴 필요 없는데도 불평등을 만드는 것은 그냥 잘못된 일이다.

상황은 금세 더 복잡해진다. 평등과 공정에 관한 문제는 현실 세계에서 가장 절박한 도덕적 이슈에 속한다. 가령, 시민들 사이의 평등을 증진하는 사회가 공정한 사회라는 데에는 거의 모두가 동의한다. 하지만 기회의 평등과 결과의 평등 중에서 어떤 종류의 평등이 도덕적으로 바람직한지를 놓고는 의견이 첨예하게 나뉜다. 처음 시작할 때 평등한 기회가 주어졌다고 하면, 제일 생산성 높은 사람들이 나머지 사람들 전부보다 많이 소유하는 것이 공정할까? 정부가 부자들의 돈을 가져다가 가난한 사람들에게 주는 것이 공정한 걸까? 만약 이런 재분배의 목표가 실질적인 방향으로 가난한 사람들을 도와주기 위해서가 아니라, 앞서 루이스 C. K.가 다른 딸의 장난감을 망가뜨렸던 것처럼 그저 사람들을 더 평등하게 만들기 위해서라고 한다면, 이 질문에 대한 대답은 달라질까?

심리학자 윌리엄 데이먼은 1970년대에 영향력 있는 연구를 연이어 진행하면서[101] 인터뷰 방식으로 아이들이 공정을 어떻게 생각하는지 탐구했다. 그 결과, 아이들은 결과의 평등에 초점을 맞추고 다른 고려 사항들은 무시한다는 사실이 밝혀졌다. 일례로 그가 진행한 연구들 가운데 다음 대목을 살짝 살펴보자(아이들에게 동전을 고르지 않게 나누어주는 것에 대해 질문하는 장면이다).

실험자: 누가 됐건 다른 사람보다 더 많이 가져도 된다고 생각하니?

아니타(7세 4개월): 아뇨. 그러면 공평하지 않으니까요. 누구는 35센트, 누구는 1센트를 가지는 건 공평하지 않아요.

실험자: 클라라는 자기가 누구보다도 많이 만들었으니 돈을 더 받아야 한다고 하던데.

아니타: 안 돼요. 클라라가 1달러 받고 나머지는 1센트만 받는 건 공평하지 않으니까요.

실험자: 클라라가 조금 더 받아야 할까?

아니타: 안 돼요. 모두 돈을 똑같이 받아야 해요. 안 그러면 공평하지 않으니까요.

더 어린 경우에도 마찬가지로 이와 같은 평등 편향이 관찰된다.[102] 심리학자 크리스티나 올슨과 엘리자베스 스펠키Elizabeth Spelke는 세 살 아이들에게 인형을 도와달라고 부탁했다. 이 인형은 자기와 다양한 식으로 인연이 있는 두 인물에게 자원(스티커와 막대사탕)을 나눠주려는 참이었다. 어떤 경우 한 명은 인형의 형이나 동생이고 다른 한 명은 친구였고, 다른 경우 한 명은 형이나 동생이고 다른 한 명은 모르는 사람, 또는 한 명은 친구이고 다른 한 명은 모르는 사람으로 설정했다. 실험 결과, 올슨과 스펠키는 세 살 아이들이 분배할 자원을 짝수로 받으면, 두 인물이 누구이건 상관없이 거의 항상 똑같은 양을 각각 주고 싶어 한다는 것을 알게 되었다.

평등 편향은 강력했다.[103] 올슨은 또 다른 연구자 알렉스 쇼Alex Shaw와 함께 6~8세 아이들에게 자기 방을 청소한 '마크'와 '댄'에게 상으로 지우개를 줄 거라고 이야기했다. "그런데 몇 개나 줘야 할지 모르겠네. 몇 개 줄지 정하는 것 좀 도와줄래? 그럼, 마크와 댄이 지우개를 몇 개나 받으면 좋을지 정해주렴. 지우개는 모두 다섯 개야. 마크 한 개, 댄 한 개, 마크 한 개, 댄 한 개. 이런! 한 개가 남네."

연구자들이 "남은 지우개를 댄에게 줄까 아니면 그냥 버릴까?"라고 묻자, 아이들은 거의 항상 버리자고 했다. 다시 연구자들은 댄과 마크에게 나머지 지우개는 비밀로 할 거라 아무도 좋아하거나 샘낼 일 없다고 강조했다. 이번에도 결과는 같았다. 이 경우에도 아이들은 평등을 얻기 위해서라면 기꺼이 무언가를 파괴할 만큼 평등을 열렬히 원했다.

과연 어른들도 마찬가지일까? 100달러 지폐 다섯 장을 받았는데 이 지폐들을 봉투 두 개에 나누어 넣어 각각 다른 사람에게 보내야 한다고 하자. 지폐를 양쪽 봉투에 똑같이 넣을 방도는 없다. 그렇더라도 여러분이라면 실제로 다섯 번째 지폐를 파쇄기에 넣어버리겠는가?

쇼와 올슨의 연구에서 만난 어린아이들은 평등을 다소 지나치게 중요시하는 것으로 보인다. 그래서 이렇듯 그들이 외골수처럼 평등에만 초점을 두게 된 이유가 가정 밖에서의 경험 탓이 아닌가 하는 의구심이 들 수 있다. 무엇보다도 미국 심리학자들이 연구를 진행할 때 주로 실험 대상을 섭외하는 곳이 바로 유치원과 어린이집이다. 그런데 이런 기관에서는 아이들의 머릿속에 평등이라는 규범을 끊임없이 주입하는 것이 보통이다. 이들 공동체에서는 모든 아이가 상을 받고 모두가 평균 이상이다.

이런 종류의 경험이 아마도 어느 정도 영향을 주기는 할 것이다. 하지만 최근에 이루어진 일련의 연구에 따르면, 평등 편향은 유치원이나 학교가 아이들의 머릿속에 선호도를 심을 기회를 얻기 훨씬 전에 이미 나타나는 것으로 밝혀졌다.

그중 하나가 심리학자 알레산드라 게라치Alessandra Geraci와 루카 수리안Luca Surian의 연구다. 그들은 생후 10개월과 16개월 아기들에게 사자 한 마리와 곰 한 마리가 당나귀 한 마리와 젖소한 마리에게 각자 색색의 원반 두 개를 나누어주는 내용의 인형극을 보여주었다. 사자가(또는 곰이) 각 동물에게 원반을 하나씩 주고, 곰은(또는 사자는) 한 동물한테만 원반 두 개를 몰아주고 나머지 동물에게는 아무것도 주지 않도록 했다. 이렇게 사자와 곰을 번갈아 가면서 실험했다. 그런 다음, 아이들에게 사자와 곰을 보여주면서 물었다. "어떤 동물이 착한 동물일까? 착한 동물이 누구인지 가르쳐줄래?" 그러자 생후 10개월 아기는 무작위로 선택한 반면, 16개월 아기는 공정하게 나누어준 쪽을 선호했다.[104]

심리학자 마르코 슈미트Marco Schmidt와 제시카 서머빌Jessica Sommerville도 생후 15개월 아기들[105]을 대상으로 유사한 연구를 진행했다. 이번에는 장난감 동물 대신 실제 사람을 등장시켰지만, 위와 마찬가지로 공평하게 분배하는 모습과 공평하지 않게 분배하는 모습을 보여주었다. 그러자 아기들은 불공평하게 나누어줄 때 더 오랫동안 쳐다보았다. 이것으로 보아 아기들은 불공평함에 놀란다는 것을 알 수 있었다(통제 연구를 통해 영아들이 불균형적인 장면을 그냥 더 오래 바라볼 가능성을 배제했다).

그런데 때때로 아이들이 평등에 주안점을 두지 않기도 한다[106]는 다른 연구 결과도 있다. 심리학자 스테파니 슬론Stephanie Sloane과 르네 바이야르종, 데이비드 프리맥은 생후 19개월 영아들이 지켜보는 가운데 장난감을 가지고 놀던 두 사람에게 제삼자가 장난감을 정리하라고 하는 모습을 보여주는 실험

올 했다. 이때 두 사람 모두 장난감을 정리하면, 아이들은 실험자가 나중에 똑같이 상을 줄 것으로 기대했다. 똑같이 상을 주지 않으면 더 오랫동안 쳐다보았다. 하지만 한 사람이 혼자 정리를 다 하고 나머지 한 사람은 게으름을 피우며 계속 놀기만 한 경우에는 달랐다. 실험자가 두 사람 모두에게 상을 주자 아이들은 더 오랫동안 물끄러미 쳐다보았다. 짐작건대, 불평등하게 노력했는데도 평등하게 보상하리라고 기대하지 않았기 때문인 듯하다.

마찬가지로, 분배할 자원이 홀수인 경우, 아이들은 남는 자원을 어떻게 할지 영리하게도 잘 안다.[107] 앞서 언급했듯, 6~8세 아이들은 똑같이 방 청소를 한 두 사람에게 지우개를 불평등하게 나누어주느니 다섯 번째 지우개는 차라리 버리고 만다. 하지만 "댄이 마크보다 더 많이 일했어"라고 딱 한 마디만 더 하면, 거의 모든 아이의 대답이 달라진다. 남는 지우개를 버리는 대신 댄에게 주고 싶어 한다. 마찬가지로 앞서 인형이 자원을 나누어주는 것을 도와주던 아이들이 자원이 짝수였을 때 대체로 동등하게 나누어주던 실험을 기억하는가? 같은 연구진에 따르면, 자원이 홀수로 있고 아이들에게 남는 하나를 버리지 못하게 할 경우, 3세 아이들은 인형이 모르는 사람보다는 형제자매나 친구에게 더 많이 주도록 했다. 또한, 인형에게 아무것도 준 적 없는 사람보다는 무언가를 준 적 있는 사람에게, 제삼자에게 관대하지 않은 사람보다는 너그러운 사람에게 더 많이 주도록 했다.

어린아이들은 모든 것을 다 알지 못한다. 내가 심리학자 콜린 맥크링크Koleen McCrink와 로리 산토스Laurie Santos와 함께 진행했던 몇몇 실험 결과,[108] 나이 많은 아이들과 어른들은 비율에 따라 상대적으로 너그럽다고 생각하는―물건 세 개 중 두 개를 주는 사람이 열 개 중 세 개를 주는 사람보다 '착하다'라고 생각한다―반면, 어린아이들은 절대적인 양에만 초점을 두는 것으로 나타났다. 또한, 불평등을 정당화할 수 있는 요인들―운, 노력, 기량―에 대한 우리의 이해력이 청소년기에 접어든 후에도 계속해서 발달한다는 여러 연구 결과도 있다.[109]

그럼에도 우리는 모든 연령대에서 전반적인 평등 편향을 발견할 수 있다. 아이들은 평등을 기대하고, 자원을 평등하게 배분하는 사람들을 선호하며, 그들 스스로 자원을 평등하게 배분하려는 경향이 강하다. 이것은 특정한 인간 본성의 모습과 잘 들어맞는다. 즉, 우리가 일종의 공정 본능을 타고난다[110]는 것이다. 우리가 타고난 평등주의자라는 말이다. 이를 두고 영장류학자 프란스 드 발은 이렇게 표현했다. "로빈 후드가 옳았다. 인류의 마음속 가장 깊은 곳에 있는 소망은 부를 확산하는 것이다."

### ♦ 평등을 향한 인간의 두 얼굴

다른 사람들과 관련된 경우라면 우리는 부를 확산하고 싶은 게 맞는 것 같다. 하지만 로빈 후드 이론은 우리 자신이 직접 연루되었을 때는 맞지 않는 듯하다. 그 대신 우리는 상내식 비로움을 추구한다. 평등에 대한 욕구가 아니라, 우리 자신의 부와 지위를 걱정하는 이기적 관심이 우리의 동기가 된다. 이런 모습은 소규모 사회의 생활방식 안에서도, 그리고 서양 성인을 대상으로 한 실험실 연구에서도 확인된다. 무엇보다도 어린아이들이 무언가 잃을 것이 있는 경우에 하는 선택에서도 나타난다.

먼저, 소규모 사회부터 살펴보자. 유사 이래 우리 인류는 대체로 심하게 불평등한 환경에서 살았다. 알렉산드르 솔제니친 Aleksandr Solzhenitsyn은 지난 세기의 러시아를 통해 진실로 불평등한 사회의 모습을 보여주는 끔찍한 이야기를 들려준다.[11]

모스크바의 어느 지구당에서 지구당 회의가 진행 중이었다. 최근 체포된 지구당 위원회 비서를 대신해서 신임 비서가 회의를 주재했다. 회의의 마지막 순서는 스탈린 동무에게 경의를 표하는 것이었다. 물론, (회의 중에 스탈린의 이름이 거명될 때마다 모두 벌떡 일어났던 것처럼) 모두가 자리에서 일어섰다. '열화와 같은 박수갈채로' 작은 홀이 메아리쳤다.
그런데 '열화와 같은 박수갈채'는 3분이고, 4분이고, 5분이고 계속되었다. 그러자 손바닥이 따끔거리고, 들고 있던 팔이 아프기 시작했다. 고령자들은 기운이 달려서 헐떡였다. 스탈린을 정말로 경애하던 사람들이 보기에도 견딜 수 없을 정도로 어리석은 상황으로 치닫고 있었다….
그러다가 11분이 지나자, 제지 공장장이 사무적인 표정을 지으며 자리에 앉았다. 그러자, 아, 기적이 일어났다! 전원이 일체가 되어 형언할 수 없도록 마음껏 쏟아내던 열정은 다 어디로 사라진 것일까? 마지막 한 사람까지 모두 갑자기 박수를 멈추고 자리에 앉았다. 구사일생의 순간이었다! 다람쥐는 쳇바퀴를 돌다 뛰어내릴 만큼은 영리했던 셈이다.

하지만 이렇게 해서 독립심이 강한 사람들이 누구인지 알 수 있게 되었다. 그리고 그들을 제거하는 작업이 시작되었다. 바로 그날 밤, 공장장은 체포되었다. 저들은 완전히 다른 핑계를 대고 그에게 손쉽게 10년 형을 언도했다. 그런데 그가 최종 조서 206호 양식에 서명하고 나자, 조사관이 그에게 다시 한번 주의를 주었다. "앞으로는 절대로 제일 먼저 박수를 멈추지 마시오!"

이보다 최근 사례로 북한을 들 수 있다. 2011년 김정일의 장례식 후 북한에서는 충분히 설득력 있는 방식으로 투철하게 애도하지 않은 시민들이 투옥되었다.

스탈린 치하의 사회에 대해서는 거의 모든 역사 기록에 남아 있다. 이를 살펴보면 우리 심리의 본성을 알게 될 수도 있다. 아마도 '호모 사피엔스'는 우리가 연구하는 대형 유인원 가운데 일부가 그렇듯 위계질서를 지닌 종인 듯하다. 우리는 지배와 복종 관계로 연결되어 있다. 강력한 한 명의 지도자('우두머리 수컷' 또는 인류학 용어로 '빅맨')와 그의 밑으로 나머지가 따르는 형태로 무리 지어 살도록 진화적으로 준비되어 있다. 그렇다면,

우리는 현대의 소규모 사회에서도 이러한 사회구조를 기대할 것이다. 중요한 면들을 살펴보면, 사람들은 1만 년 전, 농경과 가축, 근대 기술이 등장하기 전에 우리가 살았던 모습 그대로 오늘날에도 살아가고 있기 때문이다.

1999년 인류학자 크리스토퍼 보엠Christopher Boehm[112]은 수십 개의 소규모 인간 집단의 생활방식을 검토한 그의 저서《숲속의 평등》에서 이 문제를 다루었다. 아마도 그는 사람들이 평등주의자라는 사실을 발견하고 놀랐던 것 같다. 물질적 불평등은 최소한으로 유지되고, 재화는 모두가 나눈다. 나이들고 병든 사람들은 보살핌을 받는다. 지도자가 있지만, 그들의 권력은 견제된다. 사회구조는 유연하고 위계적이지 않다. 스탈린의 러시아보다는 반反 월가 시위와 훨씬 닮아있다.

수렵-채집 생활방식을 낭만적으로 묘사할 생각은 없다. 나는 소설과 항생제 없는 세상에서는 살고 싶지 않다. 게다가 수렵-채집인들은 서로에게 '아주' 착하지는 않다. 그들은 성인 남성들끼리는 평등을 지향하지만, 그 외에는 위계적이다. 부모는 자녀를 지배하고 남편은 아내를 통제한다. 또한, '평등주의자'가 '평화주의자'를 의미하는 것은 아니다. 수렵-채집인 사회는 고도로 폭력적이다.[113] 여성에 대한 폭력, 짝짓기 경쟁을 하는 남성들 사이의 폭력, 경쟁 집단에 대한 폭력이 난무한다. 이러한 이유로 인해, 지금 이 책을 읽고 있는 독자들 대부분은 평균적인 현대의 수렵-채집 부족민보다 훨씬 운이 좋다. 그래도 현대사회에서 지위가 매우 낮은 사람이라면—가령, 맨해튼 길거리의 나이 많은 노숙자나 상파울루의 미성년 매춘부—이런 부족의 일원인 것이 훨씬 더 나을 수 있다. 적어도 그곳에는 공동체도 있고, 먹을 것도 있으며, 존중도 있을 테니까.

지금까지 살펴본 바로는, 인류학적 증거가 로빈 후드 이론을 뒷받침하는 것처럼 보인다. 인간은 공정에 대한 선호도가 어느 정도 깊이 뿌리내린 상태로 태어나며, 이로 인해 우리의 '자연 상태의' 사회구조에 평등이 자리하게 된다고 말이다.

하지만 사실 보엠은 그 반대의 주장을 편다. 그는 수렵-채집인들의 평등주의적 생활방식이 존재하는 이유는 사람들이 지위를 매우 중요시하기 때문이라고 주장한다. 수렵-채집사회에 속한 사람들은 최종적으로는 대략 평등해진다. 아무도 과도한 권력을 갖지 못하도록 모두가 투철하게 노력하기 때문이다. 이것은 보이지 않는 손이 작용하는 평등주의다. 세 명의 아이에게 한 개의 파이를 나누어준다고 생각해보자. 그들이 모두 같은 몫을 받는 한 가지 방법은 모두가 평등을 중요시해서 모두 똑같이 받아야 한다고 동의하는 경우다. 그런데 똑같이 나눌 다른 방법이 있다. 나는 이것이 더 인간적인 방법이라고 생각한다. 각자 다른 사람보다 적게 받지 않도록 주의하는 것이다.

파이 나누기 사례에서나 현실 세계에서 이 두 번째 방법이 유효하려면, 사람들이 자신의 권리를 지키고 자신의 지위를 보호할 수 있어야 한다. 보엠이 묘사하는 사회에서는 부족원들이 너무 거만하다고 생각되는 사람들을 내려 앉히기 위해 비판하거나 조롱하는 방법을 사용한다. 나탈리 앤지어Natalie Angier의 표현을 빌자면, "아프리카 칼라하리 사막에 사는 쿵 부시맨들은 수완 좋은 수렵인이라면 으스대는 성향을 보일 수 있기에, '고기 모욕하기'[114]라는 의례적인 놀이를 통해 동료들의 견제를 받도록 한다. '이 별 볼 일 없는 동물을 옮기는 걸 도와달라고 우리를 여기까지 나오게 한 거냐? 대체 이게 뭐냐? 토끼 나부랭이?'"

그 밖의 방법으로는 뒷담화와 공개적인 조롱도 있다. 보엠이 인용한 어느 학자의 글에 따르면, "아프리카의 하자Hadza 부족은… '족장' 지망자가 자신을 위해 일해달라고 설득하면 웃겨달라고 공개적으로 못 박았다."[115] (내가 조교수를 처음 시작했을 때 대학원 학생들도 이런 식으로 나를 대했다.) 이외에 더 심각한 처벌도 있다.[116] 스탈린처럼 되고 싶은 사람들은 자신의 집단으로부터 버림을 받을 수 있는데, 이것은 그에게는 사형 선고와 다름없는 것이다. 또는 에두르지 않고 처단될 수도 있다. 파푸아뉴기니의 바루야 부족은 이웃의 가축을 빼앗고 이웃의 아내와 성관계를 맺으려고 하는 남성이 있으면 살해해버린다. 지도자가 '걸핏하면 싸우고 마법이 강력해지면', 그를 따르던 부족민들은 다른 부족 출신의 '원한 관계인'에게 그를 넘기는 것으로 대응한다.

그러므로 수렵-채집사회의 평등주의적 생활방식은 한자리

차지하기 위해 치열하게 경쟁하고, 자기 자신과 자신이 사랑하는 사람들을 돌보고, 자기가 지배당하지 않도록 보호하기 위해 협력하려고 하는 사람들로부터 생겨난다. 보엠의 표현처럼, "이런 방법이 아니라면, 졸개가 될 처지인 사람들은 영리하게도 거대한 규모의 정치적 연합을 구성한다…. 졸개들이 연합하여 그들 가운데에서 상대적으로 자기주장이 강한 우두머리 성향인 자를 끊임없이 끌어내린다. 그래서 평등주의는 실제로는 기이한 유형의 정치적 위계[117]다. 약자들이 힘을 합쳐 적극적으로 강자들을 지배하기 때문이다."

애석하게도 보엠이 기술한 평등주의는 우리 인간 사회에서 대부분 운명을 다했다. 인구가 성장하고, 농경이 출현했으며 동물이 가축화되고, 신기술이 발명되었다. 이로 인해 약자들이 행사할 수 있었던 제재는 효력이 떨어졌고, 권력자들의 대책은 더 치명적으로 되어간다. 만약 우리가 규모가 작은 수렵-채집사회에서 살고 우두머리 남성이 통제력을 행사한다면, 우리는 그를 비웃거나 무시할 수 있다. 회합을 개최할 수도 있다. 만약 우리 가운데 상당수가 불만이 있으면, 그를 두들겨 패주거나 죽일 수도 있다. 하지만 더는 얼굴을 마주하며 상호작용하지 않고, 물적 자원과 사회적 자원을 모두 개인들이나 소수의 엘리트 집단이 극도로 불균형하게 축적할 수 있는 사회에서는 이 같은 일은 전혀 일어날 수 없다. 야망을 품은 수렵-채집인에게는 돌과 창을 지닌 친구들 한 무리가 있었다면, 스탈린에게는 군대와 비밀경찰, 강제 노동 수용소, 소총, 엄지손가락 고문 기구가 있었다.

현대사회에서는 높은 지위를 갈망하는 야심 있고 냉혹한 지도자 한 사람이 하나의 집단을 결성해서 천 배는 더 많은 인구를 지배할 수 있다. 이제는 약자들이 무리를 지어 강자들을 지배하기가 그다지 쉽지 않다(물론, 일각에서는 인터넷 덕분에―탈중앙화되고 어느 정도 익명성이 보장되면서―다시 반격을 가하여 동점 상황이 되고 있다고 주장하기도 한다).

### ♦ 최후통첩 게임과 평등주의의 허상

자, 이제 눈을 돌려 지금 우리 사회에 속한 어른들을 살펴보자. 지난 몇십 년 동안 행동경제학 분야 연구자들은 과연 우리가 실제로 얼마나 친절하고 공정하며 이타적인지를 탐구하기 위해 영리하면서도 간단한 게임들을 설계했다.

그중 첫 번째가 최후통첩 게임[118]이다. 발상은 단순하다. 실험실로 걸어들어온 실험 참가자는 무작위로 '분배자' 또는 '수령자'가 된다. 분배자는 10달러처럼 얼마간의 돈을 받고, 그중에서 자기 마음 내키는 만큼의 금액을 수령자에게 줄 수 있는 선택권을 가진다. 수령자는―제안을 수락하거나 거절하는―두 가지 선택권만 가진다. 중요한 점은 제안이 거절되면 누구도 돈을 받지 못한다는 것이다. 분배자는 제안하기 전에 이런 규칙을 숙지하고 있다. 이 실험은 보통 익명의 단발 승부로 진행된다.

분배자와 수령자는 상대방이 누구인지 모르며, 다시는 서로 마주칠 일이 없다.

양측 모두 돈만을 염두에 두는 철저히 합리적인 행위자라고 가정한다면, 분배자는 수령자에게 가능한 한 적게 주어야 한다. 그리고 수령자는 이 제안을 받아들여야 한다. 왜냐면 1달러라도 없는 것보다는 나으며, 이 게임은 딱 한 번만 하는 것이라 거절한다고 해서 그다음에 더 나은 제안이 오지도 않기 때문이다. 하지만 이런 일은 거의 일어나지 않는다. 분배자는 대개 받은 금액의 절반이나 이보다 조금 적은 금액을 제안한다.

이런 결과는 분배자의 로빈 후드 충동이 반영된 것으로 생각할 수 있다. 평등하게 쪼개는 것이 옳은 일이라는 믿음 말이다. 그런데 또 다른 명백한 가능성도 있다. 보잘것없는 제안을 하면 거절당한다는 생각을 바탕으로 분배자가 자기 이익을 위해 행동하고 있는 것일 수도 있다. 게다가 이런 생각은 일리가 있다. 실험 결과, 너무 낮은 금액을 제안받은 사람은 이득을 포기하고 제안을 거절함으로써 인색하게 구는 분배자는 아무것도 얻지 못하게 만드는 것으로 나타났다.

어떤 의미에서 보면 낮은 액수를 거절하는 것은 실수이지만 (수령자는 빈손으로 걸어 나가게 되므로), 궁극적으로 최후통첩 게임은 비합리적이거나 적어도 다른 사람들이 보기에 비합리적일 때 이득을 보는 역설적 상황 가운데 하나다. 내가 이기적인 사람이고, 지금 감정이 없는 로봇과 단발성 최후통첩 게임 중임을 알고 있다고 가정하자. 내가 분배자라면 나는 최소 액수를 제안할 것이다. 내 제안이 받아들여질 것을 알기 때문이다. 하지만 내가 로봇이 아니라 보통 사람을 상대하고 있다면, 적은 금액을 제안했을 때 상대가 앙심을 품고 거절하지나 않을까 염려해서 더 많은 금액을 주게 될 것이다.

(행동경제학자 댄 애리얼리Dan Ariely에 따르면,[119] 경제학과 수업에서 학생들이 분배자 입장이 되는 경우, 그들은 대개 최소 금액을 제시하고 만족스러운 결과를 얻는다. 그들의 게임 상대가 다른 경제학과 학생들이라 최소 금액을 받아들이기 때문이다. 이런 합리적인 분배자들이 반갑지 않은 놀라운 상황에 놓이게 되는 경우는 경제학도가 아닌 사람들과 게임을 할 때뿐이다.)

우리 마음이 익명의 단발성 상호작용에 맞게 적응되지 않았다[120]는 사실을 알면, 적은 금액을 제안받은 사람이 이를 거절하는 것이 이해된다. 우리는 상대적으로 적은 수의 타인들과 반복적인 상호작용을 하는 세상에서 진화했다. 그래서 저가 제안을 받으면 마치 그것이 시작이고 그 뒤에도 많은 제안이 뒤따를 것처럼 반응하게 되어 있다. 의식적으로는 그렇지 않다는 사실을 알고 있더라도 말이다. 그러므로 이때의 거절은 상황을 바로잡으려고 "어디 골탕 한번 먹어보시지"라고 하는 것과 같다. 같은 사람과 여러 차례 게임을 할 예정이라면 이런 반응은 어디까지나 타당한 것이다. 그리고 이렇게 거절하게 만드는 것은 그 제안을 한 사람에 대한 격노 때문이다. 이런 심리상태는 제안받은 사람의 표정이 경멸이나 혐오로 일그러지는 모습에서 읽을 수 있다.[121] 또한, 그의 뇌에서[122] 분노와 관련된 부위가 더 활성화하는 것으로도 확인할 수 있다.

한 연구에서는 수령자에게 저가 제안을 한 사람들에게 익명으로 메시지를 보낼 수 있게 했다.[123] 그랬더니 대개 다음과 같은 메시지를 보냈다. "그러길래 욕심부리지 말았어야지. 저런, 하나만 알고 둘은 모르네." "어이, 욕심쟁이." "하나도 고맙지 않군." "나쁜 놈."

그렇다면 저가 제안을 받는 것이 이토록 짜증 나는 이유는 정확히 무엇일까?[124] 철학자 숀 니콜스Shaun Nichols는 이런 논리를 편다. "짐에게 어떤 물건을 빌과 나누어 가지라고 당부했는데, 짐이 '평등 분배의 규범'에 반기를 들고 빌에게 10분의 1만 준다고 하자. 이때 짐이 내세우는 명분은 무엇일까? 그 물건은 짐이 횡재한 것이라 자기 몫이 더 크다고 주장하기는 곤란하다. 평등 분배의 규범을 고려하면, 자연스레 짐이 빌을 하급자 취급하고 있다고 생각된다." 그런데 이런 사실을 알면 짐은 공감력을 발휘하여 보잘것없는 제안을 삼갈지 모른다. 빌 입장이면 어떤 기분일까, 이런 식으로 모욕당하면 어떤 기분일까에 생각이 미치면 움찔하게 되어 공정한 분배를 제안하게 될 수도 있다. 하지만 더 이기적인 이유로 인해 짐이 행동을 삼갈 가능성도 있다. 낮은 금액을 제시해서 빌이 화가 나버리면 보복할 것임을 잘 알기 때문이다.

따라서 최후통첩 게임에서 개인들이 보이는 행동은 로빈 후드 이론을 뒷받침하는 근거가 되지 못한다. 그렇다면 이제 독재자 게임[125]을 살펴보자. 심리학자 대니얼 카너먼Daniel Kahneman 연구팀이 최초로 고안한 이 실험은 수령자에게 선택권이 없다는 점만 빼면 최후통첩 게임과 똑같다(이렇듯 플레이어가 한 사람뿐이기 때문에 엄밀히 말하면 게임이 아니다). 참가자들은 돈을 받아서 익명의 모르는 사람들에게 원하는 만큼 줄 수 있다. 그럼 끝이다. 그들은 자기가 가지기로 한 만큼 돈을 가질 수 있다.

자기 이익만 따지는 행위자라면 분명 한 푼도 주지 않을 것이다. 그런데 사람들은 그렇게 행동하지 않는다.[126] 지금까지 독재자 게임 관련해서 발표된 연구는 백 개가 넘는다. 그에 따르면, 사람들은 대부분 돈을 주며, 평균 20~30퍼센트를 주는 것으로 나타났다. 몇몇 연구에서는 많은 사람이 절반 또는 절반보다 조금 모자란 금액을 주는 등 훨씬 더 관대한 모습이 발견되기도 한다.

그런데 최후통첩 게임과는 달리, 이 관대함은 보복에 대한 두려움 때문이라고 설명할 수 없다. 그래서 이런 실험 결과를 설명하는 한 가지 해석이 바로 로빈 후드 분석이다―즉, 독재자가 공정심의 발로로 돈을 준다는 뜻이다. 이 말인즉슨, 선택권을 가진 사람이 자기의 개인적인 입장은 접어둔 채, 관계자가 아닌 제삼자의 입장이 되어 최적의 해법을 고려하고 있다는 뜻이다. 독재자는 상대방보다 더 많이 가질 이유가 없기에, 자기가 얻은 횡재를 고르게 쪼개어 나누게 된다(물론, 인간은 나약한 존재인지라 자기 몫을 조금은 더 챙길지도 모른다).

그런데 이와 같은 해석이 석연치 않다는 지적을 하는 사람은 내가 처음이 아니다. 최고의 세상은 자원이 고르게 분배되는 세상이라는 평등주의 원칙을 믿는 사람들이 일부 존재하는 것은 사실이다. 하지만 그렇다고 옆 사람에게 우리가 가진 돈의 절반을 뚝 떼어 주어야 할 것만 같지는 않다. 우리는 보통 너그럽기는 하지만, 이런 식으로 무차별적으로 너그러운 건 아니다.[127] 횡재로 돈이 생기는 경우도 마찬가지다. 여러분이 길을 걷다가 땅에서 20달러를 주웠다고 가정해보자. 이 경우 여러분은 옆에서 걸어가던 사람 대신 여러분이 돈을 주운 게 그저 운이 좋았기 때문이라는 논리에 따라 옆 사람에게 당장 10달러를 나누어줄까? 아마 그렇지 않을 것이다.

그렇다면 실험실 안에서는 대체 사람들이 왜 그렇게 착하게 구는 걸까? 이는 사회적 압력으로 설명될 수 있다. 실험 참가자들은 자신이 친절과 공정을 관찰하는 연구에 참여하고 있음을 알고 있다. 일반적으로 실험 상황은 사람들이 계속 관대하게 행동할 수 있게 짜여 있고, 이 틀 안에서 최악은 아무것도 주지 않는 것이 된다. 사람들이 대부분 무언가를 주는 결과가 나오는 주된 이유는 누구도 나쁜 놈처럼 보이고 싶지 않기 때문일지도 모른다.

청중 효과를 확인하고 싶은가? 어느 연구자의 제안처럼, 여러분이 전국으로 방송되는 TV 프로그램에서 독재자 게임을 하고 있고 온 가족과 친구들이 시청하고 있다고 상상해보면 된다. 이런 상황이라면 여러분은 다른 때보다 관대해지지 않을까? 이처럼 사람들이 자신의 선택을 주시하는 눈이 많을수록 많이 준다[128]는 연구 결과는 놀랍지 않다. 벽이나 컴퓨터 화면에 눈이 그려져 있더라도 사람들은 더 친절해진다.[129] 눈 그림만으로도 누군가가 보고 있다는 생각이 들기 때문인 듯하다. 이런 생각은 보이스카우트 행진곡으로 쓰이는 톰 레러Tom Lehrer의 노래[130]에 잘 표현되었다. "조심하라. 아무도 보지 않을 때 선행하지 않도록."

표준이 되는 독재자 시나리오는 익명성을 보장하게 되어 있지만, 실험 참가자들은 실험자가 이를 보장해도 믿지 않을 수도 있다. 그런 의심을 가지는 것도 '일리'가 있다. 때때로 참가자들에게 거짓말을 하기도 하기 때문이다. 더욱이, 다른 사람들에게 좋은 인상을 주고 싶은 욕구는 보는 사람이 없다고 의식적으로 생각할 때조차도 작동될 수 있다.

이렇게 하나하나 따지고 드는 것이 어쩌면 유난스럽게 보일지도 모르겠다. 사람들이 관대하게 무언가를 준다면, 이렇게 관대한 이유가 다른 사람들의 시선 때문이라 한들 무슨 차이가 있을까? 하지만 결과적으로 순수한 평등주의적 충동과 착해 보이고 싶은 욕구는 완전히 다른 것이다. 이것을 보여주는 기발한 실험이 두 가지 있다.

첫 번째 실험은 심리학자 제이슨 데이나Jason Dana 연구팀이 표준 독재자 게임을 비틀어 설계[131]한 것이다. 연구팀은 10달러를 주는 기본 게임을 설정한 뒤, 몇몇 참가자들에게 정상적으로 게임을 할지 아니면 9달러만 가지고 게임을 끝낼지 선택하게 했다. 후자를 선택하면 상대방 수령자는 자신이 독재자 게임을 했는지 절대로 모르게 된다는 말도 했다.

돈만 보고 뛰어든 이기적인 사람이라면 정상적으로 게임을 해서 10달러 전액을 그대로 벌 수 있는 최대치를 벌려고 할 것이다. 반면, 너그러운 사람이라면 정상적으로 게임을 해서 10달러 중 얼마간의 금액을 주려고 할 것이다. 9달러를 가지는 두 번째 선택지를 고르는 사람은 아무도 없을 것이다. 그렇게 하면 10달러보다 적게 받게 되고(그러면 이기적인 관점에서 의미가 없고) 다른 사람은 아무것도 얻는 것이 없어지기 때문이다(그러면 관대한 관점에서 의미가 없다).

그런데도 실험 참가자 가운데 3분의 1 이상이 9달러를 선택했다. 돈은 갖고 싶되 자기가 받은 돈의 상당 부분을 남에게 주어야 한다는 압박감은 받고 싶지 않았기 때문인 것 같다. 비유하자면, 길을 걸어가고 있는데 앞에 거지가 있는 경우와 같다. 냉혈한이라면 아무것도 하지 않고 그냥 지나칠 것이다. 관대한 사람이라면 돈을 얼마쯤 주고 지나갈 것이다. 하지만 돈을 주어야 한다는 압박감을 받고 싶지 않다면 제삼의 선택을 할 수도 있다. 아예 거지를 피해 길을 건너가는 방법을 택하는 것이다.

두 번째 실험은 경제학자 존 리스트John List가 수행했다.[132] 먼저, 독재자가 10달러를 받고 수령자가 5달러를 받는 게임으로 시작했다. 여느 때처럼 독재자는 가진 돈에서 자기가 원하는 만큼 수령자에게 줄 수 있었다. 이처럼 조건이 단순할 때 평균적으로 상대방에게 준 금액은 1.33달러로, 이는 상식적인 선에서 관대한 수준이었다.

그다음으로, 두 번째 그룹에 속한 참가자들에게는 상대방에게 원하는 만큼 줄 수 있을 뿐만 아니라 상대방에게서 1달러를 가져올 수도 있다고 했다. 그러자 다른 사람에게 주는 금액의 평균이 33센트로 뚝 떨어졌다. 세 번째 그룹은 자기가 원하는 만큼 줄 수 있을 뿐만 아니라, 상대방에게서 5달러 전액까지 원하는 만큼 가져올 수 있다는 말을 들었다. 그러자 이들은 평균 2.48달러를 가져갔고, 얼마가 됐건 돈을 준 사람은 거의 없었다.

이 대목에서 우리는 잠시 멈춰서 이것이 얼마나 이상한지 짚고 넘어가야 한다. 독재자 게임에서 주는 행위를 하는 이유에 대한 표준 설명―주는 행위는 부를 분배하고 싶은 충동이 반영된 것이다―이 맞다면, 가져오는 선택지가 추가되건 아니건 상관없어야 한다. 하지만 주는 행위를 할 때 좋은 사람처럼 보이고 싶은 욕구가 최소한 조금이라도 동기로 작용한다고 가정해보자. 이 경우, 상대에게서 가져올 수 있는 선택지가 상황을 바꾼다. 이제는 가능한 최악의 선택이 아무것도 주지 않는 것이 아니라 상대방의 돈을 몽땅 가져오는 것이기 때문이다. 그러면 실험 참가자는 이렇게 생각할지도 모른다. '진짜 나쁜 놈이라면 이 사람에게 한 푼도 남기지 않겠지. 난 나쁜 놈처럼 보이고 싶진 않아. 그러니 조금만 가져가겠어.' 이들 연구를 종합해보면, 독재자 게임 속 행동에 영향을 주는 요인들은 이타적이고 평등적인 동기와는 거의 관련 없고, 남들 눈에 이타적이고 평등주의적으로 '보이는 일'과 관련이 많다는 것을 알 수 있다.

### ♦ 아이들은 정말 욕심쟁이일까?

경제학자 에른스트 페어Ernst Fehr 연구팀[133]은 아이들이 경제 게임에 직면했을 때 어떻게 행동하는지를 최초로 탐구한 연구진 가운데 하나다. 연구팀은 3~8세 사이의 스위스 아동들을 대상으로 돈 대신 사탕을 사용해서 실험했다. 앞으로 소개할 여러 실험에서 아이들은 그들이 내리는 결정에 따라 다른 아이들이 영향을 받는다는 이야기를 미리 듣고 실험에 임했다. 다만, 다른 아이들이 그들과 같은 놀이 학교나 유치원, 학교 출신이라는 사실은 몰랐다.

여러 실험 중에는 독재자 게임을 변형한 것도 있었다. 아이들은 각자 사탕 두 개를 받는데, 그중 한 개는 자기가 가지고 다른 한 개는 남에게 주거나 아니면 두 개 다 자기가 가지는, 둘 중 하나를 선택할 수 있었다. 이런 조건에서 7~8세 아동들은 관대했다. 절반 정도가 사탕 한 개를 내놓았다. 하지만 이들보다 나이가 어린 아이들은 욕심쟁이였다. 5~6세 아이들은 약 20퍼센트만이, 3~4세 아이들은 약 10퍼센트만이 사탕 한 개를 남에게 주었다. 영유아들의 이런 이기심은 최근 다양한 나라—미국, 유럽, 중국, 페루, 브라질, 피지—에서 실시된 독재자 게임 연구 결과[134]와 잘 맞아떨어진다. 이 연구 결과, 영유아는 자기가 가진 것을 모르는 사람에게 줄 가능성이 학동기 아동이나 성인보다 현저히 적었다.

이런 결과를 바탕으로, 영유아들은 자기가 얽혀 있는 경우에는 평등을 뒷전에 둔다는 결론을 도출할 수도 있겠다. 하지만 이런 결론은 어쩌면 억울할 수 있다. 아마 가장 어린 영유아들도 이들보다 나이 많은 아이들만큼 평등/친절/공정 욕구가 있지만, 그들과 달리 자제력이 부족해서 이기심을 극복하지 못하는 것일 테다. 욕구가 이타심을 압도하는 것이다.

이것을 시험하기 위해 페어 연구팀은 이타심과 자제력 사이에 충돌이 생기지 않게 하는 또 다른 게임, 사회 친화 게임을 개발했다. 이 게임에서 아이들은 다른 사람에게 사탕 한 개를 줄지 말지 선택할 수 있지만, 어떻게 하건 사탕을 한 개씩 얻는다. 이렇게 하면 아이들은 아무 대가를 치르지 않고 이타적으로(공정하고 평등하게) 행동할 수 있다.

7~8세 아동들은 누구나 예상하듯 행동했다. 약 80퍼센트가 사탕 한 개를 남에게 주었다. 하지만 영유아들은 절반만이 그렇게 했다. 즉, 영유아 연령대 가운데 절반가량은 모르는 사

람에게 사탕을 주지 않는 선택을 했다. 사탕을 준다고 해도 '아무런' 대가를 치르지 않는데도 말이다.

아이들이 공정한 분배나 불공정한 분배가 본인에게 영향을 줄 때 감정적으로 어떻게 반응하는지를 탐구한 연구들도 있다. 심리학자 바네사 로부Vanessa LoBue 연구팀[135]은 유치원에 다니는 3~5세 유아들을 밀착 관찰하는 실험을 진행했다. 지금까지의 연구들과는 달리, 이번 연구에서 아이들이 상대하는 사람은 이름 모를 낯선 사람이 아니었다. 그 대신, 실험자들은 같은 반 아이들을 둘씩 짝지었다. 아이들은 조용한 방에서 둘이서 블록을 가지고 5분간 함께 논 다음 블록을 치웠다. 그러면 실험자 어른이 방으로 들어와 아이들에게 정리하는 것을 도왔으니 스티커를 주겠다고 했다. 두 아이(가령, 메리와 샐리라고 하자)가 똑똑히 보는 가운데, 실험자는 차례로 번갈아 가며 스티커를 주면서 줄 때마다 몇 개를 받는지 합해서 개수를 이야기했다. "메리에게 스티커 한 개, 샐리에게 스티커 한 개. 메리에게 스티커 두 개, 샐리에게 스티커 두 개. 메리에게 스티커 세 개, 메리에게 스티커 네 개." 이렇게 되면 샐리는 스티커 두 개를, 메리는 스티커 네 개를 받는다. 이렇게 나누어준 다음, 실험자는 7초 동안 아무것도 하지 않고 아이들의 시선을 피하며 가만히 있었다. 그러는 동안 아이들의 자연스러운 반응은 영상으로 포착되었다. 그런 다음, 아이들에게 이렇게 나누어준 것이 공정한지 물었다.

샐리 입장의 아이들은 대개 공정하지 않다고 대답했고, 불만스러워 보였으며, 더 달라고 하는 경우가 많았다. 메리 입장의 아이들도 불공정하다는 것에는 대체로 동의했다. 하지만 이런 불공정함에 반응하는 방식이 달랐다—그들은 그다지 껄끄러워 하지 않았다. 이득을 본 아이가 보여준 가장 친절한 행동은 불이익을 당한 아이가 항의하자 스티커 한 개를 내어준 것이었다. 다만, 그렇게 한 아이는 열 명 중 한 명꼴도 되지 않았다. 게다가 여기서 잊지 말아야 할 사항이 하나 있다. 이 아이들은 이름 모를 낯선 사람들을 상대한 게 아니었다. 실험하는 동안 아이들이 나란히 앉아서 같이 있었던 아이들은 같은 반 아이들이었고 이들은 대개 친구 사이였다.

이런 실험 결과, 아이들은 불평등에 민감하지만, 본인이 적게 받는 경우에만 마음이 상하는 것으로 보인다. 이런 점에서 아이들은 원숭이, 침팬지, 개와 비슷하다.[136] 이들 모두 남보다 작은 보상을 받으면 불쾌해하는 모습을 보인다. 예를 들면, 개를 두 마리씩 짝지어 각자 재주를 부리게 해서 간식을 보상으로 주는 연구를 했다. 한 마리에게는 훌륭한 간식을 주고 다른 한 마리에게는 그보다 못한 간식을 주었다. 그러자, 못한 간식을 받은 개가 때때로 성이 나서 간식을 거부하는 행동을 보이기도 했다.

아이들은 악독하리만치 자기를 우선시하기도 한다.[137] 심리학자 피터 블레이크Peter Blake와 캐서린 매콜리프Katherine McAuliffe

는 서로 만난 적 없는 4~8세 아이들을 둘씩 짝지은 다음, 사탕 상자 두 개를 분배하도록 설정된 특수 장치 앞에 데리고 갔다. 둘 중 한 명에게 레버를 당겨 상자 두 개가 나오게 (해서 상자 속 사탕이 몇 개이건 각자 가장 가까이 있는 상자에서 사탕을 가지게) 하거나 상자 두 개를 모두 버릴 수 있는 (그래서 아무도 사탕을 가지지 못하게 하는) 선택권을 주었다.

두 상자에 들어 있는 사탕 수가 같으면 아이들이 상자를 모두 버리는 경우는 거의 없었다. 또한, 자기에게 유리하게 분배될 때도 상자를 버리는 일은 거의 없었다—가령, 자기 상자에 사탕이 네 개 들어 있고 다른 아이의 상자에 사탕이 한 개 들어 있는 경우다. 물론, 8세 아이들 가운데 몇몇은 이런 선택을 거부했다. 그런데 상황이 역전되어 다른 아이에게 유리하게 분배되면, 모든 연령대에서 아이들이 상자 두 개를 모두 버리는 선택을 하는 경우가 빈번했다. 다른 아이, 즉 모르는 사람이 자기보다 더 많이 가지느니 차라리 아무것도 가지지 않겠다는 것이었다.

아이들의 악독한 본성을 보여주는 또 다른 증거가 있다.[138] 나는 캐런 윈과 예일대학교 대학원생 마크 쉬스킨과 연이어 공동 실험을 진행해서 최근 완료했다. 우리는 5~10세 아동들에게 (나중에 장난감으로 교환할 수 있는) 교환권을 한 번도 만난 적 없는 다른 아이와 여러 방식으로 나누어 가질 수 있게 선택하도록 했다. 예를 들면, 각자 한 개씩 가지거나 각자 두 개씩 가지는 것 중에서 선택하게 했다. 이런 선택을 제안하자, 아니나 다를까 아이들은 합리적으로 반응했다. 대체로 후자를 택해서 자기도 더 많이 가지고 다른 사람도 더 많이 가지게 했다.

그런데 우리는 이 연구를 통해 사회적 비교가 중요하다는 사실도 발견했다. 선택권을 가진 아이와 나머지 아이가 각자 교환권 한 개를 받는 선택지와 선택권자가 두 개를, 나머지 아이가 세 개를 받는 선택지가 있는 경우를 살펴보자. 여러분은 후자를 선택하면 아이들 둘 다 더 많이 갖게 되니 이것이 더 나은 선택이라고 생각할지도 모른다. 이것은 더 욕심 많은 선택'이자' 더 관대한 선택이다. 하지만 1:1로 쪼개는 대신 2:3으로 쪼개는 쪽을 택하면 다른 아이보다 상대적으로 적게 갖게 된다. 우리의 실험 대상 아이들은 이런 결과가 나오는 것을 불쾌하게 여겼다. 그래서 대개 1:1로 가지는 쪽을 선택했다. 교환권 한 개를 더 가질 기회를 포기하되, 상대적 불이익을 얻지 않는 결과를 택했다.

그런데 이번에는 각자 교환권 두 개씩 받는 선택지와 선택권자는 한 개, 다른 아이는 0개를 받는 선택지를 제시했다. 이 경우, 2:2 선택지가 관련자 모두에게 절대적으로 더 나은 선택이다. 하지만 1:0 선택지의 경우, 선택권자가 다른 아이보다 상대적으로 더 많이 받는다는 장점이 있다. 학동기 아동들은 2:2를 선호했지만, 5~6세 아동들은 1:0을 선호했다. 이들은 자기가 대가를 치르더라도 상대적 이익을 얻고 싶어 했다. 이와 같은 반응을 보면 중세 유대인들의 민담 하나가 연상된다. 어느 질투심 많은 남성[139]에게 천사가 나타나 원하는 것은 무엇이든 가질 수 있다고 했다. 단, 그의 이웃은 그 두 배를 갖게 된다고 했다. 그러자 그는 잠시 생각하더니 자기 눈 한 개를 뽑아달라고 했다.

### ♦ 처벌과 복수, 도덕성의 어두운 면

공정은 긍정적인 것을 분배하는 최고의 방법을 찾는 것만이 다가 아니다. 부정적인 것을 어떻게 나눌지도 결정해야 한다. 그래서 벌과 복수, 즉 도덕성의 어두운 면이 생기는 것이다.

우리가 늘 서로에게 친절하다면 처벌이라는 문제가 대두될 일은 없다. 하지만 인류학자 로버트 아드리Robert Ardrey가 지적한 바 있듯, "우리는 타락한 천사가 아니라 일어선 유인원에게서 태어난다."[140] 우리 가운데 일부는 속이고 죽이며 이기적 충동에 굴복하고 싶은 유혹에 넘어간다. 나머지 우리는 이런 사람들이 존재하는 가운데 살아남기 위해 이런 나쁜 행동이 대가를 톡톡히 치르도록 만들어야 한다. 실제로 철학자 제시 프린츠 Jesse Prinz를 비롯한 몇몇 학자들은 도덕성에는 우리가 앞선 장에서 논했던 비교적 달콤한 정서인 공감과 연민보다 격분이 더 중요하다[141]고 주장한다.

먼저, 복수부터 살펴보자.[142] 복수는 개인적으로 우리에게 잘못했거나 우리 가족이나 친구를 해친 자들에게 가하는 개인적 방식의 벌이다. 복수에는 몇 가지 뚜렷한 특징이 있다. 애덤 스미스는 자기가 사랑하는 사람을 살해한 자에게 느끼는 감정을 이렇게 기술한다.[143] "우리는 원한으로 인해 그자가 벌을 받기를 바랄 뿐만 아니라, 그자가 우리에게 입힌 바로 그 상처 때문에 우리 손으로 그를 벌 주고 싶어진다. 원한이 완전히 가시려면, 가해자가 상심하기만 해서는 안 되고, 우리에게 고통을 안겨준 바로 그 잘못으로 인해 그자도 똑같이 상심해야만 한다."

《프린세스 브라이드》에서 죽은 아버지의 복수를 다짐하는 인물인 이니고 몬토야가 보여주는 감정이 바로 이것이다. 몬토야는 검은색 옷을 입은 남자에게 자기 계획을 들려준다. 그는 아버지를 죽인 살인자에게 다가가 이렇게 말할 것이라고 한다. "이봐. 내 이름은 이니고 몬토야. 네가 우리 아버지를 죽였지. 이제 죽을 각오나 하시지!"[144] 살인자는 자기가 왜 그리고 누구 손에 벌을 받는지 정확히 알아야만 한다. 그런 다음에야 몬토야는 그를 죽일 수 있다. (그래야 깊은 만족감을 느낀다.)

이러한 요건이 왜 필요한지는 복수와 지위 사이의 연결 관계를 깨달으면 이해가 된다. 철학자 파멜라 히에로니미 Pamela Hieronymi에 따르면, "당신의 인생 이력 가운데 과거 누군가가 당신에게 잘못을 저질렀지만, 사과나 속죄, 응징, 처벌, 배상, 비난 등 이것을 '잘못'이라고 인정해줄 만한 일 없이 그냥 넘어갔다면, 그것은 이렇게 선언하는 것과 같다. 당신은 그런 식으로 대접받아도 되며, 그렇게 대우해도 받아들일 수 있다고."[145] 사과의 목적 중 하나는 바로 이것—피해자의 지위를 복원해주는 것—이다. 만약 여러분이 나를 차로 치고서도 아무런 말도 하지 않는다면, 여러분은 나의 존엄성을 앗아가는 것이다. "죄송합니다"라는 말 한마디가 기적을 만들기도 한다. 이 말로 여러분은 나를 한 사람으로서 존중한다는 것을 보여주기 때문이다. 이는 명분 없이 나를 해하는 것이 도저히 용납할 수 없는 일이라는 것을 나에게 그리고 아마도 다른 사람들에게 인정하는 셈이다. 반면, 여러분이 입을 싹 닦고 아무 말도 하지 않으면, 완전히 다른 메시지를 보내는 셈이 된다. 사과가 없으면 나는 보복을 통해 내 지위를 회복하고 싶은 유혹에 굴할지도 모른다. 여러분이 나를 치고 그 대가로 내가 여러분을 친다면, 나는 내가 무시당할 사람이 아니라는 것을 보여주게 된다. 그러면 앞으로 여러분이 나를 해칠 가능성은 적어진다. 그런데 그러려면 여러분은 누가 왜 여러분을 넘어뜨렸는지 알아야만 한다. (만약 여러분이 내가 아닌 다른 사람이 했다고 생각하거나, 내가 실수로 그랬다고 생각한다면, 내 작전은 실패한 것이다.)

현대 서양 사회에서는 소위 명예를 중시하는 문화[146]—가령, 아랍 유목민 문화나 마피아 같은 범죄 조직 문화, 미국 서부의 카우보이 문화—에서보다 직접적인 복수의 역할이 눈에 띄지 않는다. 그런 문화 안에서 사는 사람들은 외부 권력에 의지해서 정의를 실현할 수 없다. 그래서 자기 자신과 그들이 아끼는 사람들을 방어하는 것은 각자 개인의 몫이다. 이런 사회에서는 폭력으로 이름이 높은 것이 중요하다. 그래야 다른 사람들이 당신을 공격하거나 학대하지 못한다. 심리학자들의 발견도 이와 맥락을 같이 한다. 이런 사회에 속한 사람들은 무례한 행위를 못마땅하게 여기고 응징하는 행위를 용서하는 경향을 보인다고 한다.

심리학자 스티븐 핑커의 주장[147]에 따르면, 역사적으로 폭력이 감소한 이유 가운데 하나가 이런 문화가 쇠퇴했기 때문이라고 한다. 이것은 우리가 세계 도처의 개인적 응징 욕구를 살펴본 결과다. 직접적인 복수는 대부분 정부가 집행하는 제삼자에 의한 복수로 대체되었다. 몇 달 전, 내 차 유리창이 깨지고 안에 있던 물건이 도난당한 사건이 일어났을 때, 나는 섬광처럼 한순간 분노를 느꼈다. 하지만 실제로는 경찰에 신고하고 보험회사의 도움을 받는 방법이 문제 해결에 착수하는 최선의 길이었다. 이니고 몬토야가 지금 사람이라면, 아버지의 살인범에게 정의를 구현하기 위해 성을 습격할 필요는 없을 것이다. 그를 대신해서 경찰이 살인범을 정의의 심판대에 세울 것이고, 그러면 목숨을 잃는 사람도 적을 것이다.

그럼에도 우리 대부분의 마음속에는 복수하고 싶은 욕구가 어느 정도 존재한다. 세상에는 법의 도움으로 해결할 수 없는 온갖 종류의 상호작용이 있다―지저분한 가십이나 힐난성 이메일만 해도 그렇다. 그래서 어느 정도 앙갚음하려는 성향, 즉, 우리를 존중하지 않는 자들이 적절히 고통스러워하게 만들고 싶은 충동을 활용한다. 우리는 마음속의 폭력적인 복수심을 실행할 배짱은 없을지라도 상상만으로도 복수를 경험하면서 쾌락을 느낀다. 앙갚음이라는 주제는 《햄릿》과 《일리아드》 같은 고전 작품에서부터 〈눈에는 눈〉, 〈데스 위시〉 같은 싸구려 영화와 찰떡같은 제목을 붙인 TV 시리즈 〈리벤지〉에 이르기까지 허구의 작품 속에 되풀이해서 등장한다.[148]

개인적으로 우리에게 잘못하지 않은 제삼자를 벌하는 것은 복수와는 다른 문제이며, 그렇게 단순하게 설명할 수도 없다. 우리에게 제삼자를 처벌하고 싶은 욕구가 있는 것은 확실하다. 이를 보여주는 좋은 사례가 최근 중국에서 등장한 '인육수색'[149]이다. 사람들이 인터넷을 이용해서 잘못을 저지른 사람들—간통자, 비애국적인 시민, 아마추어 포르노 배우 등—의 신상정보를 수집해서 공격하는 현상이다. 자칭 복수자 노릇을 하는 이런 사람들은 대상자들을 물리적, 사회적으로 공격하려고 애쓴다. 그 결과, 이들을 보금자리나 일자리에서 쫓아내는 데 성공하는 경우가 많다. 혹은 앞서 우리가 논했던 사례들을 떠올려봐도 좋다. 고양이를 쓰레기통에 집어넣은 메리 베일이나 눈앞에서 아동이 살해되어도 아무것도 하지 않은 데이비드 캐시 주니어에게 보인 대중의 반응 말이다. 두 사람 모두 도덕적 분노에 휩싸인 이름 모를 사람들로부터 스토킹을 당하고 위협을 받았다.

이 같은 처벌 충동은 행동경제학자들이 설계한 또 다른 게임, 공공재 게임[150]을 통해 탐구해볼 수 있다. 이 게임은 사람들이 공공의 이익을 위해 어느 정도까지 희생할 수 있는지를 탐구하는 실험이다. 공공재 게임은 여러 변이형이 있는데, 그 가운데 하나는 다음과 같다. 참가자 네 명은 서로 모르는 사이이며 (보통 개별 컴퓨터 단말기로 따로 플레이한다) 각자 20달러를 받고 게임을 시작한다. 게임은 연이어 여러 판을 치르는데, 판을 시작할 때마다 참가자들은 돈을 가운데에 내놓는다. 이렇게 돈이 모이면 그 액수의 두 배만큼을 다시 참가자들에게 고르게 되돌려준다. 그런 다음, 참가자들은 현재 자신이 가진 돈이 얼마나 되고 다른 참가자들이 각각 어떻게 했는지를 정리한 보고서를 받는다.

자, 그런 식으로 게임을 한다고 상상해보자. 그러면 나올 수 있는 결과들은 다음과 같다.

1. **아무도 돈을 가운데에 내놓지 않는 경우:** 모두 처음 받은 돈 20달러를 그대로 유지한다.
2. **모두가 전액을 내놓는 경우:** 모인 돈 80달러가 두 배로 늘어나 4등분 되어 모두가 40달러를 돌려받는다.
3. **당신은 돈을 내지 않지만, 나머지 세 명은 전액을 내놓는 경우:** 이 세 명이 각자 20달러를 내면 60달러가 모인다. 그 두 배인 120달러를 4등분 하여 당신까지 포함해서 모두가 30달러를 돌려받는다. 당신은 기부하지 않은 관계로 현재 가진 돈은 50달러가 된다.

**4. 당신만 돈을 내놓고 나머지는 내놓지 않는 경우:** 당신이 낸 돈 20달러의 두 배, 40달러를 4등분 하여 모든 사람이 10달러씩 돌려받는다. 당신을 제외한 사람들은 기부금을 내지 않았으므로 각각 원금 20달러에 10달러를 더해 총 30달러를 갖게 된다. 당신의 수중에는 단돈 10달러만 남는다.

전체적으로 최상의 해결책은 모든 사람이 돈을 불입하는 것이다. 모두가 전액을 기부하면 한 판마다 각자 받게 되는 돈은 두 배가 된다. 하지만 이와 동시에 누구든 자기 돈을 내지 않으면 원금보다 돈을 더 불릴 수 있다. 가령, 세 명이 전액을 내면, 나머지 한 명은 참여하지 않는 편이 더 유리하다—그러면 40달러 대신 50달러를 받기 때문이다. 또, 세 명 모두 돈을 내지 않으면, 이 경우에도 나머지 한 명은 참여하지 않는 편이 더 낫다—그러면 10달러 대신 20달러를 받기 때문이다.

이런 셈법은 일상에서 마주치는 상황들과 잘 들어맞는다. 유쾌하지 않거나 시간을 잡아먹는 활동에 동참하는 것이 모든 사람에게 유리하지만, 이기적인 사람들은 뒤로 물러서서 무임승차를 누린다. 예를 들어보자. 나는 사람들이 세금을 내는 세상을 원한다. 덕분에 도로나 소방서, 경찰서 등의 혜택을 볼 수 있기 때문이다. 하지만 이기적 관점에서 봤을 때 내가 가장 선호할 세상은 나를 제외한 모두가 세금을 내는 세상이다. 재활용이나 투표, 동네잔치 주최, 군 복무를 할 때도 마찬가지다. 내가 대학원 시절에 여러 룸메이트와 같이 살 때도 우리는 집 청소를 두고 다음과 같은 선택에 직면했다.

1. **아무도 청소하지 않는 경우:** 아파트는 쓰레기장이 되지만, 아무도 일하지 않아도 된다. 우리는 모두 살짝 불행해진다.
2. **모두가 청소하는 경우:** 아파트는 깨끗해지고 우리는 모두 일을 조금씩 한다. 전반적으로 이것이 최선의 상황이다.
3. **나는 아무것도 하지 않고, 나머지 사람들이 청소하는 경우:** 나에게는 이것이 최선의 방책이다. 아파트는 깨끗해지지만, 나는 아무 일도 하지 않기 때문이다.
4. **내가 청소하고 나머지 사람들은 아무것도 하지 않는 경우:** 아파트는 깨끗해지지만, 나머지 사람들보다 훨씬 일을 많이 하기에 나는 불행해진다.

실험실에서 공공재 게임을 하는 동안 사람들은 대체로 처음에는 좋게 시작한다. 하지만 불가피하게도 몇몇 참가자들은 유혹에 무릎을 꿇고[15] 돈을 내는 데 동참하지 않는 선택을 하면서 자기 돈을 더 불린다. 다른 사람들도 이를 지켜본 뒤 마찬가지로 이탈한다. 점차 많은 이탈자가 생기면서, 그냥 남아 있으면 점점 더 호구가 되는 것처럼 느껴진다. 그러면 몇몇 충직한 기부자가 남더라도 상황은 조금씩 최악으로 치닫는다. 나와 룸메이트들의 상황이 바로 그랬다. 우리는 홉스가 말한 만인의 만인에 대한 투쟁에 빠져들었고, 결국 불결한 환경에서 불행하게 살았다.

이런 모습은 참 암울해 보인다. 하지만 인류 역사를 보면 우리는 어떻게든 이탈과 무임승차의 유혹을 극복할 수 있었다. 그렇지 않았다면, 전쟁이나 맹수 사냥, 공동 육아 같은 관행들은 결코 존재하지 못했을 것이다.

이 대목에서 다시 처벌을 살펴보자. 만약 정부가 탈세자 처벌을 중단한다면, 더 많은 사람이 탈세를 저지르게 될 것이다. 만약 병역 기피가 위법이 아니라면, 더 많은 사람이 병역 기피자가 될 것이다. 벌금을 내거나 투옥될 수 있다고 위협하면 무임승차자를 막는 데 도움이 된다. 그런데 진화적 관점에서 보면 국가 지원의 제재에 호소하는 방법은 거의 도움이 되지 않는다. 우리는 정부와 경찰이 존재하기 훨씬 전부터 협력적 집단을 결성했기 때문이다. 하지만 이런 호소는 무임승차자 문제를 해결하는 데 한 가지 힌트를 준다. 즉, '사람들이' 서로 처벌하도록 유도하면, 처벌과 그에 대한 두려움이 더 나은 행동을 유발한다.

이런 아이디어를 탐구하기 위해 에른스트 페어와 경제학자 사이먼 게히터Simon Gächter[152]는 공공재 게임을 변형한 실험을 만들었다. 원래 게임에서 그랬듯, 여기서도 참가자들에게 본인 외 다른 사람들이 어떻게 했는지를 알려주었다(이번에도 일련의 숫자로만 표시될 뿐, 실제로는 다른 사람들이 누구인지 아무도 서로 알지 못했다). 그런데 이번에는 참가자가 자기 돈을 써서 다른 사람의 돈을 빼앗을 수 있게 했다. 특히, 누군가가 지난 판에서 공공재에 기여하지 않았다는 사실을 알게 된 사람은 자기 돈을 들여서 그 위반자가 현재 진행 중인 판에서 받는 금액을 줄여버릴 수 있게 했다―이는 일종의 제삼자 처벌이다.

결정적으로, 이것은 '이타적'인 처벌이었다. 처벌하기로 마음먹은 참가자는 선한 결과(아마도 무임승차자가 앞으로 더 나은 행동을 하게 되는 결과 또는 단순한 정의 구현)를 증진하기 위해 자신이 무언가를 포기하게 된다는 사실을 알고 있었다. 처벌자에게서 빼앗은 돈은 사라졌다. 이 돈은 어떤 참가자에게도 돌아가지 않았고, 징벌자는 처벌자와 게임을 계속하지 않았다. 따라서 이렇게 해서 처벌자의 행동이 개선되더라도, 징벌자에게 개인적으로 도움이 될 것은 없었다.

그렇더라도 사람들 가운데 80퍼센트가 적어도 한번은 처벌을 가했다. 그리고 주로 평균보다 적게 기부한 사람들에게 가해진 이런 처벌로 이탈 문제가 해결되었다. 그러자 아니나 다를까 금세 거의 모든 사람이 기부를 하게 되었다. 이렇듯 이런 처벌은 협력을 가능하게 만든다.

하지만 이타적 처벌 욕구는 과연 진화된 본능일까? 이런 주장이 안고 있는 한 가지 문제점은 그런 행동이 어떻게 자연선택을 통해 진화할 수 있었는지 설명하기가 화날 정도로 힘들다

[153]는 것이다. 처벌을 통해 무임승차자들이 규칙을 따르게 될 때 우리 사회가 더 잘 돌아간다고 치자. 그렇더라도 누군가는 처벌 행위를 해야 한다. 실험실 게임에서처럼 처벌에 비용이 든다면, 또다시 무임승차 문제에 봉착하게 된다. 부정행위를 목격한 사람이 망설이면서 타인의 이타적 처벌에 편승하지 않는 이유는 무엇일까? 다시 말해, 무임승차자 처벌의 무임승차자가 되지 않는 이유는 무엇일까? 우리에게는 무임승차자를 처벌하기를 회피하는 사람들을 처벌해야 한다는 동기부여가 되었을 수 있다. 그렇다면 그다음에는 무임승차자 처벌을 회피하는 사람들을 처벌하기를 회피하는 사람들을 처벌해야 한다는 동기부여도 되었을까?

어쩌면 이타적 처벌은 일종의 집단선택을 통해 진화했을 수 있다.[154](징벌자를 보유한 집단이 그렇지 않은 집단보다 우수하다.) 아니면 어쩌면 다른 사람들이 징벌자를 좋아하고 그와 상호작용하기를 선호하기 때문에 징벌자가 번창했을 수 있다.[155] 하지만 또 다른 가능성도 있다. 애초에 이타적 처벌 성향의 진화가 없었을 수 있다.

철학자 프란체스코 구알라Francesco Guala의 발견이 이 가능성을 뒷받침한다. 그는 최근 사회학과 인류학 문헌을 검토하면서 현실 세계의 소규모 사회에서는 이타적 처벌이 드물다—혹은 심지어 존재하지 않는다[156]—는 사실을 발견했다. 앞에서 살펴보았듯, 세상에는 무임승차자를 포함한 위법자들을 고통스럽게 만들 직간접적인 방법이 무수히 많다. 하지만 이러한 현실 세계의 처벌은 대체로 징벌자가 대가를 치르지 않는 방식으로 이루어진다. 그 이유로는 두 가지가 가능하다. 처벌 방식에 직접적인 대면이 요구되지 않기 때문이거나(가령, 가십), 전체로서 집단이 처벌을 가하므로 개인은 단 한 사람도 아무런 타격을 받지 않기 때문이다.

게다가 세상 어디든 사람들이 무임승차자를 벌하는 것은 맞지만, 처벌받는 사람은 출신 사회에 따라 처벌에 대해 다양하게 반응한다. 스위스나 미국, 호주 같은 나라 출신의 무임승차자들은 벌을 받으면 개과천선한다. 반면, 그리스나 사우디아라비아 같은 사회에서는 무임승차로 벌을 받아도 수치심을 느끼지 않는다. 오히려 화를 내고 앙갚음하려 든다. 자기에게 벌을 줬을 가능성이 가장 큰 사람들을 찾아내어 그들을 벌주는 것으로 되갚는다. 이를 가리켜 '반사회적 처벌'[157]이라고 한다. 여러분의 예상대로 이런 반응은 상황을 악화하여 파국으로 만든다. (대체로 이런 반사회적 처벌은 비교문화 연구자들의 표현을 빌자면 '시민 협력 규범이 약한' 나라에서 발생하는 경향이 있다. 놀랍지 않은 일이다.) 이는 제삼자 처벌이 무임승차 문제의 해법으로 진화할 수 없었음을 시사한다.

내가 보기에는, 제삼자 처벌을 하는 심리는 복수하는 심리의 규모가 커진 것 그 이상은 아닌 것 같다. 즉, 우리는 자기 자신과 자기가 사랑하는 사람들을 해치는 자들에게 보복하려는 성향을 진화시켜왔다. 이렇게 함으로써 앞으로 그런 행동이 일어나지 않도록 막을 수 있기 때문이다. 이런 정서를 우리가 직접 연루되지 않은 경우로 확장할 때 발휘되는 것이 바로 공감 능력이다. 우리는 피해자의 입장이 되어서 마치 우리가 해를 입기라도 하는 양 반응한다. 그러면 제삼자 처벌은 복수로 축소되는 것에 더하여 공감으로까지 줄어든다.

애덤 스미스의 견해[158]도 이와 비슷하다. "우리는 어떤 사람이 다른 사람한테 억압받거나 상해를 입는 모습을 보면 고통받는 사람의 괴로움에 동정심을 느낀다. 그런데 이런 동정심은 그가 가해자에게 품은 원한에 대해 우리가 동료의식을 느끼게 만드는 역할만 하는 것으로 보인다. 우리는 그의 차례가 되어 적을 공격하는 것을 보면 기쁘다. 그리고 그런 그를 기꺼이 도와주고 싶은 마음이 든다." 그런데 나는 애덤 스미스가 살짝 잘못 짚은 부분이 있다고 생각한다. 바로 피해자의 원한을 인식하는 것이 처벌의 원동력이라고 한 대목이다. 어쨌든 나는 고양이를 고문하는 자는 벌을 받아야 한다고 생각한다. 다만, 이렇게 생각하는 이유는 당사자인 고양이가 복수를 원한다고 믿기 때문이 아니다. 이 상황에서 적절한 질문은 "피해자가 무엇을 원하는가?"가 아니다. 바로 "내가 혹은 내가 아끼는 사람이 피해자라면 나는 무엇을 원하겠는가?"이다.

제삼자 처벌에 대한 우리의 욕구는 피해자와 가해자가 어떤 관계를 맺고 있느냐에 따라 달라진다. 이는 제삼자 처벌에 대한 욕구가 공감에 의존한다는 생각과 궤를 같이한다.[159] 우리는 자연스레 공감을 불러일으키는 존재들, 가령, 고양이나 우리가 아끼는 사람들, 우리와 같은 집단이나 부족, 연합체에 속하는 사람들을 해치는 자들은 벌하고 싶어진다. 반면, 가해자와 공감 관계에 있는 경우에는 벌하고 싶은 동기부여가 덜하다. 미국인 가운데 네이비실 대원들이 오사마 빈 라덴을 죽였다는 소식에 그들을 벌하고 싶은 욕구를 느낀 사람은 거의 없다.

심리학자 데이비드 피에트라셰프스키David Pietraszewski와 탐신 저먼Tamsin German이 입증했듯, 영유아들조차도 제삼자 처벌 논리를 어느 정도 인식한다.[160] 4세 유아들에게 다른 아이를 밀치고 장난감을 빼앗은 아이 이야기를 들려준 다음, 누가 이 가해자에게 화가 나겠냐고 물었다. 아이들은 피해자가 화날 것 같다는 것을 잘 알고 있었을 뿐만 아니라, 단순한 급우보다는 피해자의 친구가 더 화가 날 것이라는 사실도 인식했다.

이처럼 제삼자 처벌이 복수심에서 싹튼다는 설명은 우리가 느끼는 처벌 정서의 몇몇 특이한 특성[161]도 설명해준다. 제일 눈에 띄는 특징은 사람들이 처벌이 가져오는 실제 결과에 놀랄 만큼 무관심하다는 것이다. 가상의 제약회사가 결함 있는 백신과 피임약을 만들어 팔아 피해자가 생겼을 때, 사람들이 이 회사를 어떻게 처벌하기로 하는지를 탐구한 연구가 있다. 먼저, 어떤 사람들에게는 벌금을 높이면 제약사들이 더 안전한 제품을 만들려고 노력할 것이라고 말했다―이런 처벌은 미래의 복지를 향상하는 처벌이다.

반면, 어떤 사람들에게는 벌금을 높이면 그 제약사가 제품 생산을 중단할 텐데, 시장에는 다른 마땅한 대체 약이 없어서 이런 처벌로 인해 세상이 더 나빠질 것이라는 말을 했다. 그런데 사람들은 대부분 두 번째 시나리오가 가져오는 부정적인 결과는 신경 쓰지 않았다. 두 경우 모두 사람들은 제약사에 벌금을 부과하기를 원했다. 달리 말하면, 사람들은 처벌을 통해 세상을 더 살기 좋은 곳으로 만드는 일보다는 처벌자에게 피해를 주는 일에 관심을 둔다. 복수의 심리가 작용하는 것이다. 애덤 스미스의 표현을 빌자면, "가해자가 바로 그 행동을 뉘우치고 후회하게 만들어야 한다"[162]라는 심리다.

욕구의 경우, 이처럼 결과에 무감각한 것이 보통이다. 욕구는 대개 그 욕구의 존재 이유가 되는 원동력에 대해서는 알지 못한다. 성욕이 존재하는 이유는 아기를 만들게 해주기 때문이다. 하지만 성욕을 느끼는 심리는 아기에 관한 관심과는 무관하다. 배고픔이 존재하는 이유는 먹어야 살 수 있기 때문이다. 하지만 대체로 우리가 먹고 싶어 하는 이유는 이 때문이 아니다. 마찬가지로, 우리는 처벌하기를 원하지만, 처벌의 목적에 대해서는 생각하지 않는다. 그렇다. 이번에도 애덤 스미스는 훌륭한 주장을 펼쳤다. "사람은 누구나 사기와 배신, 불의를 혐오하며, 그런 행위가 처벌받는 것을 보면 기쁘다. 심지어 세상에서 가장 어리석고 생각 없는 사람도[163] 그렇다. 하지만 정의의 필요성이 아무리 명백해 보일지라도, 사회의 존속을 위해 정의가 얼마나 필요한지 곰곰이 생각해본 사람은 거의 없다."

### ♦ 아이들은 평화주의자가 아니다

영유아는 대부분 명예를 중시하는 문화 속에 살지 않는다. 그 시기에는 대개 갈등을 해결하고 잘못한 자를 벌하는 강력한 존재, 리바이어던이 있다―가령, 부모나 보모, 선생님이다. 그러다가 유년기 중반이 되면 사정이 달라진다. 이때 아이들은 고자질하면 안 되고 자기 일은 자기가 알아서 해야 하는 사회에 살고 있음을 알게 된다. 중학교와 고등학교는 황량한 서부와 거의 비슷하다. 하지만 두 살 아이들은 누가 때리면 울거나 도망가거나 어른을 찾아도 된다. 그들은 보복하지 않아도 된다.

그렇다고 아이들이 응징하고 싶은 욕구가 없다는 뜻은 아니다. 무엇보다 그들은 거의 평화주의자가 아니다. 영유아들은 무척 공격적이다. 실제로 일생 중 물리적 폭력 발생 비율을 측정하면, 2세 무렵에 정점을 찍는다.[164] 그런데도 가족들이 끔찍한 두 살 아이의 손에서 살아남는 이유는 영유아들이 자기 손으로 사람을 죽일 만큼 강하지 않고 치명적인 무기를 사용할 수 없기 때문이다. 두 살배기가 어른의 신체 능력을 지닌다면 그야말로 무시무시한 존재가 될 것이다.

아이들의 도덕적 충동이 때때로 폭력으로 나타나기도 하지만, 그보다 알아채기 어려운 방식으로 표현되기도 한다. 바로 고자질이다. 아이들은 누가 잘못을 저지르는 모습을 보면, 걸 핏하면 실세에게 항의한다. 굳이 유도하지 않아도 그렇게 한다. 이를 보여주는 연구가 있다. 두 살과 세 살 아이들에게 새로운 놀이를 가르쳐주고 꼭두각시와 함께 놀게 했다. 그런데 인형이 규칙을 어기기 시작하자, 아이들이 자발적으로 어른에게 일렀다.[165] 2~6세 연령대의 형제들을 대상으로 한 연구에 따르면, 아이들이 부모에게 형제자매에 대해 한 이야기는 고자질이 대부분이었다고 한다. 게다가 그들의 보고 내용은 대체로 정확했다. 형제자매를 고자질하기는 했지만, 없는 일을 만들어내지는 않았다.[166]

형제자매 사이에서만 상대방에 관해 이야기하기를 즐기는 건 아니다. 심리학자 고든 잉그램Gordon Ingram과 제시 베링 Jesse Bering은 벨파스트 도심의 한 학교에 다니는 아이들의 고자질을 연구한 뒤,[167] 이렇게 결론 내렸다. "아이들이 또래 친구들의 행동에 대해 하는 이야기 가운데 절대다수는 규범 위반에 대해 얘기하는 형태였다." 아이들이 선생님에게 다른 아이가 한 착한 일에 관해 이야기하는 경우는 드물었다. 앞선 형제자매 연구에서도 그랬듯, 아이들이 또래 친구들에 대해 보고하는 내용은 대부분 사실이었다. 거짓말한 아이는 고자질한 아이가 아니라 고자질 당한 아이였다. 고자질 당한 아이는 자기 행동에 대한 책임을 주로 부인한다. 또한, 아이들은 무의미한 것에 대해서는 고자질하지 않는다.[168] 한 연구 결과, 3세 아이들은 누군가가 만든 예술작품을 다른 누군가가 부수면 고자질하는 것으로 나타났다. 하지만 아무도 신경 쓰지 않는 작품을 부술 때는 고자질하지 않았다.

고자질로 얻는 만족감 가운데 일부는 확실히 어른들에게 좋은 도덕적 행위자처럼 보인다는 데서 온다. 옳고 그름에 민감한 책임감 있는 존재 말이다. 내기해도 좋다. 오로지 익명으로만 고자질할 수 있다 하더라도 아이들은 고자질할 것이다. 생판 남이지만 인육수색에 참여하는 사람들처럼, 아이들은 그저 정의 구현을 위해 고자질할 것이다. 고자질에 대한 애정은 되갚고 싶은 욕구를 드러낸다. 잘못을 저지른 사람(특히 아이 본인이나 본인의 친구를 해친 사람)이 벌받는 것을 보면서 느끼는 쾌락 말이다. 고자질은 복수하는 데 드는 잠재적 비용을 더는 한 가지 방법이다.

그런데 아기들도 정의 구현 욕구가 있는지는 단정하기 힘들다. 이를 알아보기 위해 내가 해보고 싶은 실험이 있다. 먼저, 표준적으로 사용하는 방법을 써서 아기에게 좋은 인물과 나쁜 인물을 보여준다(다른 사람이 언덕을 오르는 것을 도와주는 모습과 그 사람의 길을 가로막는 모습을 보여준다). 그런 다음, 아기의 눈앞에서 차례로 한 명씩 좋은 인물과 나쁜 인물을 무대에 단독으로 올린다. 아기의 손 옆에는 커다란 빨간 버튼이 있고, 아기에게 버튼을 어떻게 누르는지 상냥하게 보여준다. 버튼을 누르면, 무대 위의 인물은 전기 충격을 받은 것처럼 행동한다—비명을 지르고 고통에 몸부림친다. 이런 모습에 아기들은 어떻게 반응할까? 좋은 인물이 비명을 지르면 버튼을 누르던 손을 얼른 거두어들일까? 나쁜 인물이 그러면 계속해서 버튼을 누르고 있을까? 만약 버튼이 누르기 어렵다면 어떻게 될까? 과연 작은 얼굴이 빨개지도록 끙끙대면서도 버튼을 눌러 공정한 처벌이 이루어지게 할까?

이런 연구를 할 수 있는 날이 올지는 회의적이다. 나보다 까다롭고 세심한 우리 동료들이 윤리적 문제를 염려하기 때문이다.

그래도 우리는 다른 여러 연구를 통해 아기들의 처벌 동기를 짐작할 단서들을 얻었다. 카일리 햄린과 캐런 윈, 네하 마하잔Neha Mahajan과 함께 한 연구에서, 우리는 앞서 1장에서 소개한 착한 사람/나쁜 사람 실험을 변형한 실험[169]을 했다. 첫 번째 시나리오: 한 인형이 상자를 열려고 애쓴다. 다른 인형이 다가와 뚜껑을 들어 올리는 것을 돕는다. 또 다른 인형은 와서 뚜껑을 탁 닫아버린다. 두 번째 시나리오: 한 인형이 공을 굴려준다. 어떤 인형은 공을 굴려서 돌려주지만, 다른 인형은 공을 들고 달아난다. 우리는 생후 21개월 유아들에게 두 시나리오를 보여준 다음, 착한 인형과 나쁜 인형 중 누구와 더 상호작용하고 싶은지 묻지 않았다. 그 대신, 두 인형 중에 상으로 간식을 줄 인형을 고르거나 벌로 간식을 빼앗을 인형을 고르라고 했다. 결과는 예상한 대로였다. 간식을 주라고 하자 착한 인물을 골랐고,

간식을 빼앗으라고 하자 나쁜 인물을 골랐다.

그런데 이 연구에는 한 가지 문제가 있다. 기본적으로 상 줄 인형과 벌 줄 인형을 고르지 않을 수 없게 설계된 것이다. 따라서 유아들이 상 주고 싶은 강한 욕구가 있는지, 벌주고 싶은 강한 욕구가 있는지는 알 수 없다. 그들이 보상과 처벌을 옳은 일로 느끼는지 알 수 없는 것은 물론이다. 또한, 상이나 벌을 주려면 신체적 조건이 충족되어야 하는 탓에, 이 연구에서는 영아들 대신 유아들을 실험 대상으로 삼아야 했다. 그런데 유아들은 다른 사람들을 보면서 보상과 처벌이 따르는 행동에 대해 어느 정도 학습이 된 상태였을 수 있다.

그래서 우리는 아주 어린 아기들이 보상과 처벌을 어떻게 생각하는지를 탐구하기 위해 생후 5개월과 8개월 된 아기들이 상을 주고 벌을 주는 사람들을 어떻게 생각하는지 들여다보기로 했다. 과연 그들은 착한 사람에게 벌을 주는 사람보다 상을 주는 사람을 더 좋아할까? 나쁜 사람에게 상을 주는 사람보다 벌을 주는 사람을 더 좋아할까? 적어도 어른의 시각으로 보면, 각각의 경우, 한 사람은 공정하게 행동하고 다른 한 사람은 그렇지 않다.

우리는 아기들을 대상으로 한 실험에서 먼저 상자 열기 시나리오—한 인형은 상자 여는 것을 도와주고 다른 인형은 뚜껑을 닫아버리는 시나리오—를 보여주었다. 그런 다음, 착한 인형이나 나쁜 인형 중 하나를 완전히 새로운 시나리오의 주인공으로 삼았다. 이번에는 주인공 인형이 새로 등장한 두 인형에게 차례로 공을 굴려 보냈다. 그러자 한 인형은 공을 다시 굴려 돌려주었고(착한 인형), 다른 인형은 공을 들고 달아났다(못된 인형). 우리는 아기들이 새로운 두 등장인물 가운데 누구를 더 좋아하는지 알고 싶었다. 즉, 착한 인형에게 착하게 공을 돌려준 인형과 착한 인형에게 못되게 공을 빼앗은 인형 중 누구를 좋아하는지, 나쁜 인형에게 착하게 공을 돌려준 인형과 나쁜 인형에게 못되게 공을 빼앗은 인형 중 누구를 더 좋아하는지가 궁금했다.

두 인형이 착한 인형(상자 여는 것을 도와준 인형)과 상호작용하는 동안, 아기들은 착한 인형에게 못되게 구는 인형과 달리 착하게 대하는 인형에게 손을 뻗는 것을 더 좋아했다. 아마도 아기들이 대체로 착한 인형을 선호하기 때문인 듯하다. 실제로 생후 5개월 아기들은 나쁜 인형에게 착하게 대하는 인형한테 손을 뻗는 것도 좋아했다. 이 어린 아기들은 연이어서 보여준 사건들을 제대로 따라가지 못하거나, 아니면 누구와 상호작용을 하건 상관없이 그저 착한 인형을 선호했다.

하지만 생후 8개월 아기들은 더 수준이 높았다. 그들은 나쁜 인형에게 착하게 구는 인형보다 나쁜 인형에게 못되게 구는 인형을 더 좋아했다. 따라서 생후 5개월 이후 어느 시점이 되면, 아기들은—처벌이 정당한 경우—징벌자를 선호하기 시작한다고 볼 수 있다.

지금까지 우리는 판단과 감정에 필요한 특정 능력들에 관해 이야기했다. 아마도 생후 처음 몇 달 동안은 우리에게 이런 능력들은 없을 것이다. 하지만 이런 능력들은 우리의 문화적 발명품이 아니라 진화 역사가 남긴 유산이라는 의미에서 우리가 타고난 것들이다.

지금까지 나는 이런 능력들을 '도덕적'인 것으로 설명했다. 이런 능력들이 우리 어른들이 도덕적이라고 생각하는 것과 의미심장한 특징들을 공유하기 때문이다. 첫째, 타인의 안녕에 영향을 주는 행위로 촉발된다는 점, 둘째, 공정과 같은 개념과 관련이 있다는 점, 셋째, 보상이나 처벌과 연관된다는 점이 그렇다. 또한, 유아들이 말을 배워 자기의 판단에 관해 이야기할 정도가 되면, 그들은 '착하다, 못되다, 공정하다, 불공정하다' 등 어른들이 보기에 명시적으로 도덕과 관련된 용어들을 사용한다. 아기였을 때는 주시 시간과 선호도를 보여주는 손 뻗기로 표현되던 것이 나중에 유아기에 이르면 도덕적 담화의 주제로 등장하는 것이다.

그래도 아기들의 도덕적 삶은 우리 어른들에 비하면 여전히 매우 제한되어 있다. 이런 인식은 50여 년 전 심리학자 로렌스 콜버그Lawrence Kohlberg가 영향력 큰 도덕 발달 이론[170]을 주창하면서 생겨났다. 그의 주장에 따르면, 어린아이들은 도덕성에 대해서 자기 이익과 같은 더 단순한 개념 차원에서 먼저 생각하고

(나에게 쾌락을 주는 것이 좋은 것), 그런 다음 부모의 권위 차원에서 생각한다(부모가 좋다고 하는 것이 좋은 것). 그러다가 성숙해가며 점차 정교해지고 수준이 높아진다. 그리하여 궁극적으로 추상적인 규칙과 원칙 차원에서 도덕성을 이해하게 된다. 도덕 철학자들이 개발한 체계와 비슷한 수준이 되는 것이다. 종착점은 옳고 그름에 대한 일관성 있고 광범위한 이론에 이르는 것이다.

현대 심리학자들 가운데 콜버그의 설명을 지지할 사람은 거의 없다. 조금 전 우리가 다루었던 연구 결과를 보면 콜버그가 아이들의 수준 높은 도덕성을 과소평가했음을 알 수 있다. 동시에 그는 어른들의 수준 높은 도덕성을 과대평가했다. 어른들 가운데 칸트주의자나 공리주의자, 덕 윤리주의자는 거의 없다. 보통 우리는 도덕성을 생각할 때 철학자들처럼 하지 않는다. 오히려 우리는 심리학자 데이비드 피자로David Pizarro가 '뒤죽박죽 도덕성'[171]이라고 이름 붙인 것을 가지고 있다. "직관, 경험칙, 감정적 반응을 아주 느슨하게 모아놓은 것" 말이다.

하지만 어른의 도덕성이 이성적 숙고의 영향을 받는다는 콜버그의 주장은 옳다. 이것이 바로 인간과 침팬지를 구분하고 어른과 아기를 나누는 차이점이다. 침팬지에게는 감성만 있지만, 우리 인간에게는 감성에 더해 이성도 있다. 진화한 우리의 감성이 옳고 그름에 완벽히 맞추어져 있다면 이성이 있고 없고는 그리 중요한 문제가 아닐 것이다. 우리의 심장이 순수하다면 우리에게는 머리가 필요하지 않을 것이다. 하지만 안타깝게도 현실은 그렇지 않다. 우리의 진화된 시스템은 편중되고 편협할 때도 있고, 때때로 맹렬히 비이성적이기도 하다. 우리가 다음 장에서 다룰 주제가 바로 이것이다.

# JUST BABIES

The Origins of Good and Evil

# 4장

# 타인들

# 선악의 기원
**Just Babies**

## ♦ 낯선 사람을 향한 우리의 본능

어떤 사람들은 우리에게 세상 전부와도 같은가 하면, 어떤 사람들은 거의 우리 안중에 없다. 에밀리 디킨슨Emily Dickinson의 표현처럼, "영혼은 자기가 속할 사회를 선별한다. 그런 다음 문을 닫아버린다." 우리는 이렇게 구별하는 것이 우리 본성의 일부임을 확인할 예정이다. 심지어 아기들도 그렇게 구별한다.

하지만 우리는 이런 편협한 편향에 반기를 들기도 한다. 그 유명한 착한 사마리아인[172] 이야기를 살펴보자. 이야기는 한 율법 학자가 그리스도에게 영생을 얻으려면 어떻게 해야 하냐고 묻는 것으로 시작한다. 그리스도는 그에게 율법에 무엇이라 적혀 있냐고 묻는다. 율법 학자는 하느님을 사랑하고 '이웃을 네

몸과 같이' 사랑하라고 되어 있다고 대답한다. 그리스도가 그 말이 옳다고 하자, 율법 학자는 다시 질문한다. "그렇다면 제 이웃은 누구입니까?" 그리스도는 대답으로 다음과 같은 우화를 들려준다.

한 남자가 예루살렘을 떠나 예리코로 가는 길에 강도떼를 만났다. 그들은 그의 옷을 빼앗고 그에게 상처를 입힌 다음, 반쯤 죽은 상태의 그를 남겨두고 떠났다. 그 후, 우연히 한 사제가 그 길을 지났다. 그런데 쓰러져 있는 남자를 본 사제는 길 반대편으로 그냥 지나가고 말았다. 이번에는 한 레위인이 그곳을 지났다. 그는 다가와 쓰러져 있는 남자를 내려다보더니 마찬가지로 길 반대편으로 지나갔다. 하지만 그곳을 지나던 한 사마리아인은 달랐다. 그는 쓰러져 있는 남자를 보고 연민을 느꼈다. 그래서 그에게 다가가 상처에 기름과 포도주를 붓고 붕대로 감아준 다음, 그를 자기 나귀에 태워 여관으로 데려가 돌보아주었다.

그리스도는 율법 학자에게 이 세 사람 가운데 누가 그 피해자의 이웃이냐고 묻는다. 율법 학자는 "그에게 자비를 베푼 사람"이라고 대답한다. 그러자 그리스도가 말한다. "가서 너도 그렇게 하여라."

이 이야기에 담겨 있는 교훈은 어렵지 않게 깨달을 수 있다. 그 당시 사마리아인들은 유대인들로부터 멸시를 당했다. 그래서 율법 학자는 그리스도의 질문에 대답할 때 그냥 '사마리아인'이라고 말하지 못했을 수도 있다. 그는 자기 입으로 그렇게 명명하는 것을 견딜 수 없었을 것이다. 그렇다면 여기서 우리가 얻는 교훈은 전통적인 윤리적 경계를 무시하라는 명령이 분명하다. 철학자이자 법학자인 제러미 월드론Jeremy Waldron의 표현을 빌자면, "민족성이나 공동체 등 전통적인 이웃의 범주는 신경 쓰지 말라"[173]는 뜻이다. 이 이야기의 핵심은 그 이방인이 단순히 존재하는 것만으로도 그는 이웃이 되고, 따라서 사랑받을 가치가 있는 사람이 된다는 것이다.

이것은 급진적인 태도다. 인류 역사상 대부분의 시간 동안, 그리고 현재도 많은 사회에서 우리의 도덕적 의무가 닿는 범위는 우리와 아는 사이의 이웃들까지만이다. 지리학자이자 작가인 재러드 다이아몬드Jared Diamond에 따르면, 파푸아뉴기니의 소규모 사회에서는 "'다른' 인간들을 만나기 위해 자기 영토를 벗어나는 행동을 감행하는 것은 아무리 그들이 불과 몇 마일밖에 떨어지지 않는 곳에 살더라도 자살 행위와 같았다."[174] 인류학자 마거릿 미드Margaret Mead는 이런 공동체들의 생활방식을 낭만적이라고 생각하는 것으로 유명했으며, 많은 점에서 이들 공동체가 현대사회보다 도덕적으로 우월하다고 여겼다. 하지만 그런 그녀도 모르는 사람을 대하는 그들의 감정에 대해서는 직설적으로 표현했다. "원시 부족들은 대부분 숲에서 경쟁 부족 출신으로 인간 이하의 인간을 마주치면 가지고 있던 무기로 그를 때려죽이는 것이 가장 적절한 행동이라고 느낀다."[175]

아마 이런 이야기 가운데 일부는 허풍일 것이다. 정서의 문제를 떠나서 누군가를 죽이려고 시도하는 것은 위험이 따르는 행위다. 실패하면 되레 죽임을 당할 수도 있고, 아니면 성공은 했으나 그의 친족이나 부족의 복수 때문에 씨름해야만 할 수도 있다. 물론 노골적인 폭력은 극단적인 반응이겠지만, 우리가 낯선 사람을 만날 때 자연스럽게 나오는 반응은 연민이 아니다. 모르는 사람은 두려움과 혐오, 증오를 유발한다.

이런 부분에서 우리는 다른 영장류와 같다. 《곰비의 침팬지들The Chimpanzees of Gombe》에서 제인 구달Jane Goodall은 수컷 침팬지 무리가 다른 집단 출신의 작은 무리와 마주치면 어떤 일이 벌어지는지를 묘사한다.[176] 작은 무리 안에 새끼 침팬지가 있으면 죽여서 잡아먹기도 하고, 암컷이 있으면 짝짓기를 하려 든다. 그리고 수컷이 있으면 떼 지어 달려들어 공격해서 살을 찢고 발가락과 고환을 물어뜯은 다음 죽도록 방치한다.

그런데 세상이 달라졌다. 나는 종종 비행기를 타고 낯선 도시로 가지만, 공항에서 모르는 사람이 달려들어 내 발가락을 물어뜯을 것이라는 예상은 좀처럼 하지 않는다. 실제로 여행과 여행자가 드문 문화권에도 치밀한 방문객 환대 규정과 적절한 방문객 대우 규정이 있는 경우가 많다. 낯선 사람에 대한 우리의 반감과 때때로 우리가 이것을 어떻게 극복해내는지를 충분한 이론으로 모두 설명하는 것이 도덕 심리학이 해야 할 과제다.

◆ **인종 편향의 뿌리**

아기는 낯익은 사람과 낯선 사람을 거의 즉각적으로 구별한다. 갓 태어난 아기는 낯선 사람보다 엄마의 얼굴을 보는 것을 더 좋아한다.[177] 엄마 냄새[178]와 엄마 목소리 역시 더 좋아한다.[179] 아기가 엄마 목소리를 더 좋아한다는 사실은 탁월한 실험 방법을 통해 발견되었다. 연구자들은 아기를 아기 침대에 눕힌 뒤, 귀에 헤드폰을 씌우고 입에는 공갈 젖꼭지를 물렸다. 그런 다음, 아기가 젖꼭지 빨기를 멈추다가 다시 빨기 시작하는 사이의 시간을 측정하는 방법으로 여러 아기가 젖꼭지를 빠는 평균 비율을 구했다. 그런 다음, 아기에게 엄마가 또는 낯선 여성이 닥터 수스Dr. Seuss의 《그리고 멀베리 가에서 그것을 봤던 기억을 떠올려보니And to Think That I Saw It on Mulberry Street》를 읽어주는 소리를 들려주었다. 아기들은 빠는 행동으로 어떤 목소리를 들을지 제어할 수 있게 했다. 아기들 가운데 절반은 빠는 간격이 평균보다 짧으면 엄마 목소리를 듣게 했고, 나머지 절반은 간격이 길 때 엄마 목소리를 들려주었다. 태어난 지 사흘도 지나지 않은 아기들이었지만, 이 원리를 깨달은 그들은 빠는 타이밍을 이용해서 자기가 듣고 싶은 목소리를 들었다. 그 목소리는 바로 엄마 목소리였다.

아기는 자기 엄마가 어떻게 생겼는지 또는 어떤 냄새가 나는지 또는 어떤 목소리인지 미리 알 수 없기에 이런 선호가 생기는 것은 학습의 결과가 틀림없다. 아기는 자기를 돌보는 엄마를 보고, 냄새를 맡고, 목소리를 듣는다. 그렇게 해서 아기가 선호하게 되는 사람이 바로 엄마다.

아기는 낯익은 사람들만 좋아하는 것이 아니라 낯익은 사람과 같은 부류의 사람들도 좋아한다. 이런 사실은 주시 시간 측정법으로 탐구할 수 있다. 앞서서 말했듯, 어른처럼 아기도 놀라운 것을 더 오래 쳐다본다. 그런데 자기가 좋아하는 것을 더 오래 주시하는 경향도 어른과 똑같다. 그래서 이것을 이용해 아기들의 선호도를 탐구해볼 수 있다. 연구 결과, 아기들은 양육자가 여성이면 여성을 더 오랫동안 쳐다보고,[180] 양육자가 남성이면 남성을 더 오래 쳐다보는 것으로 나타났다. 백인 아기는 아프리카인이나 중국인보다는 백인 얼굴을 보는 것을 더 좋아한다.[181] 에티오피아 아기는 백인보다는 에티오피아인의 얼굴을 보는 것을 더 좋아한다. 중국 아기는 백인이나 아프리카인보다는 중국인 얼굴을 보는 것을 더 좋아한다.

어른들이 이런 편향을 보인다면, 이것은 인종이 같은 타인에 대한 선호를 반영하는 것으로 추정할 수 있다. 하지만 아기들은 그렇지 않을 가능성이 크다. 그들은 거울을 자주 보지도 않지만, 보더라도 자기가 무엇을 보고 있는지 알지 못한다. 그 대신, 아기들은 자기 주변에서 보는 사람들을 바탕으로 선호를 발달시킨다. 이와 일맥상통하게, 다민족 환경에서 양육된 아기들—가령, 이스라엘에 사는 에티오피아 아기들—은 인종에 근거한 선호 현상을 보이지 않는다.

이런 결과들은 인종주의의 발달적 기원을 설명하는 단순한 이론을 뒷받침한다. 즉, 아기들은 낯익은 사람들을 선호하는 적응 편향이 있어서, 주변 사람들처럼 생긴 사람들에 대한 선호와 그렇지 않은 사람들에 대한 경계심을 빨리 발달시킨다는 주장이다. 대개 아기들은 자기와 닮은 사람들의 손에 양육되므로, 백인 아기들은 대체로 백인을 선호하고, 흑인 아기들은 흑인을 선호한다.

인종주의적 시각은 발달 과정을 통해 치밀하게 형성된다. 아이들은 특정 무리에 대한 사실을 학습한다. 그들은 인간의 무리가 왜 그리고 어떻게 다른지 과학적 혹은 종교적 혹은 세간의 설명을 듣고 알게 된다. 그리고 누구를 두려워하고, 누구를 존경하며, 누구를 질투해야 하는지 등에 대해 문화적 가르침을 받는다. 하지만 인종주의의 씨앗은 처음부터 존재한다. 단순히 낯익은 사람들을 선호하는 것에서부터 말이다.

나는 이런 주장을 한때 믿었지만 이제는 아니다. 인종적 편향의 기원을 설명할 더 훌륭한 이론이 있다는 설득력 있는 증거가 있다고 생각하기 때문이다. 어른과 영유아 모두를 대상으로 한 연구가 이 이론을 뒷받침한다.

먼저, 어른부터 살펴보자. 실험실 연구 결과에 따르면, 어른들은 새로운 사람을 만나면 나이, 성별, 인종, 이렇게 세 가지 정보를 자기도 모르게 저절로 암호화해서 입력한다[182]고 한다. 이것은 우리의 일상 경험과도 잘 맞아떨어진다. 우리는 누군가를 만난 다음, 온갖 세세한 사항은 금세 잊을지 모르지만, 대화 상대가 유아였는지 어른이었는지, 남자였는지 여자였는지, 같은 인종 사람이었는지 다른 인종 사람이었는지는 기억할 공산이 크다.

그런데 심리학자 로버트 커즈번Robert Kurzban과 존 투비 John Tooby, 레다 코스미데스Leda Cosmides가 발표한 영향력 있는 논문에서는 이들 세 요소에 미심쩍은 점이 있다[183]고 지적한다. 성별과 나이에 초점을 두는 것은 이해가 간다. 우리 조상들은 생식부터 양육, 전쟁에 이르기까지 어떤 사회적 상호작용을 하더라도 남자와 여자, 또는 세 살 아이와 스물일곱 살 어른 사이의 차이를 인식할 필요가 있었을 것이다. 하지만 인종은 여기에 같이 묶일 수 없다. 현재 우리가 인종적 특성이라고 생각하는 신체적 단서들은 조상이 어디에서 왔느냐에 따라 결정된다. 그런데 우리 조상들은 대부분 걸어서 이동했기 때문에, 한 인종을 대표하는 전형적인 사람이 현재 우리가 '다른 인종'이라고 부르는 그룹에 속하는 사람을 만날 일이 절대 없었을 것이다.

커즈번 연구팀은 인종에 집중되는 관심 그 자체는 자연선택의 과정을 거쳐 진화할 수 없었을 것이라고 결론 내린다. 그 대신, 인종은 '연합'을 등에 업었을 때만 중요하다고 주장한다. 다른 많은 영장류와 마찬가지로 인간은 무리를 이루며 살기 때문에 갈등이 생기고 이런 갈등은 때로 폭력으로 격화되기도 한다.

그래서 이러한 연합 관계를 쉽게 이해하려면 세상을 **우리** 대 **그들**로 나누는 것이 유용했을 것이다.

인종이 중요해진 데는 이유가 있다. 몇몇 사회에서는 어떤 사람의 피부색과 특정한 신체적 특징을 보면 그가 갈등 관계에 있는 여러 무리 가운데 어디에 속하는지 알 수 있다고 배우기 때문이다. 이것은 스포츠 팀마다 유니폼 색이 다르다는 사실을 알게 될 때와 아주 비슷하다. 사실, 유니폼 색에는 본디 흥미로운 점이 하나도 없다. 유니폼이 중요한 이유는 그것이 보내는 신호 때문이다. 따라서 인종적 편견이 발달하는 방식은 보스턴에서 자라는 어린아이가 레드삭스 유니폼을 **우리**와 연관 짓고 양키스 유니폼을 **그들**과 연관 짓게 되는 것과 같다.

그런데 인종이 눈에 띄는 데는 다른 여러 이유가 있을 수 있다. 첫째, 사람과에 속한 우리 조상들은 꾸준히 다른 사람과에 속하는 종을 만났을 수 있다.[184] 그랬다면 우리는 이들 종에 관해 추론할 수 있는 인지 메커니즘을 진화시켰을 것이고, 이런 추론법을 우리 종에 속하는 다른 인간 무리에까지 적용했을 것이다. 이런 주장은 우리가 인종을 생물학적 프레임 안에서 이해하려는 경향[185]을 지닌 이유를 설명해줄 수 있다. 때때로 우리는 뚜렷이 다른 인간 집단을 두고 연합체라기보다 마치 별개의 종인 것처럼 잘못 생각하기도 한다. 둘째, 인종에 대한 우리의 관심은 낯익은 사람들을 편애하는 일반적인 인지적 편향의 부산물로서 힘을 얻었을 수도 있다—이를 가리켜 '단순 노출' 효과

[186]라고 하기도 한다. 이런 현상은 온갖 일에 다 적용된다. 가령, 아무렇게나 갈겨 쓴 글씨라도 전에 본 적이 있으면 우리는 그 글씨를 더 좋아한다. 이미 주지하다시피, 아기들은 친숙한 사람들과 친숙한 부류의 사람들을 쳐다보는 것을 선호한다. 아마도 이것이 발달 과정 내내 지속되는 같은 인종 선호 현상의 기원인 듯하다.

마지막으로 셋째, 인종에 초점을 두는 것은 누가 가족이고 가족이 아닌가에 대한 관심이 진화하면서 생긴 부산물이었을 수 있다. 세상에 친족이 중요하지 않았던 적은 없다. 다윈주의 관점에서 보면 나와 닮은 누군가를 편애하는 것은 어디까지나 타당한 일이다. 그 사람이 나와 더 많은 유전자를 공유할 가능성이 크기 때문이다. 따라서 인종은 연합 관계를 대신하기보다는 친족 관계를 대신했을 수 있다.

이처럼 다른 요인들이 나름의 역할을 했을지도 모르지만, 인종을 연합의 단서로 보는 이론에는 이를 뒷받침하는 매우 설득력 있는 근거가 있다. 커즈번 연구팀은 그들이 세운 가설을 시험하기 위해 기억-혼동 패러다임[187]이라는 방법을 사용했다. 연구자들은 피실험자들에게 연이어 사람 얼굴 사진을 보여준다. 각 사진에는 사진 속 인물이 했던 말이 한 문장씩 적혀 있다. 그런 다음, 연구자들은 피실험자들에게 누가 어떤 말을 했는지 기억을 더듬어달라고 요청한다. 문장과 짝을 이룬 사진들을 꽤 많이 접한 탓에, 피실험자들은 불가피하게 실수할 수밖에 없다. 그런데 이들이 하는 실수를 보면 우리가 어떤 특징을 의미 있는 것이라고 자연스럽게 암호화해서 입력하는지 알 수 있다. 가령, 어떤 사람이 젊은 아시아 여성이 하는 말을 들은 뒤 나중에 그 출처를 잊어버린다고 하자. 이런 경우, 나중에 그 출처가 나이 많은 히스패닉 남성보다는 젊은 아시아 여성(또는 다른 젊은이나 여성이나 아시아인)이라고 생각하게 될 공산이 크다. 마찬가지로 영화광들은 로렌스 피시번Laurence Fishburne을 린제이 로한Lindsay Lohan보다는 사무엘 잭슨Samuel Jackson과 혼동할 가능성이 더 크다.

커즈번 연구팀은 기억-혼동 연구에 흑인과 백인의 사진과 어록을 사용하면서 여기에 영리하게도 살짝 반전을 가미했다. 사람들을 두 그룹으로 나눈 뒤(두 그룹의 백인과 흑인 수를 똑같이 맞추었다), 색이 뚜렷이 구별되는 농구복을 입힌 것이다. 그 결과, 피실험자들은 여전히 인종에 근거한 실수를 저질렀다. "스트레칭 좀 해야겠어"나 "나가서 뛰고 싶어" 같은 말을 다른 사람이 한 것으로 잘못 생각했다. 그런데 이번에는 피부색이 아니라 운동복 색을 바탕으로 실수할 가능성이 가장 컸다. 이것을 현실 세계에 적용해서 말하자면, 스포츠 팬이라면—최소한 스포츠를 관람할 때는—선수 개개인의 피부색보다는 팀의 일원이라는 생각을 더 많이 한다.

이런 식으로 인종을 이해하는 방식은 심리학자 펠리샤 프라토Felicia Pratto와 짐 사이더니어스Jim Sidanius의 연구 결과와 잘 들어맞는다. 두 사람의 주장에 따르면, 사회는 세 가지 요인을 바탕으로 위계를 형성한다. 나이와 성별이 요인으로 작용하고, 세 번째 범주는 가변적이다.[188] 이 세 번째 요인은 인종일 때도 있지만, 종교, 민족성, 씨족 등 다른 어떤 사회적 요인도 다 가능하다.

### ♦ 언어 동질성이 만드는 사회적 유대감

연합 관계 이론은 최근에 있었던 영유아를 대상으로 한 연구 결과에 잘 부합한다. 가장 중요한 것이 연합 관계라면, 아이들은 피부색이나 그 밖의 신체적 특징에 초점을 두지 않을 것이다. 오히려 인간만의 고유한 것, 즉, 언어에 주목해야 할 것이다. 신체적 특징보다 언어가 훨씬 빨리 변화하기 때문이다(여러 집단이 한동안 떨어져 지내면 서로 다르게 말하기 시작한다). 언어는 연합 관계와 집단 소속 관계를 보여주는 상위 지표다.

언어와 연합 사이의 이런 연결 관계는 구약성서에 명시적으로 기록되어 있다. '쉽볼렛Shibboleth'[189]이라는 단어는 지금은 사람들의 계층이나 집단을 구별해주는 관습이나 믿음을 의미하는 말로 더 광범위하게 사용되기도 한다. 하지만 그 기원은 어떤 사람이 **우리** 중 한 명인지, 아니면 **그들** 중 한 명인지를 가려내기 위한 특수한 언어 테스트였다.

전해지는 이야기에 따르면, 길르앗 부족이 에브라임으로 이어지는 요르단강 여울을 장악했다고 한다. 에브라임은 얼마 전 그들이 싸워 이긴 경쟁 부족이 살던 곳이었다. 길르앗 사람들은 한 사람의 에브라임 난민도 검문소를 통과시키지 않기 위해 그곳을 지나려는 사람은 모두 '쉽볼렛'이라는 단어를 말하게 했다. 에브라임 방언에는 '쉬' 발음이 없어서, 난민이 '쉽볼렛'을 발음하면 길르앗 사람들이 발음을 듣고 색출해서 죽여버렸다. 미국인들도 2차 세계대전 동안 태평양 전장에서 이와 유사한 속임수를 썼다. 미군 검문소의 보초병들은 낯선 병사가 접근하면 '롤라팔루자Lollapalooza'[190]라는 말을 반복해보라고 외쳤다. 일본인들은 대부분 'L' 발음을 어려워하기 때문에 이 단어를 이상하게 발음하는 소리가 들리면 보초병들은 발포하곤 했다.

어린 아기들은 자기가 노출되었던 언어를 알아볼 수 있다. 심지어 모르는 사람이 이 언어로 말하더라도 다른 언어들보다 더 좋아한다.[191] 아기들이 공갈 젖꼭지를 빨아서 자기의 선호도를 표현하는 방법을 사용했던 실험에서는 러시아 아기들은 러시아어를, 프랑스 아기들은 프랑스어를, 미국 아기들은 영어를 더 좋아한다는 사실을 발견했다. 이런 효과는 태어난 지 단 몇 분 후에도 나타나는 것으로 보아, 아기들은 명확하지는 않아도 자궁 속에서 들었던 소리에 익숙해지고 있었음을 알 수 있다.

심리학자 캐서린 킨즐러Katherine Kinzler 연구팀은 아기들이 어떻게 사회라는 세상을 항해하게 되는지를 알기 위해 언어적 선호가 가져오는 결과에 주목했다. 한 연구에서 그들은 보스턴과 파리에서 생후 10개월 아기들을 실험 대상자로 삼았다.[192] 먼저,

아기들에게 영어 사용자와 프랑스어 사용자가 하는 말을 모두 들려준 다음, 각 언어 사용자가 아기들에게 장난감을 내밀게 했다. 보스턴 아기들은 대체로 영어 사용자가 주는 장난감으로 손길이 갔다. 파리 아기들은 프랑스어 사용자가 주는 장난감을 잡았다. 다른 여러 연구에서는 생후 12개월 아기들이 다른 언어로 말하는 낯선 사람보다는 자기 언어로 말하는 낯선 사람이 주는 음식을 더 잘 받는 것으로 나타났다.[193] 또, 2세 아이들은 자기 언어로 말하는 사람에게 선물을 주는 것을 더 좋아하고,[194] 5세 아이들은 자기 언어로 말하는 아이를 친구로 삼는 것을 선호하는 것으로[195] 확인되었다.

이와 같은 선택을 하는 것은 타당하다. 어쨌건 같은 언어로 말하는 사람과 친구가 되는 것이 더 쉬운 법이다. 그리고 다른 조건이 같다면, 같은 언어로 말하는 사람이 장난감과 음식에 대한 선호가 같을 가능성이 더 크다. 그런데 더 흥미로운 점은 이와 같은 효과가 '악센트'에서도 나타난다는 것이다. 아기들은 악센트가 있는 화자의 말을 완벽히 이해할 수 있더라도 악센트가 없는 화자를 쳐다보는 것을 선호한다.[196] 5세 아이들은 친구를 고를 때 프랑스어 악센트가 있는 영어보다는 미국식 영어로 말하는 아이들을 고를 공산이 더 크다.[197] 새로운 물건의 작동법을 배울 때 4~5세 아이들은 말할 때 악센트가 있는 화자보다는 원어민을 더 신뢰한다.[198] 따라서 언어를 통해 전달되는 어느 정도의 문화적 동질감이 아이들의 선호도를 형성한다는 사실을 알 수 있다. 이는 연합 이론이 예측한 그대로다.

짐작하다시피, 아이들의 인종적 편향 발달에 관한 연구[199]는 차고 넘친다. 최초의 실험 절차는 1930년대에 개발되었다. 한 어른이 아이들에게 인형 한 쌍―흰색 인형과 검은색 혹은 갈색 인형―을 보여준 다음, 다음과 같은 질문을 한다. "누구랑 같이 놀래?" "누가 못난 것 같니?" "누구 색이 곱니?" 1970년대가 되자 확장 버전이 개발되었다. 연구자들은 아이들에게 백인 소년과 흑인 소년의 사진을 보여준 다음, 다음과 같은 질문으로 시험한다. "여기 두 소년이 있어. 둘 중 한 명은 착한 아이야. 그 아이는 한번은 새끼 고양이가 호수에 빠진 것을 보고 물에 빠져 죽지 않게 건져서 구해줬어. 그 착한 소년은 누구일까?"

백인 아이들이 좋은 일 앞에서는 백인 아이에게, 나쁜 일 앞에서는 흑인 아이에게 마음이 갔다는 건 아마 그리 놀라운 일이 아닐 것이다. 그런데 많은 이들에게 충격을 준 것은 부부 심리학자 케네스Kenneth&마미 클라크Mamie Clark가 1930년대에 실시했던 초창기 연구였다. 그건 흑인 아이들도 백인 아이를 편애하는 경향이 있다는 결과였다. 미국 학교의 교내 인종차별을 종식시킨 '브라운 대對 교육위원회' 판결에 인용되기도 했던 이 연구는 미국 역사상 발달심리학 관련 가장 중요한 결과물이다.

그런데 이들 연구에 대해서는 각기 비판의 목소리가 있다. 심리학자 프랜시스 아부드Frances Aboud[200]는 실험 참가자들에게 가해진 요구 사항들에 모순점이 있다고 지적한다. 아이들은 선택을 강요받는데, 선택지들 사이에는 인종이라는 단 한 가지 차원에서만 차이가 있다는 것이다. 자기가 속한 집단을 선호하던지(그러면 인종주의자가 된다), 아니면 다른 집단을 선호하는 것이 유일한 선택지다(이 경우, 다른 의미에서 인종주의자가 된다). 아이들에게는 어떤 선택도 하지 않고 인종이 중요치 않다고 말할 기회가 없다.

더 잘 설계된 실험 방법을 적용하자 인종적 편향이 6세에 정립되는 것으로 확인되었다.[201] 심리학자 하이디 맥글로슬린Heidi McGlothlin과 멜라니 킬런Melanie Killen의 연구를 살펴보자. 6~9세 사이의 아이들에게 모호한 상황의 이미지를 보여주었다. 가령, 한 아이가 놀이터에서 아픈 표정으로 그네 앞에 앉아 있고 다른 아이가 그 옆에 서 있는 사진이었다. 어떤 때는 서 있는 아이가 흑인, 앉아 있는 아이가 백인이었고, 또 어떤 때는 인종을 반대로 바꾸었다. 그런 다음, 아이들에게 속이거나 훔치는 것으로 해석될 수 있는 행위들이 포함된 다른 장면들을 보여주었다. 그런 뒤, 아이들에게 그 장면을 설명해보고 관련된 질문에 답하도록 했다. 앞선 연구들과는 달리, 이들 연구에서 아이들은 인종을 고려하도록 강요되지 않았다. 그런데도 아이들은 인종을 고려했다. 백인 아이들은 사진 속 백인 아이가 피해자처럼 보이고 흑인 아이가 가해자처럼 보일 수 있는 경우에 사진 속 모호한 상황을 나쁜 행위에 해당하도록 묘사할 가능성이 더 컸다. 그런데 여기서 중요한 사실은 이 실험이 백인만 있는 학교에 다니는 아이들에게만 실시되었다는 것이다. 다인종 학교에 다니는 백인 아이들은 사진 속 등장인물의 인종에 영향받지 않았다.

다른 연구 결과에서도 아이들이 인종이 같은 또래 친구들을 더 좋아하고 그들이 더 나은 사람이라고 여기는 경우가 많은 것으로 발견된다. 하지만 이번에도 이런 연구는 대부분 단일 인종 학교에서 이루어졌다.[202] 다인종 학교를 대상으로 연구하면 아이들은 인종에 개의치 않는다.[203] 이러한 결과는 사회심리학자들이 말하는 '접촉 가설'[204]을 어느 정도 뒷받침한다. 올바른 상황에서 사회적 접촉이 편견을 줄인다는 개념 말이다. 이것으로 보아 다인종 학교가 올바른 환경을 제공하는 것 같다.

그렇다면 이들보다 어린 유아들은 어떨까? 3세 아이들을 대상으로 한 연구가 있다. 누구한테서 물건을 받을지, 또는 누구와 같이 활동할지 선택하라고 했을 때 아이들에게는 성별이 중요하고[205]—남자아이들은 남성을, 여자아이들은 여성을 선택하는 경향이 있다—나이가 중요했다. 아이들은 대체로 어른보다는 아이를 선택했다. 그리고 조금 전에 다루었듯, 언어도 중요했다. 아이들은 자기와 같은 언어로 말하고 외국어 악센트가 없는 사람들을 선택하는 경향을 보인다. 반면, 3세 아이들에게 인종은 상관없었다.[206] 가령, 백인 아이들은 흑인보다 백인을 더 선택하지 않는다. 인종적 편향은 나중에야 스며든다. 그것도 특정한 환경에서 양육되는 아이들에게만. 우리에게는 어떤 무리를 다른 무리보다 편애하는 타고난 편향이 있을 수 있다. 하지만 우리는 타고난 인종주의자는 아닌 것으로 보인다.

게다가 인종을 고려하는 더 나이 많은 아이들에게도 인종은 언어만큼 중요하지는 않다.[207] 예를 들면, 5세 백인 아이들에게 백인 아이와 흑인 아이 중에서 친구를 하나 고르라고 하자, 백인 아이를 선호하는 경향을 보였다. 하지만 말할 때 악센트가 있는 백인 아이와 악센트가 없는 흑인 아이 가운데 고르라고 하자, 흑인 아이를 골랐다.

### ♦ 사회적 분열은 어떻게 시작되는가

사람들을 끼리끼리 모아 연합체를 만드는 데에는 인종도 필요 없고 언어도 필요 없다. 많은 연구 결과, 연합체를 만들 때 정말로 중요한 것은 극히 얼마 되지 않는 것으로 밝혀졌다. 집단 충성심을 조장하고 사람들을 서로 싸우게 만들기만 하면 된다.

이와 관련된 가장 유명한 연구는 유럽 출신의 두 사회심리학자가 각자 별개로 진행한 것들이다. 1906년 튀르키예에서 출생한 무자퍼 셰리프Muzafer Sherif는 젊었을 때 그리스군에게 하마터면 살해당할 뻔했던 사람이다. 훗날 그는 나치에 대항한 죄로 1940년대에 투옥되기도 했다. 1919년 폴란드에서 출생한 유대인 헨리 타지펠Henri Tajfel은 프랑스인들과 함께 나치에 맞서 싸운 뒤 5년간 전쟁 포로로 감옥 생활을 했다. 그러니까 순화해서 표현하자면, 두 사람 모두 연합체에 대한 개인적 경험이 있었다.

셰리프와 타지펠은 둘 다 '그들'과 충돌하는 '우리'를 만들어 내려면 무엇이 필요한가에 관심을 가졌다.[208] 이것을 탐구하려면 현실 세계에서 일어나는 갈등을 관찰하는 것도 한 가지 방법이었을 것이다. 하지만 현실 속 갈등에는 복잡하고 오랜 역사가 반영되어 있다. 이스라엘인은 팔레스타인인에게 정당한 불만이 많을 수 있고, 그 반대 상황도 마찬가지다. 그런데 셰리프와 타지펠은 사람들을 나누는 데 필요한 '최소한의 것'이 무엇인지를 밝혀내고 싶었다. 그래서 그들은 오랜 역사적 기록을 지닌 실제 갈등을 조사하지 않았다. 그 대신 이전에는 존재하지 않았던 사회적 분열이 생기도록 각자 실험을 설계하여 진행했다.

1954년, 셰리프는 초등학교 5학년 학생 스물두 명—그의 설명에 따르면 '안정적인 가정' 출신의 중산층 백인 소년들—을 오클라호마의 로버스 동굴 주립공원 여름 캠프에 초대한다. 소년들은 두 그룹으로 나뉘어 그룹별로 오두막에서 따로 지냈다. 각 그룹은 서로 상대의 존재를 전혀 몰랐다. 캠프 첫 주에는 그룹별로 주변을 탐험하고 게임도 하면서 전반적으로 좋은 시간을 보냈다. 그룹명은 각각 '방울뱀'과 '독수리'로 정했다.

그런 다음, 실험자들은 첫 번째 접촉 기회를 마련한다. 셰리프는 캠프 관리인인 척하면서 아이들의 상호작용을 관찰했다. 그러자 한 소년이 상대방 그룹을 직접 보지도 않고 들은 이야기만을 바탕으로 '검둥이 캠퍼'라고 부르는 모습이 포착되었다. 연구자들이 두 그룹을 시합에 부치면서 이들의 관계는 조심스러운 적대적 관계에서 상당히 악화한 상태로 서서히 변해갔다. 이 작은 두 사회가 뚜렷이 구별되는 각자의 풍습을 강조하기 시작했다. 방울뱀은 욕을 남발했고, 독수리는 정제된 언어를 사용하는 것에 자부심을 느꼈다. 이들은 각자 깃발도 만들었다. 식당에서 같이 모여 먹는 것도 반대했다. 게다가 모두 백인이었는데도 인종차별적 욕설을 계속해서 사용했다. 마치 이런 욕설들이 다용도로 '타인'에게 쓰는 표현이기라도 한 것 같았다. 설문지 조사 결과, 아이들은 모두 자기 그룹원이 적보다 더 강하고 빠르다고 답했다.

방울뱀이 몇 번의 시합에서 이긴 다음, 독수리가 방울뱀의 깃발을 훔쳐 불을 붙인 뒤 새까맣게 타고 남은 깃발을 내걸어 보였다. 그러자 방울뱀이 보복에 나섰다. 독수리가 저녁을 먹느라 자리를 비운 사이에 그들의 오두막을 부숴버렸다. 독수리가 한 시합에서 이기자, 방울뱀이 그들이 받은 상―심리학자들이 준 칼―을 훔쳤다.

이렇게 되자 셰리프는 다음 실험 단계로 넘어갔다. 이번에는 두 그룹을 단결시킬 방법을 찾는 것이 과제였다. 말하자면, 시험관 속에서 세계 평화를 추구하는 셈이었다. 밥을 같이 먹거나 영화를 같이 보는 등 많은 시도가 있었지만 모두 허사로 돌아갔다. 그러다가 연구자들이 두 그룹의 존립을 위협하는 문제를 도입했다. 물을 공급하는 파이프가 수수께끼처럼 잘려 나가자 마침내 아이들은 단결했다. 공통된 명분, 어쩌면 공동의 적이 등장하면서 둘로 나뉘었던 파벌이 하나로 뭉친 것이다.

로버스 동굴 실험[209]은 불과 몇 주 만에 서로 물어뜯는 공동체를 탄생시킬 수 있음을 보여주었다. 상황 때문에 아이들은 자기와 자기가 속한 그룹을 동일시하게 되었다. 심리학자들은 두 그룹 사이의 경쟁만 부추긴 것이 아니다. 독수리와 방울뱀은 서로를 만나기 전에 그룹별로 모여 함께 살았다. 그런 만큼 아이들이 낯선 아이들보다 자기 친구를 신뢰하는 것은 합당해 보인다. 그렇다면 이런 사회적 지지가 전혀 없어도 연합체가 출현할 수 있을까?

바로 이것이 타지펠이 품은 의문이었다. 답을 찾기 위해 그는 간단한 실험을 했다.[210] 먼저, 성인들에게 일련의 추상화를 보여주고 순위를 매기게 했다. 그런 다음, 무작위로 그중 절반에게는 파울 클레Paul Klee의 작품을, 나머지 절반에게는 바실리 칸딘스키Wassily Kandinsky의 작품을 선호하는 경향이 있다고 말했다. 이 말 한마디만으로도 사람들이 집단 소속감을 느끼기에 충분했다. 나중에 실험 참가자들에게 다른 클레 애호가들과 칸딘스키 애호가들에게 돈을 나누어주라고 하자, 각자 자신이 속한 집단의 일원에게 돈을 더 많이 주었다. 그런다고 자신에게 돌아오는 이익이 있는 것도 아닌데 말이다. 이런 결과는 수차례 확인되었다.[211] 몇몇 연구에서는 플라톤적 이상에 부합하는 가장 완벽한 무작위 방법인 동전 던지기로도 사람들을 무리로 나눌 수 있음을 보여주었다.

이 같은 '최소 집단' 연구는 아동을 대상으로도 진행되었다.[212] 심리학자 레베카 비글러Rebecca Bigler 연구팀은 일련의 실험에서 여름방학 프로그램 참가 어린이들을 임의로 나누어, 일부에게는 파란색 티셔츠를, 다른 일부에게는 빨간색 티셔츠를 주었다. 교사들이 이런 차이를 언급하면서 아이들을 팀으로 나누어 겨루게 하자, 강력한 내집단 선호 현상이 나타났다. 아이들은 자기와 같은 색 (티셔츠를 입은) 아이들을 더 좋아했고 자기 그룹에 자원을 더 많이 할당했다. 다른 연구자들의 발견에 따르면, 교사의 명시적 신호조차도 필요하지 않았다.[213] 아이들에게 다른 색 티셔츠를 주거나 동전 던지기로 아이들을 분류하는 것만으로도 내집단 선호가 조성되었다. 이들 실험 대상 아이들은 자기 그룹에 돈을 더 많이 주었고, 자기 그룹이 더 훌륭하게 행동할 것으로 예측했다. 또한, 외집단 구성원이 저지른 나쁜 행위를 기억할 공산이 더 컸다.

그런데 사람들은 '아무' 차이나 다 포착하는 건 아니다. 사람들이 양쪽으로 마주 보고 앉아 있는 테이블 한쪽에 앉아 있는 사람은 같은 쪽에 앉아 있는 사람들과 반대쪽 사람들로 무리를 나누거나, 자기 왼편 사람들과 오른편 사람들로 그룹을 지을 수 있다. 하지만 이렇게 나누는 것은 어느 것도 심리학적으로 봤을 때 자연스러운 집단의 근거가 되지 못한다. 최소라 해도 '너무' 최소가 되기 때문이다.

그 대신, 어른이건 아이건 그보다는 자기 주변의 다른 사람들이 중요하게 여기는 차이점에 집중한다. 우리는 사회적 동물이다. 그래서 머리 대 꼬리, 빨간 셔츠 대 파란 셔츠, 클레 애호가 대 칸딘스키 애호가처럼 임의적인 구분이 중요하게 여겨지는 경우는 오로지 다른 사람들이 이런 구별을 중대시한다고 생각할 때뿐이다. 따라서 우리가 오로지 동전 던지기처럼 임의적인 것만을 바탕으로 무리를 짓는다는 말은 완전히 옳다고 할 수 없다. 중요한 건 동전 던지기 그 자체가 아니라, 동전 던지기의 결과가 다른 사람들에게 중요한 것이 분명한 사회적 상황에서 동전 던지기가 이루어진다는 사실이다.

범주의 사회적 본질을 보여주는 또 다른 사례를 들어보자. 앞서 아기들도 사람을 피부색에 따라 구별할 수 있다고 했던 것을 기억하는가? 하지만 아이들은 피부색에 따라 친구를 선택하는 편향을 어렸을 때부터 보이지 않는다. 유치원생들은 인종에 신경 쓰지 않는다. 일부 다인종 학교에 다니는 학동기 아동들도 마찬가지다. 만약 피부색이 사회적으로 의미 있게 중요하다면—흑인 아이들과 백인 아이들이 따로 앉는다면—아이들은 분명 알아챈다. 반면, 그렇지 않다면 알아채지 않는다. 태어나면서부터 우리는 구별을 지을 만반의 준비를 하고 삶의 여정을 시작했지만, 어떻게 구별할지 구체적으로 가르쳐주는 것은 우리의 환경이다.

우리가 사회적 그룹을 일반화할 때, 많은 경우 현실에 어느 정도 근거를 둔다. 과학 작가 데이비드 베레비David Berreby[214]의 저서 《우리와 그들, 무리짓기에 대한 착각》은 그가 사는 동네, 뉴욕의 거리를 관찰하는 것으로 시작한다. 거리에서는 거의 항상 여성들이지만 사람들이 아이를 유모차에 태우고 지나는 모습을 볼 수 있다. 그런데 그는 백인 여성이 백인이 아닌 아이와 지나는 모습을 보면 그 어른이 부모라고 짐작하지만, 백인이 아닌 어른이 백인 아이와 지나는 모습을 보면 그 어른이 보모라고 추측한다고 한다.

베레비는 이렇게 생각하는 자신이 어딘가 잘못된 것이냐며 수사적 질문을 던진다. 만약 그가 이런 양상에 예외가 없다고 생각한다면—백인이 아닌 어른이 백인 아이의 부모라고 생각하는 것이 '불가능하다면'—그 질문에 대한 대답은 예스일 수 있다. 하지만 베레비는 그것이 하나의 일반화일 뿐이지 절대적인 법칙이 아님을 너무도 잘 안다. 또 다른 사례로, 사람들은 유대인 대학 교수가 많은 것을 눈치채고 있을 것이다. 유대인은 전체 미국 인구의 1~2퍼센트, 그리고 내가 거주하며 학생들을 가르치고 있는 도시인 코네티컷주 뉴헤이븐 인구의 4퍼센트를 차지한다.[215] 나는 비록 통계 자료를 본 적은 없지만, 장담하건대 내 동료들 가운데 유대인 비율은 4퍼센트보다 훨씬 높다.

이러한 일반화의 기원에 대해서는 심리학이나 신경과학, 진화생물학보다는 역사학과 사회학을 통해 더 잘 이해할 수 있다.

가령, 미국 백인과 흑인 간의 심한 격차를 설명하면서 노예제와 흑인차별법이 남긴 유산을 언급하지 않는다면 어불성설이 될 것이다.

또 명심해야 할 것이 있다. 세상도 실험실 안과 마찬가지라는 것이다. 처음 시작할 때는 임의적인 차이였지만, 충분히 많은 사람이 그것이 진짜라고 믿으면 진짜가 되기도 한다. 사회적 차이를 뿌리 뽑는 일이 그토록 느리게 진행되는 이유가 바로 이것이다. 사회적 차이는 저절로 영속하기 때문이다.

베레비는 캘리포니아에서 학생 절반은 백인이고 절반은 흑인이었던 초등학교에 다녔던 이야기를 들려준다. 행정적인 이유로 선생님들이 학생들을 별자리에 따라 나누었는데,[216] 그런 분류가 사회적 의미를 지니게 되었다고 한다. 그는 이렇게 표현한다. "우리 황소자리 아이들은 얼마 지나지 않아 우리가 하나라고 느끼게 되었다." 그리고 얼마 지나지 않아 황소자리 아이들은 비슷하게 행동하는 경향을 보였고, 이것을 본 몇몇 선생님들은 별자리가 맞는 법이라고 확신하게 되었다. 마찬가지로, 용의 해에 태어난 아이들이 더 우수하다는 일부 아시아인들의 믿음도 살펴볼 만하다. 미국에 온 아시아 이민자들에 관한 연구에 따르면, 용의 해였던 1976년에 태어난 아이들이 다른 해에 출생한 아이들보다 실제로 교육을 더 잘 받은 것으로 나타났다.[217] 물론, 이것은 그해 자체가 정말로 영향을 주었기 때문이 아니라, 사람들이 그렇다고 믿기 때문이다. 연구 결과, 용띠 아기를 낳은 아시아 어머니들 자신이 다른 아시아 어머니들보다 교육을 더 받았고, 더 부유했으며, 약간 나이가 더 많은 것으로 나타났다. 그래서 이들은 용의 해에 아이를 낳도록 출산 전략을 더 잘 조정할 수 있었을 것이다.

집단 차이의 기원을 따지려면 마음을 다루는 학문의 영역을 벗어나야 한다. 하지만 이런 차이를 우리가 과연 어떻게 학습하는가 하는 의문은 기본적인 심리학 영역에 속한다. 게다가 그 답은 간단하다. 인간은 (그리고 다른 생명체들도) 타고난 통계꾼이기 때문이다. 현재에 대처할 유일한 방법은 과거를 바탕으로 한 일반화뿐이다. 의자는 앉을 수 있고, 개는 짖으며, 사과는 먹을 수 있는 것임을 우리는 경험으로 배운다. 물론, 부서지기 쉬운 의자, 짖지 않는 개, 독 사과처럼 예외는 있다. 그래서 그런 열외의 경우들은 경계할 만하다. 하지만 우리가 끊임없이 차이를 받아들이고 조화를 이루지 않는다면 삶은 불가능해졌을 것이다. 그렇지 않으면 우리는 새로운 의자나 개, 사과로 무엇을 할지 몰랐을 것이다.

우리는 사람들을 두고도 통계를 낸다. 사회심리학자 고든 올포트Gordon Allport는 고전이 된 그의 저서 《편견》에서 이렇게 표현한다. "우리는 범주의 도움을 받아 생각해야 한다…[218] 우리는 이런 과정을 아마도 피할 수 없다." 나는 거리를 걷다가 길을 물어야 하는 경우가 생기면 유아를 붙잡고 묻지는 않을 것이다.

유아들은 길을 잘 가르쳐주지 못한다는 것이 그들에 대한 내 고정관념이기 때문이다. 나는 허공에다 대고 소리를 지르는 사람에게도 묻지 않을 것이다. 그런 사람은 제정신이 아닌 사람에 대한 내 고정관념에 맞아떨어지고, 제정신이 아닌 사람은 대체로 믿을 만하지도, 도움이 되지도 않기 때문이다. 만약 살인자나 성폭행범이 도주 중이라는 뉴스를 듣는다면, 나는 두 눈 크게 뜨고 그를 조심해야겠다는 마음을 단단히 먹을지도 모른다. 그렇다, '그'를 말이다. 도주자가 여성일 수도 있지만, 내 직관은 통계에 따라 인도되기 때문이다. 게다가 실제로 다양한 연구 결과, 사람들에게 운동경기 성적이나 범죄성, 소득 등에 대해 질문하면, 인종과 민족 집단에 대한 그들의 고정관념이 대체로 정확한 것으로 밝혀졌다.[219]

그렇다면 대체 무엇이 문제라는 말인가? 일단, 도덕적 측면에서 우려된다. 아무리 고정관념이 정확하더라도, 때때로 고정관념을 써먹는 것이 잘못된 일일 수 있다. 여기에는 미묘한 문제가 있다. 우리는 사람들을 '어느 정도' 일반화하는 것에 대해 도덕적으로 거리낌이 없다. 가령, 우리는 나이를 근거로 차별하는 법과 정책에 반감이 없다. 그러는 데는 이유가 있다. 그렇게 하지 않을 수 없기 때문이다(아무나 운전하게 할 수는 없는 노릇이다). 그리고 고정관념이 사실에 뿌리를 둔 것이 워낙 뚜렷하기 때문이다(4세 아이들은 대부분 운전하기에는 정말로 너무 어리다). 이 같은 정책은 사람들 일부가 아닌 모두의 일생 중 한 시기에 적용되기에 상대적으로 더 공정해 보이기 때문이다. 시간문제일 뿐, 누구든 기회를 얻는다. 또 다른 사례로 생명보험회사를 들 수 있다. 이들 회사는 사람들의 흡연 여부와 체중을 근거로 일반화할 수 있도록 허용된다.

하지만 성별이나 인종, 민족성에 근거한 고정관념을 사용하는 것은 훨씬 우려스럽다. 한 가지 이유는 이것이 고통을 초래할 수 있기 때문이다. 그 고정관념이 정확하더라도, 차별당하는 사람들이 감당하는 비용이 차별하는 사람들의 효율 증가분을 초과할 수 있다. 또 한 가지 이유는 이것이 특정한 공정의 개념을 거스를 수 있기 때문이다. 풍자지 〈디 어니언〉이 티셔츠에 찍어 넣은 문구 가운데 "고정관념은 시간을 아껴준다"라는 것이 있다. 하지만 세상에는 소속 집단을 기준으로 사람을 대하는 것이 완전히 잘못된 일인 경우들이 있다. 그러므로 시간을 아끼려 들 것이 아니라 더 많이 들이는 편이 낫다.

또 다른 문제점은 고정관념이 경험적 데이터만이 아니라 연합 편향의 영향도 받는다는 것이다. 우리는 의자나 개, 사과와 관련된 통계는 왕성하게 습득하지만, 사람 문제 앞에서는 우리가 가진 편향이 우리의 결론을 왜곡시킬 수 있다. 클레 애호가들과 칸딘스키 애호가들을 또는 빨간 셔츠 아이들과 파란 셔츠 아이들을 두 무리로 나누는 순간에는 이들 사이에 실제 차이는 전혀 존재하지 않는다. 하지만 이후 그들은 실제 차이가 존재한다고 생각하게 되고 자기가 속한 무리가 객관적으로 더 우수하다고 믿게 된다. 이런 모습은 실험실 밖에서도 확인된다. 2차 세계대전이 시작된 후, 중국인과 일본인에 대한 미국인들의 태도가 뒤바뀌었다.[220] 진보적이고 예술적이라 여겼던 일본인들은 교활하고 기만적인 사람들이 되었고, 교활하고 기만적이라 생각했던 중국인들은 언행을 삼가고 격식을 차리는 사람들로 인식되었다. 마찬가지로, 러시아인들은 1942년에 미국인들과 함께 히틀러에게 맞서 싸울 때는 용감하고 근면하다고 여겨졌지만, 냉전이 시작된 1948년에는 잔인하고 거만한 사람들로 인식이 바뀌었다.

실제로 누군가를 외집단 소속이라고 생각하는 것만으로도 그 사람에 대한 우리의 감정에 영향을 준다. 앞서 우리는 아기들과 어린이들이 낯익은 악센트로 말하는 사람들과의 상호작용을 선호한다는 것을 확인했다. 마찬가지로, 어른들도 비원어민 악센트로 말하는 사람들은 덜 유능하고,[221] 덜 똑똑하고, 덜 교양 있고, 덜 매력적이라고 평가하는 경향이 있다. 다른 연구들에 따르면, 우리는 매우 낯선 외집단 구성원들에게는 질투나 후회처럼 인간에게만 있다고 여겨지는 감정들이 부족하다고 생각하는 경향이 있다.[222] 우리는 그들을 야만인, 또는 잘해야 어린아이로 보는 셈이다.

♦ **일반화의 함정**

심리학 실험에 참여하는 피실험자는 보통 북미나 유럽 출신의 대학생들이다. 이들이야말로 아마도 세상에서 가장 인종차별 의식이 없는 사람들일 것이다.[223] 익명성이 최대한 보장된 상태에서 시험하더라도, 이들은 부지런히 인종차별을 배척하는 경향을 보인다. 사실, 이 인구 집단 안에서 인종은 금기시된다. 인종은 두 가지 기준에서 금기 대상에 부합한다. 첫째, 인종은 외설스러운 것이다(인종차별적 용어들은 전형적인 욕설이다). 둘째, 인종은 희화화 대상이다(코미디언들 가운데는 "백인은 '이렇게' 하고 흑인은 '저렇게' 한다"라는 식의 소재로 먹고사는 사람들이 있다). 두 가지 면에서 모두 인종은 인간의 배설물이나 성행위와 같은 범주에 속한다. 배설물과 성행위, 이 두 주제는 다음 장에서 다룰 예정이다.

어린아이들은 애초부터 인종을 금기시하지는 않는다.[224] 한때 유행했던 누구인지 알아맞히는 보드게임 '게스 후'에서 영감을 받은 연구가 하나 있다. 연구자들은 8~11세 사이의 대부분 백인 어린이들로 구성된 집단에 열 명씩 네 줄로 배열된 사람 사진 마흔 장을 보여주었다. 그런 다음, 사진 중 하나를 가리키면서 아이들에게 될 수 있는 대로 '예/아니오'로 답할 수 있는 질문을 하면서(가령, "사진 속 사람이 여자니?") 이 사진에 맞게 범위를 좁혀나가라고 했다. 모든 사진이 백인 사진이었을 때는 10~11세 아이들이 8~9세 아이들보다 잘했다. 이것은 어디까지나 놀라운 결과가 아니다. 하지만 백인 사진과 흑인 사진이 섞여 있자, 나이가 더 많은 아이들이 더 못했다. 이 아이들은 "사진 속 사람이 백인이니?"와 같은 질문을 하는 걸 꺼렸기 때문이다. 이 아이들은 인종을 언급하는 것조차도 심적 비용을 지게 되는 발달 시점에 도달한 것이다. 실제로 사회심리학자들의 발견에 따르면, 공공연히 편견이 없다고 자부하는 백인 연구 대상자들은 흑인과 상호작용할 때 인종차별주의자로 보일까 봐 절박한 불안감[225]을 경험한다고 한다.

그런데 세상에서 가장 인종차별주의자가 아닌 사람들조차도 무의식적인 인종차별 편향이 있다[226]는 사실은 가장 흥미로운 심리학 발견 가운데 하나다. 백인 실험 대상자들을 상대로 컴퓨터 화면에 그들이 인식하지 못할 정도로 빠르게 흑인 얼굴을 섬광처럼 보여주면, 그들의 머릿속에는 공격과 관련된 생각이 떠오르는 경향을 보인다. 'HA_E'를 제시하고 빈칸을 채워 단어를 만들라고 하면, 그들은 'HATE'를 만들 공산이 크다. 또, 흑인 남성의 얼굴을 보면 편도체라는 뇌 부위가 크게 반응하기도 한다. 편도체는 특히 공포와 분노, 위협과 관련된 부분이다. 암묵적 연합 검사IAT를 하면, 검사 대상자 대부분은 백인 얼굴을 '기쁨'과 같은 긍정적 단어에, 흑인 얼굴을 '끔찍함'과 같은 부정적 단어에 더 즉각적으로 연계한다.

이 연구는 대중매체에 많이 소개되는데, 때때로 숨겨진 인종차별주의자를 색출하는 방법으로 그려진다. 내가 목격한 최악의 경우는 〈라이 투 미〉라는 TV 프로그램의 한 장면이었다.[227] 심리학자와 수사관으로 구성된 정예 팀이 IAT를 뒤죽박

죽으로 만든 테스트법을 사용해서 소방관 그룹 가운데 누가 혐오 범죄를 저질렀는지 알아내는 내용이었다.

그들은 한 소방관이 '신조 있는' 같은 긍정적 단어를 버락 오바마 등 흑인 얼굴과 연합하는 속도가 나머지 소방관들보다 느리다는 것을 발견한다. 그러고는 그것으로 결론은 끝난다. 나중에 그 소방관은 이의를 제기한다. "저는 인종차별주의자가 아닙니다." 그러자 질문자가 얼른 말을 낚아채어 대꾸한다. "아니라고 생각하시는 거겠죠." 이런 식의 미디어 묘사에 사회심리학자들은 얼굴을 찌푸리지 않을 수 없다. 소방관들이 실제 IAT로 테스트를 받는다고 해도, 인종차별주의자를 판별하는 데는 도움이 되지 않는다. 이 방법은 어디까지나 사람들의 무의식적 편향에 관한 종합적인 데이터 수집을 위해 개발된 것이지, 인종차별주의자 탐지법이 아니다.

정반대 입장의 몇몇 비평가들은 이런 연구 결과들로는 우리가 현실 세계의 고정관념과 편견에 대해 알 수 있는 바가 거의 없다고 주장한다.[228] 반응 시간이나 피부 전도성, 편도체 활성화와 같은 감지하기 힘들고 미묘한 측정치를 대체 누가 신경 쓴다는 말인가? 하지만 사실, 이런 측정치들은 사람이 다른 인종 사람과 상호작용할 때 얼마나 불편한지 등 정말로 중요한 고려 사항들과 상관관계가 있다.[229] 게다가 누군가를 고용할지 말지, 또는 도와달라고 외치는 사람을 도와줄지 말지 등 현실 세계에서 결정을 내릴 때도 같은 암묵적 편향이 드러난다.

이런 연구는 자기 자신과의 전쟁을 치르는 우리의 모습을 보여준다. 한 사람의 마음속에는 고용 여부를 결정할 때 인종 문제가 개입되어서는 안 된다고(혹은 더 나아가 소수 인종에게는 가점을 주어야 한다고까지) 믿는 쪽이 있는가 하면, 다른 쪽에서는 흑인을 선택하지 못하게 잡아끈다. 이런 긴장 관계는 도덕적 몸부림을 반영한다. 옳은 일에 대한 한 사람의 명시적 견해가 그의 직감과 충돌하는 것이다.

장담하건대, 향후 100년이 지나도 우리는 여전히 집단 차원에서 추론을 이어갈 것이다. 그때가 되어도 우리가 지닌 편향을 일부 유지하고 몇몇 편견을 고수할 테니 말이다.

그렇게 되는 이유 가운데 하나는 실제로 집단 차이가 존재하기 때문이다. 가령, 미국인들은 몇몇 아시아 국가 출신 학생들의 성적이 평균보다 높다는 고정관념을 흔히 가지고 있는데, 실제 대학교에 지원하는 아시아인들의 SAT 점수는 평균 이상이다.[230] 그렇다면 이런 사실을 논하는 것을 완전히 금기시하거나, 아시아인이 아닌 사람들이 거론하는 것을 금기시할 수는 있다. 하지만 세뇌나 집단 최면을 하지 않는 한, 사람들의 뇌를 되돌려 그들의 머릿속에 있는 지식을 사라지게 할 수는 없다.

게다가 이런 일반화 가운데 몇몇은 아마도 집요하게 살아남을 것이다. 소위 인종이나 민족이라는 집단은 집단마다 유사점을 공유하는데, 그 이유는 이른바 가족이라는 집단이 집단마다 유사한 것과 몇 가지 점에서 같다. 직계가족 구성원들이 유전자를 공유함으로써 뚜렷한 특징을 가지게 될 가능성이 커지듯, 여러 가족이 무리를 이룬 더 큰 규모의 인간 집단 구성원들도 마찬가지다. 무엇보다도, 함께 사는 사람들은—가족이나 가족 무리는—시간이 지나면서 어떤 특성을 공유하게 된다. 독특한 음식을 먹고, 특정 활동에 참여하며 독특한 식으로 말하고, 특정한 가치를 지니게 된다. 문화 차별화는 금세 일어난다. 동독과 서독, 북한과 남한으로 갈라진 분단국가가 그 좋은 사례다.

우리 안에 편향이 남아 있을 수밖에 없는 또 다른 이유는 우리에게 연합하려는 본성이 있다는 것과 관계있다. 우리는 자기가 속한 무리를 편애한다. 이는 최소 집단을 대상으로 한 실험에서 입증된 것이지만, 나라와 지역, 친족이라는 유대 관계에 따라 팔이 안으로 굽는 현실 세계에서도 어디까지나 명백한 사실이다. 여기서 가장 끈끈한 유대는 친족 관계다. 그동안 가족으로 묶인 특별한 끈을 풀고 국가나 교회 같은 다른 집단이 가족을 대신하게 하려는 온갖 시도가 있었다. 그러나 모두 실패했다.

실제로 인종과 민족성은 친족 관계와 공유하는 부분이 있다. 사람들을 이런저런 범주로 분류한다고 하면, 가장 진보적이고 인종차별에 확고히 반대하는 사람들이라도 생물학적 친척을 찾는 문제로 이해한다. 심리학자 프란시스코 길-화이트Francisco Gil-White의 지적처럼, 어떤 사람이 자기는 2분의 1은 아일랜드, 4분의 1은 이탈리아, 4분의 1은 멕시코 사람이라고 말한다면, 이 말은 그의 사고방식이나 소속을 밝히는 것이 아니라 그의 조상의 민족성을 밝히는 것이다.[231]

긍정적인 면에서 본다면, 우리가 자기 자신과 타인을 집단으로 분류하려는 경향은 우리에게 진정한 쾌락을 준다. 사람들은 그들의 문화와 언어가 소멸하기를 '바라지' 않는다. 우리는 특정 공동체에 소속되는 것에서 기쁨을 얻는다. 우리 가운데에는 다른 집단을 더 나쁘게 보는 사람들을 탐탁지 않게 여기는 사람들이 많다. 반면, 자기가 속한 집단을 자랑스럽게 여기고 걱정하는 것은 대체로 잘못이라고 보지 않는다.

내가 어렸을 적 퀘벡에서 살 때, 우리 동네에 살던 유대인들은 러시아에 사는 유대인들을 돕는 활동에 적극적으로 참여했다. 그들에게는 말도 안 되게 먼 나라에 사는 생면부지의 사람들이었지만, 같은 민족이기에 중요했다. 프랑스 시민들은 다른 나라 정부가 프랑스 시민을 부당하게 투옥하면 격노한다. 이탈리아인들은 앞으로 만날 일 없는 다른 이탈리아인들이 이룬 업적에 자부심을 느낀다.

이 장을 집필하는 중에 나는 한 동료로부터 어떤 사람을 후원하는 정치 행사 초대장을 받았다. 그가 선출되면 "미국 본토 최초의 중국계 상원의원"이 된다고 했다. 그런데 이 초대장을 보낸 사람도 중국계 미국인이라고 하면 뜻밖의 얘기가 될까?

종교와 민족주의에 격하게 반대하는 사람들조차도 다른 방식으로 공동체가 주는 기쁨을 찾는다. 직계가족이나 친구들 모임, 직업상 알게 된 사람들로 이루어진 공동체를 통해 기쁨을 얻는다. 그런데 임의적인 예로, 자신을 심리학 교수 공동체의 일원으로 보는 것과 가톨릭 신자 혹은 그리스인이나 미국인으로 보는 것은 차이가 있을 수 있다. 하지만 그래도 따뜻한 마음과 자부심, 소속감은 똑같이 느낀다. 심지어 베레비는 우리가 인간 집단에 초점을 맞추는 것이 "인간의 상상력과 창조적 쾌락을 낳는 타고난 원천 중 하나"[232]라고까지 했다.

물론, 우리의 편협한 본성에 따른 이익이 그런 본성이 초래하는 비용을 결코 능가할 수 없다는 반박도 있을 수 있다. 모든 내집단에는 반드시 외집단이 있다. 그래서 문제가 생기는 것이다. 유대인과 독일인이 없었다면 홀로코스트도 없었을 것이다. 투치족과 후투족이 없었다면 르완다 학살도 없었을 것이다. 그렇더라도 인류를 집단으로 나누는 것을 대체할 마땅한 대안이 있는지는 여전히 분명치 않다. 진정으로 보편주의적인 민족이 인간적으로 가능한지, 우리가 문화나 나라, 혈연으로 맺어진 유대 관계에 진정으로 무심하면서도 훌륭하고 괜찮은 사람이 될 수 있는지는 누구도 알 수 없다.

철학자 크와메 앤서니 아피아Kwame Anthony Appiah[233]에 따르면, 멀리 떨어진 이방인과의 교류도 "언제나 특정한 이방인과 교류가 되는 법이다. 그러면서 대개는 신원을 공유함으로써 따뜻한 마음도 생긴다." 미국의 그리스도교 신자들은 수단의 동료 그리스도교인들에게 돈을 보낼 것이다. 작가들은 전 세계 작가들의 자유를 위한 캠페인을 벌일 것이다. 스웨덴 여성들은 남아시아 여성들의 권리를 지지할 것이다. 아피아는 이 문제에 대한 키케로Cicero의 생각을 인용한다.[234] "우리가 가장 밀접하게 연결된 사람들에게 가장 큰 친절을 베풀 때 사회와 인간의 동료애가 최고로 발휘된다."

또한, 우리는 연합 편향이 급발진을 시작했다고 느끼면 우리의 지성을 이용해서 브레이크를 밟을 수 있다. 가령, 보편적 인권 보호를 목표로 삼은 협약과 국제기구를 창설한다. 또한, 심사위원들이 의식적으로든 무의식적으로든 후보자의 인종—또는 평가 대상 항목이 아닌 모든 것—에 편향되지 않도록 설계된 블라인드 심사와 블라인드 오디션 같은 절차를 이용한다. 소수집단의 대표성을 충분히 보장하기 위해 할당제와 다양성 요건을 만들어 결정 과정에서 자신만의 선호와 안건을 가진 개인의 개입을 배제한다.

하지만 내가 말하고자 하는 핵심은 위에 열거한 해법들이 올바른 해법이라는 것이 아니다. 실제로 이들 해법이라고 모두 옳을 수는 없다. 서로 충돌하기 때문이다. (인종을 보지 않는 대학 입학 과정은 인종을 무시한다. 반면, 할당제와 다양성 요건은 명시적으로 인종을 고려한다.) 그보다는 여기서 핵심은 우리가 관습과 법의 도움을 받아 우리가 잘못되었다고 생각하는 편향을 근절하는 상황을 설계할 수 있다는 것이다.

도덕적 진보는 이런 식으로 이루어지는 것이 더 일반적이다. 보통 우리는 좋은 의도와 의지력만으로 더 나아지지 않는다. 대개 다이어트나 금연을 할 때, 성공을 바라고 열심히 노력하는 것만으로는 성공하지 못한다. 하지만 우리는 영리한 동물이라, 지성을 사용해서 우리가 가진 정보를 관리하고 선택을 제한할 수 있다. 그리하여 우리의 더 나은 자아가 우리에게 없는 편이 더 나을 것 같은 직감과 욕구를 극복할 수 있게 만든다.

바로 이런 방법으로 우리는 자기가 속한 집단을 다른 집단들에 비해 편애하는 우리의 타고난 성향에 대처한다. 그런데 알고 보니 우리 본성에는 우리가 극복해야 할 훨씬 더 추한 측면이 있는 것으로 드러났다.

# JUST BABIES

## The Origins of Good and Evil

# 5장

# 몸

선악의 기원

**Just Babies**

### ♦ 인간은 왜, 무엇을 혐오하는가?

혐오는 악으로 이끄는 강력한 원동력이다. 어떤 집단을 소멸시키거나 소외시키고 싶다면, 바로 이 감정을 끌어내야 한다. 화학자이자 작가인 프리모 레비Primo Levi는 나치가 어떻게 유대인 수감자들을 화장실에 가지 못하게 했는지[235] 그리고 이것이 어떤 효과를 낳았는지 들려준다. "SS 친위대는 남녀 할 것 없이 플랫폼과 철로 한가운데 가능한 한 어디서든 쪼그리고 앉아 볼일을 보는 모습을 보며 노골적으로 재미있어 했다. 독일인 승객들은 대놓고 혐오감을 표현했다. '저 사람들 하는 것 좀 봐, 저런 운명이 된 것도 당연하지.' '저들은 멘셴Menschen, 즉 인간이 아니라 동물이야. 이건 명백한 사실이야.'"

그런데 이런 반응에 불을 지피기 위해 '실제로' 다른 사람들을 혐오스럽게 만들 필요도 없다. 더 일상적인 방법은 상상력의 힘을 이용하는 것이다. 특정한 사람들이 얼마나 꾀죄죄하고 얼마나 악취가 나는지 이야기를 들려주면 된다. 볼테르Voltaire는 유대인에 대해 이렇게 말했다. "이 사람들은 어찌나 청결과 일상 예절에 무관심한지, 입법자들이 법을 만들어 손 씻는 것조차 강제해야 할 정도였다." 나치처럼 비유를 사용해도 된다. 그들은 '유대인'을 '혐오스럽게 부드러우면서 구멍이 숭숭 뚫리고,[236] 액체를 받아들여 끈적끈적하고, 끈끈한 점액질의 계집애 같은 존재, 즉, 독일 남성의 깨끗한 몸속에 사는 더러운 기생충'이라고 묘사했다. 혐오 대상이 되는 집단은 흔히 쥐나 바퀴벌레 같은 혐오스러운 생물과 비교된다. 이것은 아르메니아인, 투치족 등을 상대로 모든 집단 학살에서 사용한 수사법이다.

혐오감을 끌어내는 집단이 반드시 민족이나 인종일 필요는 없다. 조지 오웰George Orwell은 계급분화에 있어서 혐오의 역할을 웅변적으로 잘 표현하고 있다.[237]

이제 당신은 서방세계의 계급 간 차이에 숨어 있는 진짜 비밀을 알게 된다…. 그것은 무시무시한 네 단어로 요약된다. 요즘 사람들은 입에 올리기 꺼리는 말이지만, 내가 어렸을 적에는 아주 자유롭게 입에 오르내리던 말이다. 네 단어로 된 그 말은 바로 이것이다. '하층 계급은 악취가 난다.'

우리는 그렇게 배웠다—하층 계급은 악취가 난다고. 자, 분명 당신은 넘을 수 없는 장벽을 여기서 마주하게 된다. 좋거나 싫은 어떠한 느낌도 몸으로 느끼는 느낌만큼 근본적이지 않기 때문이다. 인종 혐오, 종교적 혐오, 교육과 기질, 지적 능력의 차이, 심지어 도덕률의 차이도 극복될 수 있다. 하지만 몸으로 느끼는 역겨움은 넘어설 수 없다. 살인자나 동성애자에게 애정을 품을 수는 있지만, 입냄새가 고약한 남자에게 애정을 느낄 수는 없다—상습적으로 고약한 사람 말이다. 당신이 얼마나 그가 잘되기를 바라건, 얼마나 그의 사고방식과 인성을 존경하건, 그의 입냄새가 고약하다면 그는 끔찍한 사람이며 당신은 마음속 깊은 곳에서 그를 혐오하게 된다.

앞에서 우리는 도덕적 행동을 유발하는 과정에서 공감의 역할을 탐구했다. 공감은 사람들이 더 배려하게 만든다. 공감은 연민과 염려, 이타심을 북돋운다. 혐오는 정반대 효과를 준다. 우리를 무관심하게 만들거나 그보다 더하게 만든다. 혐오에는 잔혹함과 인간성 말살을 선동하는 힘이 있다.

혐오감을 일깨우는 일은 쉽다. 음식을 담아둔 밀폐 용기를 연다고 상상해보자. 킁킁거리며 냄새를 잘 맡아보니, 안에 있는 햄버거가 상했다. 대부분의 사람들은 일순간 메스꺼움을 포함한 특정한 느낌을 느낀다. 이런 느낌이 들면 특별한 표정('웩'하면서 역겨워하는 표정—코를 찡그리고, 입을 꼭 다물고, 혀를 앞으로 밀 때 나오는 표정)이 동반되면서, 저리 치워버려야겠다는 열렬한 욕구가 뚜렷이 생긴다. 냄새 맡기도, 만지기도, 당연히 먹고 싶지도 않다.

어떤 대상이나 물질, 경험[238]은 확실히 이런 반응을 일으킨다. 혐오에 관한 탁월한 연구자로 평가되는 폴 로진Paul Rozin은 사람들의 '혐오 민감성'을 측정하는 등급[239]을 개발했다. 로진 연구팀이 실험 대상자들에게 평가하도록 한 몇 가지 항목을 소개한다. 다음과 같은 경험을 하면 당신은 얼마나 혐오감을 느끼는가?

- 공중화장실 변기 안에 물을 내리지 않아서 남아 있는 대변을 발견한다.
- 친구의 반려묘가 죽었는데, 사체를 당신 손으로 집어야 한다.
- 사고가 나서 내장이 드러난 남자를 목격한다.
- 철로 아래 터널을 걸어 지나는데 소변 지린내가 난다.

여러분은 각자 느끼는 정도가 다를 것이다. 강의나 강연에서 이 항목들을 소리 내어 읽으면, 어떤 사람들은 대체 왜 난리인지 몰라 하는가 하면, 토할 것 같아 하는 사람들도 있다. 한번은 심리학개론 대형 강의실에서 이 문장들을 파워포인트로 보여주자 한 학생이 강의실 밖으로 뛰쳐나간 일도 있었다. 로진 연구팀의 연구 결과, 사람들의 혐오 민감성 등급을 보면 얼마나 기꺼이 혐오스러운 행동을 할 수 있는지 알 수 있다[240]고 한다. 바퀴벌레를 집거나 방금 죽은 돼지의 머리를 만지는 것 같은 행동 말이다.

실험을 바탕으로 연구하고 여러 문화를 비교 관찰한 결과, 사는 곳에 상관없이 사람들은 피, 피 흘린 모습, 토사물, 대변, 소변, 썩은 살에 역겨움을 느끼는 것으로 알려졌다. 이런 것들은 로진이 말하는 '핵심 혐오'를 불러일으킨다. 우리에게 참 안타까운 일이지만, 이런 물질들은 삶에서 떼려야 뗄 수 없는 것들이기도 하다. 한 유명한 어린이책의 제목이 《누구나 눈다(일본의 그림 동화 작가 고미 타로의 작품-옮긴이)》이듯 말이다. 우리 몸과 우리가 사랑하는 사람들의 몸에서는 온갖 물질이 뿜어져 나오고, 뚝뚝 떨어지고, 줄줄 흐른다. 역겨운 정도는 물질마다 다르다. 대변, 소변, 고름은 참으로 고약한 반면, 사람들은 다른 사람의 정액과 타액은 기꺼이 받아들인다. 땀은 콧물보다는 낫다. 적어도 뱀파이어 소설에서는 피를 마시는 것이 역겹지 않고 에로틱하게 느껴지기도 한다. 흥미롭게도 몸에서 나오는 물질 가운데 혐오감을 거의 불러오지 않는 것이 하나 있다. 바로 눈물이다. 로진은 눈물이 혐오 대상에서 제외되는 이유는 우리가 눈물을 인간에게만 있다고 생각하기 때문이라고 주장한다. 하지만 나는 윌리엄 이언 밀러William Ian Miller의 설명이 더 타당하다고 본다. 즉, 눈물은 '투명하고, 액체 상태이며, 들러붙지 않는 성질을 지니고, 냄새가 없으며, 깔끔한 맛이 나는' 탓에 혐

오 물질들이 지니는 물리적 특성이 없어서 혐오스럽지 않은 것이다.[241]

사람들 가운데는 생계를 위해 이런 혐오 물질을 다루어야만 하는 경우가 있다. 여기에는 부상자나 병자, 죽은 사람을 상대하는 일을 하는 사람들이 포함된다. 또 어떤 사람들은 자신이 얼마나 강인한지 혹은 영적인지 보여주기 위해 혐오스러운 활동에 일부러 참여하기도 한다. 아니면 TV 프로그램 〈피어 팩터〉에서처럼 다른 사람들에게 오락거리를 제공하기 위해 혐오스러운 행동을 하는 사람도 있다. 하지만 나머지 모든 조건이 같다면, 우리는 로진의 핵심 혐오 목록에 있는 사항들을 어떻게든 피하려고 애쓰는 것이 일반적이다.

그러나 우리가 처음부터 그랬던 건 아니다. 아기들은 혐오를 모른다. 프로이트Freud는 《문명 속의 불만》에서 이렇게 표현한다. "배설물은 아이들에게 혐오감을 자극하지 않는다.[242] 그들에게는 자기 몸에서 나온 자기 몸의 일부이기에 소중한 것처럼 보인다." 어른들이 한눈을 팔면 영유아들은 온갖 혐오스러운 것들을 만지고 심지어 먹기까지 한다.[243] 로진 연구팀은 발달심리학 분야에서 가장 멋진 연구 가운데 하나를 하면서 이런 실험을 했다. 2세 미만 아이들에게 개똥이라고 하면서 '땅콩버터와 냄새가 강한 치즈를 재료로 진짜 개똥처럼 만든' 것을 주었다. 그러자 아이들은 대부분 다 그것을 먹었다. 또, 대부분이 작은 말린 생선도 통째로 먹었고, 약 3분의 1은 메뚜기도 먹었다.

그러다가 유아기 어느 때가 되면 스위치가 켜지듯 아이들은 어른처럼 세상에 있는 많은 것들을 혐오하게 된다. 심리학자들은 이런 변화를 일으키는 것이 무엇인지 많이 궁금해한다. 그중 많은 이들이 프로이트의 이론을 추종하면서 배변 훈련이 트라우마를 남기는 것이라고 지적한다. 나는 우리 집 아이들이 어렸을 때, 페넬로페 리치Penelope Leach가 쓴 훌륭한 육아 서적들 가운데 하나를 읽었다. 그 책에서는 이렇게 조언했다.

> 자녀가 배설물에 대한 당신의 혐오감을 공유하게 만들려고 애쓰지 말라.[244] 당신의 자녀는 그 배설물이 자기에게서 나온다는 것을 방금 알게 되었다. 그의 눈에 배설물은 자기에게 속하는 흥미로운 산물로 보인다. 당신은 서둘러 유아용 변기를 비우고, 코를 찡그리며 깔끔 떨면서 손가락 끝으로 아이의 옷을 갈아입히고, 아이가 자기 변기 속 내용물을 살펴보거나 문지르면 화를 내는가? 그렇다면 당신은 자녀의 감정을 상하게 만드는 것이다. 그렇다고 자녀의 즐거운 관심을 공유하는 척할 필요는 없다. 어른들이 배설물을 가지고 놀지 않는다는 것을 알게 되는 것도 성장의 일부다. 하지만 배설물이 더럽고 역겹다는 것을 자녀가 느끼게 만들려고 애쓰지 말라. 그의 배설물이 당신에게 혐오스럽다는 것을 알면, 그는 당신이 자기 또한 혐오스럽게 생각한다고 느낄 것이다.

부모의 공공연한 혐오감은 아이에게 무례한 것이라는 리치의 주장은 옳을 수도 있지만, 그 외 나머지 내용은 모두 잘못되었다.[245] 아이는 마치 자의적인 문화적 관행이기라도 하듯 '어른들이 배설물을 가지고 놀지 않는 것'을 발견하는 게 아니다. 이것은 '어른들이 발까지 붙어 있는 잠옷을 입지 않는' 것을 알게 되는 것과는 다른 문제다. 그 대신, 아이들은 배설물이 역겹다는 것을 알게 된다. 이런 통찰은 어른의 반응을 관찰하는 것에 따라 달라지지 않는다. 많은 사람이 리치의 육아서를 읽고 그녀의 조언을 받아들였지만, 이 책이 출판된 지 20년이 지난 지금도 변함없이 사람들은 여전히 응가를 혐오하는 것을 보면 알 수 있다.

배변 이론으로는 충분치 않은 이유는 또 있다. 배뇨와 배변의 경우, 사회마다 관행이 매우 다르다(심지어 화장실이 없는 사회도 있다). 하지만 혐오감은 보편적이다. 피와 토사물과 썩은 고기는 역겹지만, 배변 훈련과는 아무런 관계가 없다. 어른들이 신체 부산물을 역겨워한다는 이유만으로 아이들이 자기의 신체 부산물을 역겨워하는 것이 사실이라고 하더라도, 이런 질문만 되돌아올 뿐이다. 그렇다면 '어른들은' 왜 그런 식으로 반응하는 걸까?

더 그럴듯한 이론은 핵심 혐오가 적응에 도움이 되는 역할을 한다는 것이다. 이 이론에 따르면, 혐오는 학습되는 것이 아니라, 아기가 특정한 발달 단계에 이르면 자연히 생겨나는 것이다. 이렇게 되는 타이밍에는 어떤 의미가 있다. 만약 혐오가 너무 일찍부터 나타나기 시작하면, 아기는 자라는 내내 자기 배설물을 혐오하면서도 어떻게 하지도 못하는 처지가 될 것이기 때문이다. 자연선택은 그렇게 쓸데없이 잔인하지는 않을 것이다.

혐오가 일종의 적응이라면, 무엇을 위한 적응인 걸까? 가장 대중적인 설명은 우리가 나쁜 음식을 먹지 않도록 보호하기 위해 혐오가 진화했다[246]는 것이다. 실제로 혐오를 뜻하는 영어 단어 disgust는 '나쁜 맛'이라는 의미의 라틴어에서 파생된 것이다.

이 이론을 뒷받침하는 근거는 많다. 첫째, 다윈이 말했듯, 얼굴에 뚜렷이 드러나는 혐오의 표정은 애써 냄새를 맡지 않으려는 행위, 입에 가까이 오지 못하게 차단하는 행위, 이미 입안에 들어온 것을 혀로 밀어내는 행위와 잘 들어맞는다. 우리가 역겨울 때 입을 크게 벌리지 않는 것은 결코 우연이 아니다. 사실, '역겨운 표정'은 실제로 구역질할 때 짓는 표정과 같은데, 이 표정이 원조인지도 모른다. 둘째, 혐오로 인해 느끼는 토할 것 같은 느낌은 먹으려는 의욕을 꺾는 역할을 한다. 셋째, 잘못된 음식을 먹는다는 생각만으로도 우리의 혐오 반응이 촉발될 수 있다. 다윈은 아마도 빅토리아 시대 풍의 과장을 조금 섞어서 이렇게 표현한다. "놀라울 따름이다. 어떤 사람들은 평소 먹지 않는 동물의 고기처럼 특이한 음식을 먹는다는 생각만으로도 얼마나 즉각적으로 구역질을 하거나 실제로 구토를 하는지 모른다."[247] 넷째, 전체적으로 구역질하는 비율이 느는 것을 통제하더라도, 임산부는 태중의 태아가 독에 가장 민감한 시기에 유독 혐오 민감성이 높다.[248] 다섯째, 사람들은 혐오스러운 사진을 보면 후각, 미각과 연관된 전방 섬상세포군 피질이 활성화된다.[249]

물론, 혐오는 전적으로 타고나는 것이 아니다. 사람마다 어떤 것에 혐오감이 드는지 상당한 차이가 있기 때문이다. 나는 쥐나 딱정벌레, 개를 먹는다고 생각하면 구역질이 나지만, 어떤 사회에서 자란 사람들은 이런 음식들을 더없이 맛있다고 여긴다. 따라서 어느 정도 학습이 이루어지는 것은 틀림없다. 이런 결론은 나쁜 음식 이론에 부합한다. 인간은 로진이 명명한 '잡식동물의 딜레마'에 직면한다. 우리가 먹는 음식은 매우 광범위한데, 그중 일부는 우리의 목숨을 앗아갈 수도 있는 탓이다. 그래서 우리는 현지 환경에서 먹을 수 있는 것과 없는 것이 무엇인지 학습해야만 한다. 이렇게 학습하는 동안 음식, 특히 고기는 무해함이 입증될 때까지는 유해한 것으로 간주된다. 누구도 내게 생쥐 튀김을 먹는 것이 역겨운 일이라고 말한 적 없다. 그래도 내가 이것을 역겹게 생각하는 이유는 유년기라는 결정적인 시기에 내 주변 사람들이 한 번도 그것을 먹지 않았기 때문이다.

그런데 혹자는 음식을 바탕으로 한 이론은 불완전하며,[250] 혐오는 우리에게 더 일반적으로 병원균과 기생충을 피하라고 경고하기 위해 진화했다[251]고 주장한다. 인류학자 발레리 커티스 Valerie Curtis 연구팀은 인터넷으로 165개국 출신의 4만 명이 넘는 사람들을 대상으로 어떤 이미지에 혐오감을 느끼는지 조사했다. 그 결과, 질병 가능성이 보이는 사진들이 특히 역겨운 것으로 평가되었다. 가령, 고름과 염증이 있는 피부 병변 사진이 깨끗한 화상 사진보다 역겹다고 여겨졌다. 사람들은 열나고 얼굴에 발진이 돋은 것처럼 보이게 만든 사람을 보고도 다소 혐오감을 느꼈다. 또한, 이 이론은 씻지 않은 낯선 사람의 냄새가 왜 그토록 역겨울 수 있는지 그 이유도 포착해낸다. 이유는 깨끗하지 않은 건 질병의 징후이기 때문이다.

언제나 예리한 눈으로 인간 본성을 관찰했던 찰스 다윈은 티에라델푸에고에서 지낼 때 자신이 직접 체험했던 혐오감에 대해 들려준다. "내가 야영지에서 차갑게 보관한 고기를 먹고 있는데, 한 원주민이 와서 손가락으로 그 고기를 만졌다.[252] 그러더니 고기가 부드럽다고 노골적으로 혐오를 드러냈다. 반면, 나는 벌거벗은 미개인이 내 음식을 만지는 것을 보고 그야말로 혐오를 느꼈다. 그의 손이 더러워 보이지 않았는데도 말이다."

사람도 혐오감을 불러올 수 있다. 혐오감이 진화한 이유 가운데 하나가 질병 예방이 맞다면, 사람이 혐오스러운 건 자연히 뒤따르는 수순이다. 우리는 질병 매개체이기 때문이다. 하지만 우리는 더 기본적인 차원에서 혐오스럽다. 우리는 살로 이루어진 존재이며, 핵심 혐오를 유발하는 모든 물질과 연관되어 있다. 성 아우구스티누스 Saint Augustine의 표현을 빌자면, "우리는 소변과 대변 사이에서 태어난다Inter faeces et uriam mascimur."

죽은 쥐나 토사물 더미로 인해 유발되는 혐오감은 도덕적으로 중립적일 수 있다. 하지만 우리가 동료 인간에게 느끼는 혐오감은 더 문제가 된다. 혐오감은 역겨움이나 증오와 똑같은 것이 아니다. 우리는 본능적으로 전혀 혐오감이 들지 않는 사람인데도 그를 증오할 수 있다. 물론, 우리는 경멸하는 사람들을 향해 혐오의 수사적 표현을 쓰고 싶은 유혹이 자주 들기는 한다. 가령, "저 사람은 구역질 나!" 같은 표현 말이다. 반대로, 증오나 역겨움 같은 어떤 종류의 부정적 감정이 없으면서도 혐오감이 들 수 있다. 자녀의 기저귀를 갈거나 자녀의 토사물을 치울 때 메스꺼움이 올라올 수도 있지만, 그렇다고 자녀를 증오하게 되지는 않는 것처럼 말이다. 그래도 혐오감은 그럴 가능성을 높인다. 다른 조건들이 같더라도, 누군가에게 역겨움을 느끼면, 그를 밀쳐내게 된다.

혐오는 공감의 정반대다. 많은 상황에서(모든 상황은 아니더라도) 공감이 연민으로 이어지듯, 혐오는 대개(항상 그런 것은 아니더라도) 밀어내고 싶은 마음, 즉 반감으로 이어진다. 공감은 다른 사람이 인간임을 인식하게 만들지만, 혐오는 상대방을 인간성이 결여된 보잘것없고 역겨운 존재로 생각하게 만든다.

실험 연구 결과, 혐오감은 다른 사람들에 대해 더 혹독한 판단을 내리게 만드는 것으로 나타났다. 이런 맥락으로 진행된 첫 번째 실험에서, 심리학자 탈리아 위틀리Thalia Wheatley와 조너선 하이트Jonathan Haidt는 실험 참가자들이 임의의 단어를 볼 때마다 스치듯 반짝 혐오감을 느끼도록 최면을 걸었다.[253] 그런 다음, 참가자들에게 경미한 도덕적 일탈이 나오는 이야기를 읽게 했다. 그러자 앞서 단어를 보았던 사람들은 보지 않았던 사람들보다 이야기 속 행동을 더 부도덕하다고 평가했다. 또 다른 실험에서는, 참가자들에게 여러 상황에서 판단을 내리게 했다. 즉, 어지럽게 정리가 되지 않은 혐오스러운 책상 앞에서, 또는 방귀 스프레이를 뿌린 방 안에서, 또는 영화 〈트레인스포팅〉 속 등장인물이 대변으로 가득한 변기에 손을 집어넣는 장면을 보여준 다음, 또는 혐오스러웠던 경험을 글로 쓰게 한 다음에 판단하게 한 것이다.[254] 그 결과, 이런 상황들은 모두 실험 참가자들이 다른 사람의 행위를 도덕적으로 더 못마땅하게 여기게 만드는 것으로 밝혀졌다. 쓴 음식을 먹으면 몸으로 혐오감을 느끼는 것과 비슷한 감각이 느껴진다. 그런데 사람들은 이렇게 쓴 음식을 먹는 것만으로도 도덕적 일탈에 대해 더 냉철해진다.[255] 이러한 실험 결과에 부합하듯, 혐오 민감성이 높은 사람들은 이민자나 외국인 같은 특정한 다른 사람들에게 더 가혹한 태도를 보인다.[256]

따라서 세상과 실험실에서 얻은 일치된 결론은 명백하다. 혐오가 우리를 더 못된 사람으로 만든다는 것이다.

### ♦ 몸, 도덕 그리고 혐오의 삼각관계

성적 관행 역시 로진의 혐오 등급에 포함된다. 응답자들에게 한 성인 여성이 그녀의 아버지와 성관계하거나 30세 남성이 80세 여성과 성관계하려는 것이 얼마나 혐오스러운지 평가해달라고 했다. 그러자 많은 사람이 이런 행위를 혐오스럽게 여겼다. 더불어 부도덕하다고도 생각했다.

우리가 특정한 성행위에 대해 보이는 도덕적 반응은 진화론적 관점에서 보면 정말로 수수께끼 같다. 이 책에서 지금까지 논했던 도덕적 판단들은 대부분 진화된 적응이라고 이해할 수 있다. 우리는 친절하고 정직한 사람에게는 온정을, 부정 행위자와 무임승차자에게는 분노를 느낀다. 이러한 온정과 분노는 작은 사회에서 함께 사는 사람들이 겪는 도전을 극복하기 위한 적응적 해법으로 볼 수 있다. 불공정에 대한 우리의 반응은 지위에 대한 강박관념이 진화한 데에서 생긴다. 폭행과 살인에 대한 우리의 반응은 자신이 생존하고 친족을 생존시키는 게 중요하기 때문에 뒤따르는 것이다. 우리는 알면서도 누군가가 죽게 두는 것보다는(심지어 구조하는 것이 너무도 손쉬운 경우라고 해도) 의도적으로 누군가를 살해하는 것이 더 나쁘다고 생각한다. 사람들이 자기 마음대로 서로를 죽일 수 있다면 살아남을 사회가 없기 때문이다. 하지만 의무적으로 서로를 구하게 하는 것은 생존 측면에서 덜 중요한 일이다.

우리의 도덕적 사고가 지닌 다른 측면들은 그 자체는 적응의 산물이 아니지만, 적응이 자연스럽게 확장된 것이다. 우리 뇌는 방화나 음주 운전 같은 현대 범죄를 옳지 않다고 생각하도록 진화하지 않았다. 하지만 이런 행동들은 의도적이고 태만한 폐해의 범주에 들어가기 때문에 도덕적으로 잘못이라고 여겨진다. 나는 선물을 주는 논리가 우리 유전자에 각인된 것은 아니라고 생각한다. 우리가 선물하기 적합한 것이 무엇인지 직관적으로 알고 감사나 실망을 느끼는 이유는 달리 설명될 수 있다. 지위와 존경, 상호성에 대한 우려가 진화했기 때문이다(적어도 이것이 하나의 이유는 된다).

하지만 성도덕은 다르다. 물론, 섹스로 생식하는 생명체가 성행위를 하고 싶은 욕구와 함께 생식과 이어지지 않는 성행위(가령, 인간이 아닌 동물과의 섹스)나 제대로 된 생식으로 이어지지 않는 성행위(가령, 부모나 형제, 성인 자녀와의 섹스)는 피하고 싶은 욕구를 어떻게 함께 진화시켰을지 파악하기는 어렵지 않다. 도덕 심리학자들이 궁금해하는 것은 왜 우리가 어떤 유형의 섹스는 하면서 또 어떤 유형의 섹스는 피하는지가 아니다. 그들에게 미스터리는 대체 왜 우리가 다른 사람들이 하는 섹스에 신경을 쓰냐는 거다.[257]

가령, 동성 간 성교는 세계 많은 곳에서 금지되며 때때로 사형으로 처벌되기도 한다. 미국의 경우, 2003년이 되어서야 동성애 법이 위헌이라는 연방대법원의 '로런스 대 텍사스' 판결이 나왔다. 그전까지 열세 개 주에는 동성 간 성관계를 금하는 법이 있었다. 그래도 많은 사회적, 종교적 명사들이 계속해서 동성애를 부도덕하다고 매도하고 있으며, 동성애자들은 여전히 따돌림과 괴롭힘, 심지어 살인의 피해자가 되고 있다. 2012년 5월, 설문조사[258]에서 성인의 42퍼센트가 '게이나 레즈비언 관계'는 도덕적으로 잘못된 거라고 답했다.

물론, 과거에는 상황이 더 나빴다. 토머스 제퍼슨을 예로 들자. 우리의 도덕적 본성을 현명하게 표현한 그의 글은 이 책의 첫머리에서도 인용된 바 있다. 그런 제퍼슨이 1777년 다음과 같은 법안을 버지니아주에 발의했다.[259] "강간이나 일부다처, 동성애로 유죄가 인정되는 자는 남성이면 거세로, 여성이면 코 연골에 최소 직경 반 인치의 구멍을 뚫는 것으로 처벌한다." 지금 보면 참으로 잔혹하게 보이지만, 그 시대 기준에서 보면 제퍼슨은 자비로운 편이었다. 그가 발의한 법안은 충분하게 가혹하지 않다는 이유로 거부되었다. 결국 입법부는 원하던 대로 위의 행위들을 사형으로 처벌하는 법을 통과시켰다.

여기서 특히 주목할 만한 부분이 있다. 강간과 동성애는 명백한 이유로 인해 언제나 범죄로 인정되었던 것들인데, 제퍼슨이 이 두 가지를 동성애처럼 합의에 따른 성행위와 하나로 묶었다는 점이다. 진화적 관점에서 보면 우리가 이런 행위를 인정하지 않는 것은 비뚤어진 것처럼 느껴진다. 어찌 됐든 동성 간 성행위에는 유전적으로 불리한 면이 하나도 없기 때문이다. 기형아를 낳을 위험도 없을뿐더러, 성 접촉을 통해 사회적 유대를 맺고 강화함으로써 전반적인 이점을 얻을 수도 있다.

그런데 배타적인 동성애는 개인에게는 생식 측면에서 부정적인 영향을 미친다. 그렇더라도 짝짓기 경쟁의 치열함을 고려하면, 남성들이 배타적 동성애자인 다른 남성들을 신경 쓰는 것은 이해가 되지 않는다. 훌륭한 다윈 진화론자라면 오히려 정반대로 예측할 것이다. 남성들끼리 성관계를 하는 남성들은 (또는 여성을 임신시키는 대신 다른 무해한 비생식 활동에 전념하는 남성들은) 스스로 짝짓기 시장을 벗어남으로써 다른 남성들이 상대적으로 유리해지게 만든다고 말이다. 따라서 남성 동성애자들에게는 반감이 아니라 감사를 느껴야 마땅하다. 남성 동성애자들 때문에 심기가 불편해야 하는 존재는 여성들뿐이다. 여성 동성애자들 때문에 심기가 불편해야 하는 존재는 남성들뿐인 것처럼 말이다.

진화론적으로 설명하기에는 더 불리하다. 아마도 우리가 느끼는 도덕적 반감은 문화적 뿌리를 가지고 있는 것 같다. 하지만 이런 제약의 문화적 기능을 알아내는 일은 절대로 더 쉽지 않다. 간혹, 사회에서 동성애를 비난하는 이유가 생식 기능이 있는 섹스를 장려하면 많은 인구를 유지하는 데 도움이 되기 때문이라는 말도 있다. 하지만 여성은 자녀 생산에 있어서 제한 인자이지만, 남성은 아니다. 그래서 이런 말로는 여성 동성애에 반감을 느끼는 이유만 설명할 수 있을 뿐이다. 실제로 인류 역사 내내 여성의 성생활을 통제하는 것에 역점을 두었던 걸 고려

하면, 도덕적 질책의 초점이 레즈비언에게만 있는 것이지 게이 남성에게 있는 것은 아니라고 예측했어야 맞다.

근친상간 역시 거의 모든 문화에서 옳지 않다고 보는 또 하나의 성 행동이다. 사람들은 이 제약에 대해서는 흔히 명시적으로 이유를 설명한다. 인류학자 마거릿 미드가 어느 아라페시 부족민에게 누이와 혼인한 남자에 대해 어떻게 생각하냐고 묻자, 동맹을 구축하려면 가족 외의 사람과 혼인해야 한다는 설명이 돌아왔다. "아니, 여동생과 결혼한다고요?[260] 대체 왜 그러죠? 사돈이 생겼으면 하지 않나요? 모르겠나요? 내가 다른 남자의 누이와 결혼하고 다른 남자가 내 누이와 결혼하면 나한테는 최소한 두 명의 사돈 형제가 생기잖아요. 하지만 내가 내 누이와 결혼하면 나한테 사돈 형제는 한 명도 생기지 않죠. 그럼 누구와 함께 사냥하고, 누구와 함께 정원을 가꾸며, 누구 집에 놀러 가죠?" 우리 사회에서 이런 질문을 받는다면, 합의나 심리적 폐해, 기형아 출산 가능성에 대한 우려가 제기될지도 모른다.

하지만 근친상간에 반대하는 완벽하게 사리에 맞는 이유가 있을지 몰라도, 우리가 이 행위를 생각했을 때 느끼는 본능적인 반감은 마음속 더 깊은 곳에서부터 나온다. 심리학자 스티븐 핑커가 지적하듯,[261] 청소년 자녀를 둔 부모는 온갖 걱정을 하지만, 대개는 자녀들이 몰래 빠져나가서 서로 성관계를 가질 것을 걱정하지는 않는다. 10대 청소년들이 형제간 근친상간을 삼가는 이유는 함께 사냥하거나 정원을 가꿀 사돈이 없을 것을 우려하거나 기형아를 낳을 것을 걱정하기 때문이 아니다. 형제간 근친상간이 드문 이유는 단순하다. 형제지간에는 대부분 서로 상대와 섹스하고 싶지 않기 때문이다. 그런 생각만으로도 혐오감이 들기 때문이다.

 이런 혐오 반응을 설명하는 진화 논리가 하나 있다. 가까운 친척과의 사이에서 자녀를 가지는 것은 분명 좋은 생각이 아니다. 그 자녀가 단독으로는 해가 없어도 쌍을 이루면 해로운 하나의 대립유전자의 복제물 두 개를 물려받을 가능성이 있기 때문이다. 사람들이 친족과 성관계를 가지는 경우는 보통 실수 때문이다. 태어나고 얼마 지나지 않아 헤어진 남매가 커서 만나 결혼하게 된 다음에야 서로 혈연관계임을 알게 되는 것처럼 말이다. 열쇠는 유년기 동안 함께 거주하기 때문인 것 같다.[262] 이것이 근친상간 회피 정신 시스템을 작동시키는 것으로 보이는 신호 가운데 하나다. 사람들은 실제로 혈연관계가 아닌 경우조차도 이 신호에 반응한다. 딸이 아기였을 때 한 가족이 된 경우와 달리, 딸이 특정 나이가 지난 다음 한 가족이 된 계부[263]가 나중에 그 딸에게 성적 매력을 느끼게 될 가능성이 더 큰 이유도 바로 이 때문이다. 이런 계부는 그 딸을 살해할 가능성도 더 크다. (당연한 말이지만 여기서 꼭 덧붙여야 할 것이 있다. 양부모들 대부분은, 심지어 뒤늦게 가족이 된 사람들도, 성적으로든 다른 방식으로든 절대로 자녀를 폭행하지 않는다. 우리는 대부분 도덕적 존재다. 그래서 욕구와 행동 사이에는 커다란 간극이 있다.)

하지만 이 중 어느 것도 왜 우리가 '다른 사람들'이 저지른 근친상간에 그토록 신경을 쓰는지 설명해주지 못한다. 자, 여기서 조너선 하이트가 설계한 유명한 가상의 상황[264]을 살펴보자. 일반적으로 근친상간과 관련된 결과들, 가령 강압에 의한 성관계나 기형아 출산에 대한 우려가 제기되지 않도록 세심하게 설계된 상황이다.

줄리와 마크는 오빠와 여동생 사이이다. 두 사람은 대학교 여름방학을 맞아 함께 프랑스 여행 중이다. 어느 날 밤 그들은 해변 근처 오두막에 단둘이 남게 된다. 그들은 둘이서 성관계를 해보면 흥미롭고 재미있겠다고 판단한다. 못해도 각자에게 새로운 경험은 될 것 같다. 줄리는 이미 피임약을 먹고 있었지만, 혹시나 하는 마음에 마크도 콘돔을 사용한다. 두 사람 모두 섹스를 즐겼지만, 다시는 하지 않기로 한다. 그들은 그날 밤의 일을 두 사람만의 특별한 비밀로 간직한다. 그러면서 그들은 더 가까운 사이가 된 것처럼 느끼게 된다. 당신은 이 일을 어떻게 생각하는가? 두 사람이 성관계를 가진 것이 괜찮은 일일까?

사람들은 대부분 줄리와 마크가 잘못했다고 대답한다. 그런데 흥미롭게도 이런 판단의 근거를 대라고 하면 대부분 답을 못한다. 이런 현상을 가리켜 하이트는 '도덕적 말문 막힘'이라고 표현한다. 설명할 수는 없지만, 그냥 잘못이라고 느끼는 것이다.

이와 같은 인위적인 사례에 믿음이 가지 않는다면, 얼마든지 실제 사례도 있다. 2010년 컬럼비아대학교의 한 정치학 교수(게임이론 전공)가 그의 24세 성인 딸과 합의 하에 성관계를 가진 혐의로 '3급 근친상간'[265] 죄로 기소되었다. 각종 신문과 블로그에서는 이 기소 사실을 선정적으로 다루면서 그를 해고하라는 요구가 빗발쳤다. 많은 사람이 그의 행동을 부도덕하다고 생각했음이 분명하다.

확실히 근친상간 금지법은 결과론을 내세워 옹호할 수 있다. 심지어 성관계 동의 결정권이 인정되는 성인에게 적용되는 근친상간 금지법도 마찬가지다. 어린 아들이나 딸이 장차 섹스 파트너로 인정받을 수 있다는 것을 알면 부모와 자녀의 관계가 왜곡될지도 모른다. 더 일반적으로 말하자면, 성인이라 하더라도 성적 관계가 특정 혈족 사이의 특수한 유대 관계와 양립하지 못할 수도 있다. 따라서 이런 관계가 허용되지 않는 편이 사회에는 더 나을지도 모른다. 하지만 많은 사람이 앞서 그 교수를 못마땅하게 여긴 원인은 아마도 이 같은 우려 때문이 아니었을 것이다. 그보다는 그의 행위가 역겨웠기 때문이다. 〈뉴욕 데일리 뉴스〉의 표현에 따르면 사람들의 눈에 그의 행위는 '병든 성적 관계'로 비쳤다. 합의에 의한 근친상간을 금지하는 데는 마땅한 여러 이유가 있을 수 있다. 하지만 우리가 애초에 근친상간이라는 생각만으로도 이미 혐오를 느끼지 않았다면, 그렇게 빨리 여러 이유를 생각해내지는 못했을 것이다.

### ♦ 혐오 민감성과 성행동

나는 우리가 인정하지 않는 성행위와 우리가 혐오스럽게 여기는 성행위가 일치하는 것이 결코 우연이 아니라고 생각한다. 오히려 혐오는 성도덕 문제를 해결할 열쇠 가운데 하나다.

혐오는 우리가 특정 성행위에 보이는 자연스러운 기본 반응이다. 앞서 확인했듯, 혐오는 반감과 거부를 유발한다. 심리학자 닐란야나 다스굽타Nilanjana Dasgupta 연구팀은 혐오스러운 이미지를 보면 동성애에 대해 암묵적으로 더 부정적인 태도를 지니게 됨[266]을 발견했다. 내가 심리학자 요엘 인바르Yoel Inbar, 데이비드 피자로와 함께 한 연구 결과도 마찬가지였다. 사람들을 악취─방귀 스프레이─에 노출했더니 그들은 게이 남성들에게 온정적인 태도를 덜 보였다.[267]

이것으로 보아 한 개인의 혐오 민감성이 성행동에 대한 그의 태도와 관련되어 있다고 예측할 수 있다. 이를 탐구하기 위해, 나와 요엘 인바르, 데이비드 피자로는 미국 성인들을 광범위한 표본으로 삼아 그들의 혐오 민감성을 측정했다(단, 성적 혐오에 관한 질문은 제외했다). 그 결과, 혐오 민감성이 높으면 다양한 정치 이슈에 대해 더 보수적인 태도를 취하는 것으로 나타났다.[268] 이런 연관성은 낙태나 동성 혼인 같은 성 관련 이슈에서 특히 강하게 나타났다. 이 같은 결과는 성별, 나이, 소속 종교와 무관하게 동일했다. 2차 연구에서 우리는 예일대학교 철학자 조슈아 놉Joshua Knobe을 팀에 합류시켜 캘리포니아대학교 어바인

캠퍼스와 코넬대학교 학생들을 대상으로 실험을 진행했다. 이 인구 집단은 사회적으로 진보적 성향이 매우 강해서, 대놓고 질문했을 때 동성애자들에 대한 편향을 보이지 않는 경향이 있다. 그런데도 이 학생들의 혐오 민감성 점수는 동성애자에 대한 그들의 암묵적 태도와 상관관계를 보였다.[269] 혐오 민감성이 높을수록 더 부정적인 태도를 보였다.

그런데 애초에 성 활동이 혐오를 유발하는 이유가 무엇일까? 로진 연구팀에 따르면, 혐오는 물리적으로 몸을 방어하기 위해 진화했는데, 그렇게 진화하는 동안 인류 역사를 거치면서 더 추상적으로 영혼을 방어하도록 변형되었다고 한다. 이제 우리는 순수하고 고상한 존재라는 우리의 자아상을 위협하고 우리가 동물임을 상기시켜주는 것이라면 무엇이건 혐오스럽게 생각한다.[270] 그래서 우리 문화가 정한 성적 경계를 무시하는 사람들은 혐오스럽고 짐승 같다고 여겨진다. "인간이 동물처럼 행동하는 한, 인간과 동물의 차이는 희미해진다. 우리는 자신을 저급하고 품위가 낮고 (아마도 가장 결정적으로는) 결국에는 죽을 수밖에 없는 존재로 보게 된다."

철학자 마사 너스바움Martha Nussbaum도 마찬가지 주장을 펼친다. (배설물이나 피 같은 것들로 유발되는) '초보적 혐오'가 진화한 이유는 우리를 감염원에서 멀어지게 하려는 것이었다면, 사람에 대해 느끼는 혐오는 다른 사회집단 구성원을 깎아내리고 싶은 욕구로 인해 생긴다고 한다. 대인 혐오는 '지배 집단이 스스로 두려워하는 자신의 동물성과 선을 긋고 그로부터 더 안전하게 보호받기 위해 채택한 일종의 계략'[271]이다. 추론은 이런 식으로 이어진다. "혐오스러운 동물의 세계와 나 사이에 인간과 유사한 저들이 있으면, 그만큼 나는 죽을 수밖에 없고/썩어 가고/냄새나고/끈적끈적한 존재가 되는 것에서 멀어지게 된다."

하지만 나는 이러한 주장이 개연성이 낮다고 생각한다. 너무 추상적이고 지적이기 때문이다. 일곱 살 아이가 이가 득실득실한 모습을 떠올리며 역겨워하거나, 부모가 침실에서 뭘 하는지 알고 역겨움에 숨이 턱 막히는 것은 자기가 동물이라는 사실이 생각났거나 죽음이 걱정되어서가 아니다. 사실, 동물성과 죽을 운명을 추상적으로 걱정하는 건 애초에 가장 먼저 느끼는 역겨움과 서로 연결되어 있지 않다. 우리의 동물적 본성이 생각나서 혐오감이 드는 것이라면, 진화 계보나 DNA의 이중나선 구조를 봐도 구역질이 나야 한다. 이것들이야말로 우리의 생물학적 본성을 극명하게 상기시켜주는 것들이기 때문이다. 마찬가지로, 죽음은 사람들을 두려워하거나 슬퍼하게 만들 수는 있지만, 역겨워하게 만들지는 않는다. 물론, 사체는 혐오스럽지만, 사망률 도표를 보고 역겨워하는 사람은 없다.

성이 혐오스러운 이유는 훨씬 더 단순하다. 성에는 몸이 관련되는데, 몸은 혐오스러울 수 있기 때문이다. 체액 교류가 문제가 되는 이유는 이것 때문에 우리가 육체적 존재라는 것이 생각나서가 아니다. 이런 액체가 우리의 핵심 혐오 반응을 촉발하기 때문이다. 이런 반응을 제지하거나 억제하는 욕구들도 있다. 사랑이나 성욕이 여기에 포함된다. 하지만 혐오는 우리가 타고나는 기본적인 반응이다.

하지만 로진과 너스바움의 주장이 일리가 있는 부분도 여전히 있다. 바로 우리가 죽을 운명임을 직감하는 데에는 순결에 대한 걱정이 영향을 끼친다는 것이다. 몸을 정화하는 건 많은 종교에서 의례의 한 부분을 차지한다.[272] 그리스도교와 시크교의 세례와 이슬람교의 '세정 의식(경배 예식 전에 특정 신체 부위를 씻는 의식)'이 그렇다. 이것으로 보아, 육체적 청결과 정신적 청결 사이에 모종의 관계가 있음을 짐작할 수 있다. 이런 연관성은 언어에서도 찾아볼 수 있다.[273] 가령, '깨끗하다'와 '더럽다'는 표현은 물리적 대상의 특성뿐만 아니라 명성과 정책을 언급할 때도 사용된다. 욕설 같은 거친 말을 표현할 때 '더럽다'라고 하거나, 의도가 '순수하다'라고 표현하는 식이다.

이런 연관성을 이야기할 때 빠지지 않는 것이 바로 맥베스 효과[274]다. 심리학자 첸보 종Chen-Bo Zhong과 케이티 릴리언퀴스트Katie Liljenquist는 실험 참가자들 가운데 일부에게 그들이 예전에 저지른 잘못을 먼저 떠올리게 했다. 자신의 도덕적 불결함이 생각난 이 사람들은 세정 제품(비누, 치약)을 상대적으로 더 가지고 싶어 했고, 선물을 고르라고 하자 연필보다 항균 물수건을 더 많이 골랐다. 후속 연구로,[275] 심리학자 스파이크 리Spike Lee와 노버트 슈워르츠Norbert Schwarz는 사람들에게 음성 메시지나 이메일로 악의적인 거짓말을 하는 역할극을 시킨 다음, 여러 소비재를 평가하게 했다. 그 결과, 음성 메시지로(입으로) 악역을 했던 사람들은 구강 세정제를 선호했고, 이메일로(손을 사용해서) 악역을 했던 사람들은 손 세정제를 선호하는 것으로 나타났다. 이렇게 깨끗이 씻는 행위는 실제로 죄의식과 수치심을 더는 데 도움이 되었다.[276] 셰익스피어가 맥베스 부인이 던컨 왕을 찌른 후 손을 문질러 씻는 장면을 괜히 넣은 것이 아니었다.

첸보 종 연구팀은 또 다른 연구에서 청결을 상기시키면 실험 대상자들이 포르노 시청과 같은 행위를 더 옳지 않다고 여긴다[277]는 것을 알게 되었다. 이런 결과는 육체적 청결과 연결해서 생각해볼 수 있다. 육체적으로 매우 깨끗한 사람은 다시 육체적으로 더러워지는 것이 우려스러울 수 있다. 이와 마찬가지로 도덕적으로 순결해진 사람이라면 도덕적으로 오염되는 것을 피하려 할 것이다.

감지하기 힘들 정도로 은근히 청결을 상기시키더라도 이런 효과는 나타날 수 있다. 심리학자 에릭 헬저Erik Helzer와 데이비드 피자로는 많은 사람이 지나는 복도에서 학생들에게 다가가 일련의 질문을 했다. 그들은 특히 학생들의 정치 성향을 물었다. 그 결과, 손 세정제 옆에 서 있던 학생들은 손 세정제와 멀리 떨어져 있던 학생들보다 스스로 보수적이라고 답하는 경향을 보였다. 두 번째 실험에서는 학생들을 실험실로 데려왔다. 그들 중 일부에게 청결을 상기시킨 다음—실험실 안에는 '실험자

지침: 물수건을 사용해서 실험실 청결 유지에 협조 바람'이라는 표지판이 있었다—키보드를 사용하기 전에 손을 닦아달라고 요청했다. 청결을 상기시키지 않은 학생들에 비해 이들은 스스로 정치적으로 더 보수적이라고 평가했다.[278] 성적으로 불결하게 여겨질 수 있는 행동들을 옳지 않다고 생각하는 경향도 강했다. '한 남자가 할머니 집을 봐주는 동안 할머니의 침대에서 여자 친구와 성관계를 맺는 것'이나 '한 여자가 애착 곰 인형을 껴안고서 자위행위를 즐기는 것' 같은 행동 말이다.

따라서 청결에 무게추를 두게 되면 다른 사람들의 행동을 도덕적으로 평가할 때 영향을 받는다고 볼 수 있다. 특히 성과 관련해서 더 그렇다. 그런데 위의 실험에서는 손 세정제를 보거나 물수건으로 손을 닦는 등 상황적 요인이 은연중에 영향을 주었다. 반면, 현실 세계에서는 사회운동을 벌일 때 대체로 노골적으로 순결을 연상시키는 방법을 쓴다. '인종청소'라는 말은 신조어지만, 발상 자체는 매우 오래된 것이다. 한 민족의 순수성을 더럽힌다는 이유로 어떤 집단을 축출하는 행위가 정당화될 수 있다는 것이다.

실제로 살아있는 사람들은 대부분 몸과 영혼을 순결하게 유지해야 한다고 큰소리로 강조하는 신앙과 전례 시스템을 독실히 따른다. 물론, 이것은 그리스도교, 이슬람교, 힌두교, 유대교 같은 주요 종교들 이야기다. 이들 종교에서는 인류학자 리처드 슈웨더 연구팀의 표현처럼 신성 윤리[279]를 강조한다. 신성 윤리에서는 '성품聖品, 자연법칙, 전통, 신성함, 죄, 타락'과 같은 개념이 중심이 된다. 그러니 이들 종교가 성행동의 도덕성에 그토록 깊이 몰두하는 것도 그리 놀라운 일이 아니다.

### ♦ 혐오감을 도덕적 신호로 여기지 말 것

따라서 내 생각이 틀리지 않았다면, 근친상간과 동성애, 수간 등을 행하는 사람들을 향한 도덕적 분노는 생물학적 적응의 결과가 아니다. 이런 행위들을 옳지 않다고 생각하는 사람들이라고 해서 이런 행위들에 무관심한 사람들보다 많이 번식하지 않는다. 이런 행위들을 못마땅해하는 사람들이 많은 사회가 그런 사람들이 없는 사회보다 더 번창하는 것도 아니다. 그 대신, 이런 도덕적 심리 양상은 일종의 생물학적 우연이다. 우리를 기생충과 독으로부터 지켜주도록 진화한 시스템이 모종의 부정적인 방식으로 성 활동에 반응하는 일이 그냥 일어나는 것이다. 이런 혐오성 반응이 역사가 진행되는 동안 종교와 법을 포함한 다양한 문화 관행에 의해 강화되고, 유도되고, 신성시된 것이다.

그렇다면 과연 성행동에 대한 우리의 반응을 도덕성으로 간주해야 할까? 몇몇 이론에 따르면 그렇지 않다. 심리학자 엘리엇 튜리얼Elliot Turiel은 도덕성을[280] '사람들이 서로 어떻게 어울려 지내야 하는가와 관련된 정의, 권리, 복지에 대한 관례적 판단'이라고 정의한다. 조너선 하이트[281]에 따르면, 도덕성은 '가치, 미덕, 규범, 관행, 정체성, 제도, 기술, 진화된 심리적 메커니즘이

한데 맞물려 있는 것으로, 이들이 함께 작용해서 개인이 자기 이익을 억제하거나 조절하게 만들어 협력하는 사회를 가능하게 하는 것'이라고 한다. 내가 앞선 장에서 논했던 이슈들―연민, 공정, 처벌을 포함한 이슈들―은 이러한 정의에 잘 들어맞는다.

하지만 성도덕은 '정의, 권리, 복지'에 관한 것이 아니다. 그렇다고 '사람들이 서로 어떻게 어울려 지내야 하는가'에 관한 것만도 아니다. 흔히 성도덕은 그 또는 그녀에 의해 한 사람에게 확대되거나, 한 사람에 더해 사람이 아닌 동물이나 식물, 광물에까지 확대된다. 게다가 우리의 성도덕이 '협력 사회를 가능하게 하는' 역할을 하는지도 명확하지 않다. 성도덕은 그런 목적으로 (혹은 어떤 목적으로도) 진화하지 않았다. 그리고 성도덕이 현시점에서 그런 역할을 한다고 믿을 이유도 거의 없다. 매우 특수한 효과가 있는 어떤 바이러스가 내일 퍼진다고 한번 상상해보자. 이 바이러스에 감염되면 전전두엽 피질 일부가 파괴되어 사람들이 더는 혐오감을 느끼지 못하게 된다. 반면, 우리가 지닌 다른 도덕적 능력은 온전히 남아서 강간과 소아성애 같은 성범죄가 잘못임은 여전히 인식할 수 있다. 이런 성범죄는 더 일반적인 이유에서 잘못된 것이기 때문이다. 하지만 타인과 합의 하에 성 활동에 반응하도록 만드는 본능적인 '웩' 반응은 사라질 것이다. 만약 이런 일이 일어난다면 사회가 분열될 것이 정말 확실할까? 아니, 그럴 리는 거의 없다.

그렇다면 몇몇 특정 정의에 의하면 지금까지 내가 성도덕이라고 불렸던 것은 전혀 도덕이 아니다. 하지만 이것으로 알 수 있는 것이라고는 그 정의들이 불완전하다는 게 전부다. 성적 위반 행위에 대한 우리의 반응은 생물학적 우연의 결과일 수 있다. 하지만 이런 반응은 적응의 결과물로 진화한 다른 도덕적 반응들과 조금도 다르게 느껴지지 않는다. 성도덕은 죄의식, 수치심, 분노와 연결된다. 그래서 벌하고 싶은 욕구에 불을 붙인다. 또한, 다른 부류의 도덕적 제약과 마찬가지로 법과 관습 안에 체계적으로 정리되어 있다. 예를 들면, 구약성서의 레위기에서는 남성 간 성행위는 사형으로 처벌할 수 있다고 규정한다. 이 규칙은 부모를 욕한 자에 대한 처벌(사형), 신성모독에 대한 처벌(투석형), 창녀가 된 사제의 딸에 대한 처벌(화형) 바로 다음에 등장한다. 이런 처벌을 언급하기에 앞서서는 장애인에게 친절을 베풀라고 애원하는 시적인 내용[282]이 나온다("너희는 귀먹은 이에게 악담해서는 안 된다. 눈먼 이 앞에 장애물을 놓아서는 안 된다"). 현대 법체제 가운데 일부에서는 동성애 같은 금지된 성행위들을 특수 범주에 넣기도 한다. 하지만 그러면서도 살인이나 폭행을 범죄로 생각하는 것과 정확히 같은 방식으로 이런 행위들도 범죄라고 생각한다.

많은 사람이 이런 행위들을 범죄로 생각한다. 그리고 혐오감 유발 여부가 신뢰할 만한 도덕적 지표라고 믿는다. 물리학자이자 생명 윤리학자 리언 카스Leon Kass는 그의 유명한 논문에서 이른바 '역겨움의 지혜'[283]를 주장했다.

혐오감을 논거로 내세울 수는 없다. 어제 느낀 역겨움 가운데는 오늘이 되면 조용히 받아들여지는 것도 있다. 단, 꼭 덧붙여야 할 말이 있다. 일이 항상 더 나은 방향으로 진행되는 것은 아니라는 점이다. 하지만 결정적일 때 역겨움은 깊은 지혜가 담긴 감정적 표현이 된다. 지혜를 온전히 또렷하게 전달한다는 면에서 혐오감은 이성의 힘을 넘어선다. (아무리 합의가 있었다고 해도) 부녀간 근친상간이나 수간, 사체 훼손, 인육 섭취, 심지어 그저(겨우!) 강간이나 살인은 끔찍하기 짝이 없다. 이런 끔찍한 행위들을 뒷받침하는 데 적합한 논거를 댈 수 있는 사람이 실제로 있을까? 이런 행위들에 대한 혐오감을 이성적으로 충분히 정당화하지 못한다고 해서 그 반감에 윤리적으로 의문이 들게 될까? 전혀 아니다.

하지만 내 의견은 다르다.[284] 내가 생각하기에, 혐오와 관련된 직관은 잘해야 쓸데없고(이것 아니라도 강간이나 살인을 반대할 다른 이유는 여럿 있다), 최악의 경우 해롭다. 이런 직관은 비이성적인 정책을 유발하고 야만적인 행동을 허용하기 때문이다.

우선, 우리가 심리나 진화에 대해 아무것도 아는 것이 없더라도, 혐오의 역사를 잠시 살펴보기만 해도 혐오감을 도덕적 신호로 여기며 신뢰할 수 없음을 알 수 있다. 나치가 유대인들에게 느꼈던 역겨움이나 미국인들 대부분이 인종 간 혼인에 대해 느꼈던 혐오감은 현재 우리 대부분이 특정 집단과 행동에 대해 느끼는 반감과 정확히 똑같다. 그렇다면 과거에 혐오감이 틀렸던 것이 분명하건대, 지금 와서 우리가 신뢰해야 할 이유가 있을까?

하지만 혐오를 반대하는 진정한 이유는 혐오가 때때로 우리를 잘못된 길로 인도하기 때문만은 아니다. 세상에 완벽한 것은 없다. 이성적 숙고를 거쳐 나온 결론이 오늘날에는 도덕적 혐오감을 자아내는 것으로 인식되는 경우는 어렵지 않게 찾아볼 수 있다. 공감 반응이 부도덕한 반응으로 밝혀진 사례를 머리에 떠올리는 것도 어렵지 않다. 그런데 이성이 틀리는 경우는 전제가 잘못되었거나 논리에 오류가 있었기 때문이다. 공감이 틀리는 경우는 공감이 불공정하게 혹은 자의적으로 적용되었거나, 공감으로 인해 공정과 같은 다른 고려 사항들이 침해되었기 때문이다. 하지만 혐오는 다르다. 혐오감에 의존하는 것은 동전 던지기에 의존하는 것과 같다. 동전 던지기로 얻은 답이 잘못인 경우, 원인은 동전을 잘못된 방식으로 던졌기 때문이 아니다. 동전 던지기가 틀린 답을 주는 이유는 때때로 옳은 답을 주는 이유와 똑같다. 바로 우연 때문이다.

이런 점에서 역겨움은 우리가 앞서 논했던 다른 도덕적 능력들과 다르다. 나머지 도덕성은 생물학적 진화와 문화적 혁신 같은 과정들을 통해 생겨났다. 이런 과정들은 다른 이기적인 사람들과 어울려 지내야 하는 이기적인 우리가 직면한 문제들에 민감하다. 진화는 여러 감성을 불러일으키는 방법으로 우리 인간종이 어느 정도 해답에 도달하게 해주었다. 가령, 고통받는 사람에게는 연민을, 부정 행위자와 무임승차자에게는 분노를, 친절한 사람에게는 감사를 느끼도록 만들었다. 수천 년을 거쳐 진화한 이런 감정들은 작은 집단 안에 사는 인간 앞에 놓인 문제들을 해결할 탁월하고 영리한 해법이다. 지금은 아주 다른 세상에 사는 이성적 존재인 우리는 이것을 발판으로 삼아, 우리의 특수한 상황을 벗어나 광범위하게 적용할 수 있는 도덕 원칙들을 발달시키고 지지하면 된다. 이들 도덕 원칙에는 이성적이고 반성할 줄 아는 존재인 우리가 기꺼이 동의하는 가치들이 반영된다. '이것'이야말로 지혜라 부를 만하다.

# JUST BABIES

**The Origins of Good and Evil**

# 6장
# 가족이 중요하다

선악의 기원

**Just Babies**

### ♦ 혈연관계의 특수성

한 젊은 여자가 자신보다 훨씬 어린 남자를 만나 집으로 데려온다. 그는 여러 가지 심각한 장애로 인해 고통받고 있다. 걸을 수도, 말할 수도, 심지어 일어나 앉을 수도 없다. 혼자만 남겨둬서도 안 되고 밥도 먹여주고 목욕도 시켜줘야 한다. 한밤중에 소리 지르고 우는 일이 잦아서, 그와 함께 한 처음 몇 해 동안 그녀는 수면 부족으로 멍한 상태로 지낸다. 그래도 그와의 관계는 그녀의 인생에서 가장 중요한 관계다. 그녀는 그를 위해서라면 목숨도 내놓을 수 있다. 그렇게 수년을 바쳐 그를 돌보는 동안, 점차 그는 걸을 수 있게 되고, 화장실도 혼자 가고, 말도 하게 된다. 두 사람이 함께 한 시간이 10년을 넘어서자, 그는 다른 여자들에게 관심을 보이게 되고 데이트를 하기 시작하더니, 결국 집을 떠나 다른 누군가와 결혼한다. 그래도 그 여자는 그가 새 아내와의 사이에서 낳은 아이들을 키우는 것을 도와주면서 계속해서 그를 사랑하고 뒷바라지한다.

여자보다 어린 이 남자가 모르는 성인 남자라면, 그 여자의 행동은 성스럽거나 아니면 제정신이 아닌 것처럼 여겨질 것이다. 하지만 위의 서술 내용은 전형적인 어머니와 아들의 관계를 요약해준다. 어떤 면에서 보면, 그 여자가 그의 어머니임을 알면 그녀의 희생이 훨씬 더 감동적으로 다가온다. 어머니라는 것을 알면 추가적인 사항들을 고려할 수 있기 때문이다. 즉, 그가 입양된 것이 아니라면, 그녀는 열 달 동안 그를 몸 안에 품으면서 통증과 구토, 탈진에 시달렸을 것이다. 그런 다음, 출산이라는 끔찍이 고통스럽고 육체적으로 위험한 행동을 했을 것이다. 그 뒤에는 몇 달 혹은 몇 년간 직접 자기 몸으로 그를 먹였을지도 모른다.

《우리 아이의 머릿속》에서 앨리슨 고프닉이 들려준 이 이야기의 핵심은 바로 가족은 특별하다는 것이다. 두 사람이 어머니와 아들[286] 사이라는 걸 알면 여자의 행동에 대한 우리 생각이 달라진다. 만약 그녀가 자기 자식에게 무관심해서 이런 희생을 하지 않으려 하고 그를 남 대하듯 대한다면, 많은 사람이 그녀를 부도덕하다고, 혐오스러울 정도로 부도덕하다고 판단할 것이다. 물론 정도는 덜하겠지만, 이야기 속 부모가 어머니가 아니고 아버지여도 우리는 똑같이 느낀다.

성인의 도덕 심리에 대한 최고의 이론들은 이런 종류의 판단에 대해서는 할 말이 거의 없다.[287] 나 자신을 포함해서 이 분야의 연구자들은 대부분 한 곳에만 초점을 맞춘다. 사람들이 혈연관계가 아닌 모르는 사람의 행동을 어떻게 이해하고, 판단하며, 거기에 반응하는지에만 관심을 둔다. 우리는 사람들이 부모와 자녀, 형제자매, 그 외 가까운 혈연관계 사이의 상호작용을 어떻게 생각하느냐는 문제에 대해서는 할 말이 거의 없다. 이 분야 최고 석학들의 논문을 모아놓은 《도덕 심리학 편람 Moral Psychology Handbook》의 색인에 '어머니'나 '아들', '가족'이라는 항목이 없는 것이 대표적이다.

나는 이것이 실수라고 생각한다. 우리의 도덕적 본성을 파악하려면, 긴밀한 특정 관계가 지니는 특수한 지위를 인정해야 한다. 그러려면 우리는 특정한 철학적 가정에서 벗어나, 진화를 연구하고 아기를 연구하면서 알게 된 것을 진지하게 받아들여야 한다.

### ♦ 폭주 전차가 보여주는 딜레마

도덕 심리학과 도덕철학은 매우 긴밀하다. 도덕 철학자들을 현대 도덕 심리학의 창시자로 봐도 무방할 정도다. 임마누엘 칸트나 데이비드 흄David Hume, 그리고 애덤 스미스도 물론이다. 현재 이 분야를 선도하고 있는 인사들—이 책에서 다루었던 연구를 수행했던 연구자들—가운데는 일정 수준의 철학적 소양을 쌓은 이들이 많다. 그리고 앞으로 살펴보겠지만, 도덕 심리학의 이론과 방법, 심지어 실험에서 반응을 일으키는 자극마저 도덕철학에서 직접 나온 경우가 많다.

하지만 우리 심리학 연구에 영향을 주는 것은 도덕철학 전체가 아니라 그중의 특정한 한 지류다. 이 분야에서 주안점을 두는 문제는 도덕적으로 해야 할 의무가 있는 행동과 선택할 수 있는 행동, 금지된 행동이 무엇이냐는 것이다. 이 분야의 철학자들은 다시 양대 진영으로 나뉜다.[288] 바로 '결과론(결과를 근거로 행동을 판단한다. 가령, 행동의 결과로 인류 행복의 총량이 증가했는가를 기준으로 삼는다)'과 '의무론(아무리 더 나쁜 결과가 생기더라도 더 광범위한 특정 원칙들을 준수해야 한다고 주장한다)'이다.

결과론자들은 아무리 무고한 사람이라도 그를 고문해서 전체적으로 더 좋은 결과가 생긴다면—전체적으로 고통보다 쾌락이 더 커지거나, 잃은 것보다 구한 생명이 더 많거나, 목표를 달성한 사람의 비율이 그렇지 않은 사람보다 더 높으면—그것은 옳은 일이라고 주장할지 모른다. (여기서 내가 이렇게 모호하게 표현하는 이유는 결과론자들이 어떤 종류의 결과가 중요한지 항상 의견의 일치를 보이는 것은 아니기 때문이다.) 이와 대조적으로, 일부 의무론자들은 고문이 특정한 절대 원칙들을 위반하기 때문에 언제나 잘못이라고 주장할 것이다. 한 사람의 고유한 존엄성을 침해해서는 안 된다는 제약과 같은 절대 원칙들 말이다. 이런 의무론자의 눈에는 누군가를 고문하는 행위는 그로 인해 무고한 사람 백만 명을 구할 수 있더라도 어디까지나 잘못된 행동으로 보일 것이다.

흔히 도덕 철학자들은 먼저 복잡하고 부자연스러운 도덕적 딜레마를 생각해낸 다음, 이러한 문제에 대한 직관력을 발휘하여 그들의 이론을 다듬는다. 이것은 일부 심리학자들이 작업하는 모습과 유사하지만, 분명 차이가 있다. 심리학자들은 사람들이 무엇이 옳고 그르다고 생각하는지에 관심이 있는 반면, 철학자들은 무엇이 '정말로' 옳고 그른 것인지에 관심이 있다. 도덕적 직관력은 때때로 모순적이다. 가령, X와 Y가 똑같은 시나리오를 다른 식으로 서술한 것일 뿐이더라도, 우리는 X가 도덕적으로 좋고 Y가 도덕적으로 나쁘다고 생각할 수 있다. 심리학자라면 이런 모순을 인간의 마음에 대한 흥미로운 하나의 사실로 받아들이고 거기서 멈춘다. 하지만 철학자는 그러지 못한다.

하지만 괜찮은 도덕 철학자라면 우리의 상식적인 직관력에서 너무 멀리 벗어나지는 않는다. 재미 삼아 무고한 아기를 고문하는 것이 옳은 일이라고 주장하는 도덕 이론을 진지하게 받아들일 사람은 없을 것이다. 이런 결론은 우리가 자연스럽게 옳거나 그르다고 생각하는 것과는 너무 관련이 없어서 도저히 하나의 도덕 이론이 될 수 없다. 연구 중인 도덕 철학자는 이런 긴장을 해소하기 위해 존 롤스가 말한 '반성적 균형'[289]을 찾기 시작한다─일반 원칙과 구체적 사례 사이를 오가기 반복하다가 궁극에는 한 이론이 어떤 직관은 포착하고 다른 직관은 거부하는 바로 그 지점에 이르는 것을 말한다. 따라서 도덕 이론들은 종국에는 반직관적인 주장들을 하게 된다. 칸트와 같은 의무론자들은 거짓말은 언제나 잘못이라고 주장한다(언제나 잘못이라고? 문 앞에 나치가 들이닥쳐서 다락방에 유대인들이 있는지 묻더라도 말인가? 그렇다!). 벤담Bentham과 같은 공리주의자들은 아기를 고문해서 죽이는 행위가 아주 미미하더라도 세계 행복 총량을 증가시킨다면 전혀 문제가 되지 않는다고 주장한다(아기를? 무고한 어린 아기인데도? 그렇다!).

현대 철학에서 가장 영향력 있는 사례들 가운데에는 폭주하는 열차가 등장하는 경우가 몇몇 있다. 철학자 피터 엉거Peter Unger가 제시하는 시나리오[290]도 그중 하나다. 밥은 자신이 소유한 귀하고 아름다운 비싼 자동차, 부가티가 자랑스럽다. 그런데 그런 그의 앞에 끔찍한 일이 벌어진다.

어느 날 드라이브 나간 밥이 그의 부가티를 철도 대피선 끝자락에 주차한 뒤, 산책 삼아 철로를 거슬러 올라간다. 그러다가 아무도 타지 않은 폭주 열차가 철로를 따라 달려오는 것을 발견한다. 멀리 철로 아래쪽을 보니 작은 아이의 모습이 보인다. 그냥 두면 아이는 폭주 열차에 치여 죽을 가능성이 농후하다. 열차를 멈출 수는 없고 아이는 너무 멀리 있어서 위험하다고 소리 질러도 소용없는 상황. 하지만 그가 스위치를 누르면 열차는 철로를 벗어나 그의 부가티가 있는 대피선으로 가게 된다. 그러면 아무도 목숨을 잃지 않는다. 하지만 열차가 그의 부가티를 박살 낼 것이다. 그 차를 소유함으로써 느끼는 기쁨과 그 차가 대변하는 경제적 안정을 생각하면서 밥은 스위치를 누르지 않기로 결심한다. 그 결과, 아이는 죽는다. 향후 수년간, 밥은 부가티를 소유하는 즐거움을 누리고 부가티가 대변하는 경제적 안정을 즐긴다.

앞서 다루었듯, 피터 싱어는 이 사례의 변형을 제시한다. 밥은 호숫가를 산책하다가 한 아이가 얕은 물 속에 빠진 것을 발견한다. 밥은 손쉽게 물속에 뛰어 들어가 아이를 꺼낼 수 있지만, 그러면 꽤 값비싼 그의 신발을 버리게 된다. 그래서 밥은 아이가 빠져 죽게 내버려둔 채 하던 산책을 계속한다.

이들 시나리오는 밥이 부작위를 통해 잘못한 것이 분명하도록 설계되었다. 그렇다면 이번에는 다른 부작위 사례들을 살펴보자. 세상에는 죽어가는 아이들이 많은데, 밥은 기부를 통해 그들 중 몇몇을 구할 수 있다. 부가티 한 대 값이나 심지어 이탈리아제 로퍼 한 켤레 값에 훨씬 못 미치는 돈으로도 한 생명을 구할 수 있다. 엉거와 싱어는 밥이 위험에 처한 아이를 구하기 위해 자동차나 멋진 구두를 희생하지 않기로 선택한 것과 밥이 아이들의 생명을 구하기 위해 www.oxfarm.org에 들어가 돈을 기부하는 대신 애초에 자동차와 멋진 구두를 사기로 선택한 것이 실제로 다를 바 없다고 주장한다. 그러면 이런 상황에 놓인 밥은 가치가 큰 것을 희생하거나 아니면 다른 사람을 죽게 내버려두거나 둘 중 선택을 강요받으니 참 운이 나쁜 사람이라고 생각하고 싶어지겠지만, 알고 보면 안락한 삶을 사는 사람은 누구라도 이와 같은 딜레마에 끊임없이 직면한다.

그런데 여러분은 여기서 온갖 차이점을 다 짚어낼 수 있을 것이다. 첫째, 밥이 스위치를 누르지 않거나 물속에 뛰어들지 않으면, 그는 특정한 한 아이에게 사형을 선고하는 셈이 된다. 반면, 밥이 돈을 기부하지 않을 때는 개별적으로 미치는 영향이 덜하다. 둘째, 두 사례에서 밥은 도움을 줄 수 있는 유일한 사람이다. 반면, 기부의 경우, 밥은 많은 기부자 중 한 명일 뿐이다. 하지만 싱어와 엉거는 이런 차이점들은 도덕적으로 의미가 없다고 주장한다. 유의미한 점에서 X와 Y가 똑같더라도, X와 Y에 대한 우리의 직관은 다양하다. 만약 두 사람의 주장이 옳다면, 도덕적 존재인 우리에게는 우려스러운 일이다. 기부하지 않는 것과 아이가 익사하는 것을 지켜보는 것이 동급이라면, 우리는 어떻게 살아야 할지 진지하게 다시 생각해봐야 한다.

도덕 심리학 분야에서 지대한 영향을 끼친 폭주 열차 사례는 또 있다. 정확히 말하면, 폭주 전차 사례[291]다. 첫 번째 시나리오('스위치' 시나리오)에서는 제어 불가능한 전차가 달리는 선로 위에 다섯 사람이 묶여 있다. 버튼을 누르면 전차는 다른 선로로 가게 된다. 그런데 안타깝게도 다른 선로에는 한 사람이 묶여 있어서 그가 목숨을 잃게 된다. 스위치를 눌러야 할까? 아니면 아무것도 하지 말아야 할까?

두 번째 시나리오('다리' 시나리오)에서도 제어가 안 되는 전차가 달리는 선로 위에 다섯 사람이 묶여 있다. 당신은 선로 위를 지나는 다리 위에 서 있는데, 옆에는 처음 보는 덩치가 큰 사람이 한 명 있다. 폭주하는 전차를 세울 유일한 방법은 옆에 있는 남자를 다리에서 밀쳐내서 전차 앞을 가로막는 것이다. 그러면 그 사람은 죽지만 다섯 명의 목숨을 구할 수 있다. (당신이 직접 뛰어내리는 것은 도움이 안 된다. 당신의 덩치가 너무 작아서 전차를 세울 수 없기 때문이다.) 그 남자를 밀어야 할까? 아니면 아무것도 하지 말아야 할까?

두 상황에서 결과는 모두 똑같다—스위치를 누르거나 남자를 밀면 다섯 명은 살고 한 명은 죽는다. 하지만 사람들은 대부분 두 경우가 다르다고 직관적으로 느낀다.[292] 스위치를 누르는 것은 옳지만 남자를 미는 것은 잘못이라고 말이다. 그렇다면 우리는 타고난 결과론자는 아닌 것으로 보인다. 이는 행위의 도덕성에는 행위의 결과가 전부가 아니라는 뜻이다.

일부 철학자들은 남자를 미는 것과 스위치를 누르는 것의 차이는 이른바 이중 효과 원칙DDE[293]으로 포착된다고 믿는다. 흔히 이중 효과 원칙은 가톨릭 철학자이자 신학자 토마스 아퀴나스Thomas Aquinas가 처음 제시한 것으로 여겨진다. 이 원칙에서는 공익을 발생시키는 과정에서 생기는 의도치 않은 결과로써 누군가를 죽이거나 해치는 것(이것은 도덕적으로 허용된다)과 공익을 위해 의도적으로 사망이나 피해를 야기하는 것(이것은 허용되지 않는다) 사이에는 결정적인 도덕적 차이가 있다고 상정한다.

가령, 이중 효과 원칙에 따르면, 적군 기지를 폭격했을 때 그곳에서 일하는 몇몇 무고한 사람들이 죽는다는 사실을 알면서도 폭격을 감행하는 것은 허용될 수도 있다. 기지를 파괴해서 전쟁을 빨리 끝내고 수많은 생명을 구한다는 목표를 두고 그렇게 할 수 있다. 무고한 사람들은 스위치 사례 속 남자처럼 '부차적인 피해'에 해당한다. 반면, 폭격의 목적이 무고한 사람들을 죽여서 항복을 받아내려는 것이라면(이번에도 그 결과로 전쟁을 빨리 끝내서 수많은 생명을 구하는 것이 목표다), 이중 효과 원칙 아래에서는 이것은 도덕적으로 허용될 수 없다. 무고한 사람들이 다리 사례 속 남자처럼 공익을 위해 죽게 되기 때문이다. 두 경우 모두 최종 목표가 같고(전쟁에서 이기는 것), 사망자 수가 같더라도, 이중 효과 원칙에 따르면 두 번째 행위는 첫 번째 행위보다 더 나쁘다. 두 번째 사례에서는 무고한 사람들의 죽음이 목적을 위한 수단이지만, 첫 번째 사례에서는 안타까운 부차적 결과이기 때문이다.

심리학자들이 전차 딜레마 영역에 처음 발을 들여놓은 건 1990년대에 심리학자 루이스 페트리노비치Lewis Petrinovich 연구팀의 연구[294]가 그 시작이다. 이들은 대학생들에게 다양한 시나리오를 제시했다. 그중에는 '구명보트 문제'—5인용 구명보트에 여섯 명이 타고 있는 경우, 한 명을 물속으로 던져 빠져 죽게 할 것인가? 그렇게 한다면 누구를 던질지 어떻게 정할 것인가?— 와 '스위치' 버전을 활용한 전차 딜레마도 포함되었다. 실험 대상자들에게는 대피 선로에 있는 사람이 미국 나치당 당원이라면 스위치를 누를 것인지 물었다. 만약 그 사람이 세계 최고의 비올리스트라면? 만약 그가 고릴라라면?

그 후 철학자이자 법학자 존 미하일[295]은 박사 논문 연구 중에 다양한 '스위치'와 '다리' 시나리오에 대한 사람들의 직관을 비교하는 일련의 연구를 진행했다. 그 뒤로 얼마 지나지 않은 2001년 신경과학자 조슈아 그린 Joshua Greene 연구팀이 〈사이언스〉지에 논문을 발표했다. 뇌 영상 촬영법을 이용해서[296] 사람들이 전차 상황이나 이와 유사한 상황에 대해 어떻게 추론하는지를 탐구한 논문이었다. 그린의 논문이 결정적인 전환점이 되어, 심리학과 신경과학, 인류학 분야에서 전차 딜레마 연구가 물밀듯이 쏟아져나왔다.[297] 지금까지 인터넷을 통해 다양한 나라와 문화권 출신의 수십만 명을 대상으로 사람들의 직관을 평가하는 조사가 진행되었다. 다양한 전차 딜레마를 수렵-채집사회에서 사는 사람들, 사이코패스들, 여러 종류의 뇌 손상을 입은 환자들에게 제시했다. 그 결과, 교육받은 철학자들만이 아니라 신경학적으로 정상인 사람들은 모두 스위치 사례와 다리 사례를 도덕적으로 구분 지었다.[298] 심지어 세 살 아이들도 (레고 인형을 사용한) 전차 시나리오 변형 버전을 제시하면, 스위치를 누르는

것은 옳은 일이고 남자를 미는 것은 옳지 않다고 대답하는 경향을 보인다.[299]

일부 학자들은 이러한 결과를 보면 인간에게는 언어학자 노엄 촘스키Noam Chomsky가 말한 보편문법과 유사한 보편적인 도덕 기능[300]이 있음을 알 수 있다고 한다—부분적으로 타고난 보편적인 기능으로, 그 안에는 감지하기 힘든 추상적 원칙들이 포함된다. 여기에는 몇몇 흥미로운 유사점들이 있는 것 같다. 우리의 언어 지식이 무의식적인 것과 마찬가지로(영어 사용자라면 'John seems sleeping'이라는 문장이 무언가 잘못되었음은 다 안다. 하지만 이런 직감의 밑바닥에 있는 원리를 뚜렷이 설명할 수 있는 것은 전문가들뿐이다) 우리의 도덕적 직관 가운데에는 우리의 의식적 인식 밖에 있는 요인들에 기인하는 것들이 많다.

하지만 이잣 자루디Izzat Jarudi와 내가 주장하듯, 언어와 도덕성은 어떤 점에서는 매우 예리하게 차이가 난다.[301] 무엇보다도 언어 지식은 감정과는 완전히 별개의 것이다. 누군가의 말 때문에 혐오나 분노가 일 수도 있지만, 문장을 이해하게 하는 원칙들은 전적으로 냉정하다. 우리는 어떤 동사 구문의 기하학적 구조를 무의식적으로 알아낼 때 눈물을 글썽이지 않는다. 이와는 대조적으로, 도덕적 판단은 연민이나 수치심, 분노 같은 감정과 연결되어 있다.

전차 시나리오의 다리 버전을 보면 감정의 중요성이 명백히 드러난다. 그린 연구팀[302]에 따르면, 사람들은 다리 위의 남자를 밀쳐 떨어뜨리는 대신 스위치를 눌러 바닥의 문을 열어 그를 선로에 떨어뜨릴 수 있다면, 더욱 기꺼이 그 남자를 폭주 열차를 멈출 도구로 사용한다. 이중 효과 원칙의 관점에서 보면 이렇게 한다고 달라지는 것은 없다. 두 경우 모두 남자를 죽이는 것은 목적을 위한 수단이다. 하지만 심리적으로는 차이가 생긴다. 그린은 그 이유가 그 남자를 건드리고 그에게 손을 대서 '밀친다'는 생각이 그저 스위치를 누른다는 생각보다 훨씬 더 강력한 감정적 반응을 일으키기 때문이라고 주장한다. 그리고 사람들 대부분이 이 행동이 도덕적으로 잘못된 것이라고 여기는 이유도 바로 이 때문이다.

전차 직관은 어떠한 철학 이론에도 들어맞지 않는 방식으로 조작되기도 한다. 어느 기발한 연구에서는 등장인물의 인종 관련 신호가 주는 효과를 들여다보았다.[303] 백 명의 뉴욕 필하모닉 단원을 구하기 위해 타이런 페이튼이라는 이름의 남자를 희생시키는 것이 옳은 일인가? 백 명의 할렘 재즈 오케스트라 단원을 구하기 위해 칩 엘스워스 3세를 희생시키기로 하는 것이 옳은 일인가? 보수주의자들은 공명정대했지만, 진보주의자들은 그렇지 않았다. 그들은 흑인 백 명을 구하기 위해 백인 한 명을 죽일 가능성이 그 반대의 경우보다 더 컸다. 하지만 그들은 질문을 받았을 때는 인종이 요인이 되어서는 안 된다고 명시적으로 주장했다. 또 다른 연구에서는, 사람들에게 SNL의 유머 있는 한 장면을 보여준 다음에 전차 딜레마를 제시했다.[304] 그러자 사람들이 열차 앞으로 덩치 큰 남자를 미는 행위를 지지할 공산이 커졌다.

학자들 가운데는 전차 딜레마가 이상하고 억지스러울 수 있다는 점 때문에 불편해하는 경우가 많다. 철학자 크와메 앤서니 아피아는 멍청한 전차 이야기 때문에 "탈무드가 평범한 참고서처럼 보인다"[305]라고 한다. 하지만 전차 딜레마가 우리 직관의 구조를 탐구하기 위한 강력한 도구임이 입증되었다는 데에는 거의 의심의 여지가 없다. 그린의 표현처럼, 전차 딜레마는 도덕적 마음을 연구할 때, 마치 실험실의 초파리와 같은 존재[306]일지도 모른다.

### ♦ 도덕성의 기원에 관한 진화론적 해석

철학에서 가족을 사례로 삼거나 심리학에서 가족을 실험에 소환하는 일은 드물다. 그 대신, 도덕 철학자들은 친밀한 관계와 관련된 도덕적 문제를 다룰 때, 전차 딜레마나 이와 유사한 문제들을 사용하는 것으로 밝혀졌다. 실제로 철학자 필리파 풋 Philippa Foot이 1978년에 전차 딜레마를 도입했을 때도 마찬가지였다. 산모의 목숨을 구하기 위해 아기가 희생된 사례들을 살펴보면서 '낙태'의 도덕성을 탐구하려는 의도로 전차 딜레마를 끌어들인 것이다. 여기서 사람들의 일반적인 생각은, 이처럼 논란이 일고 감정적으로 걱정스러운 사례들을 낯선 타인과 관련된 단순화한 딜레마로 바꾸면 우리가 훨씬 더 명료하게 생각할 수 있다는 것이다.

우리는 밥의 부가티가 등장하는 시나리오를 통해서도 가족에 대해 무언가를 알게 될 수도 있다. 이 시나리오는 먼 곳에 있는 모르는 사람들의 운명에 마음을 더 많이 써야 한다고 주장하기 위해 사용된다. 그런데 피터 싱어 같은 결과론자조차도 어느 정도의 이기적 편애는 합당한 것이라고 여긴다. 왜냐면 모두가 자기 자신과 자기와 가까운 사람들을 먼저 돌보는 시스템이 대개는 가장 효율적인 시스템이기 때문이다. 애덤 스미스는 이 점을 훌륭하게 주장한다.[307] "분명 모든 사람은 선천적으로 자기를 가장 먼저 그리고 주로 돌보게 되어 있다. 이렇듯 다른 누구를 보살피는 것보다 자기 자신을 보살피는 일이 가장 적합한 만큼, 그렇게 되는 것이 적합하고 옳다." 기내 비상 상황 시 산소마스크 착용 지침(내가 먼저, 그런 다음 자녀 순)은 모두의 생존을 보장하는 최고의 시스템이다. 그런 것처럼, 우리 자신과 우리 가족을 우선시하는 시스템이야말로 모두의 행복을 극대화할 최고의 방법일지도 모른다.

하지만 싱어가 말하고자 하는 핵심은 세상에는 한계가 있다는 것이다. 우리는 자기 자신과 우리가 사랑하는 사람들에게 너무도 지나치게 많은 자원을 준다. 그는 같은 자원으로 생면부지의 많은 생명을 구할 수 있는데도 자기 자녀를 겨우 조금 더 행복하게 해주려고 많은 사치품을 사주는 것은 도덕적 실수라고 주장한다. 부가티 전차 사례에는 왜 이것이 사실인지를 극명하게 보여주려는 의도가 담겨 있다.

도덕철학을 하는 한 가지 방식은 이렇다. 먼저, 모르는 사람이 나오는 사례를 가지고 생각하면서 일반적이고 추상적인 원칙—결과론처럼 아마도 매우 단순한 원칙일 것이다—을 전개한다. 그런 다음, 이들 원칙을 가족과 친구에게 확장한다. 또한, 어떤 철학자는 흥미로운 것은 모르는 사람들끼리의 상호작용이라고 주장할 수도 있다. 하지만 우리는 궁극적으로 우리와 이 세상을 공유하는 수십억 사람들과 어떻게 지내야 할지 알아야 한다. 사실, 멀리 떨어진 사람들에 대한 우리의 타고난 도덕적 감성이 존재하지 않거나 무딘 것이 사실이라면, 이것은 철학이 개입해야 하는 지점이 맞다. 친밀한 관계는 그들끼리 알아서 할 수 있기 때문이다.

하지만 도덕 심리학에서 이것은 잘못된 방법이다. 인간의 본성과 상호작용을 들여다보는 관점에서 보면, 모르는 사람들에서 시작하고 가족과 친구는 특수한 경우로 취급하는 것은 말도 안 된다. 이렇게 되면 도덕성이 종 안에서 어떻게 진화했으며 개인 안에서 어떻게 발달하는지에 대한 우리의 모든 지식과 어긋나게 된다.

이제 도덕철학을 기반으로 하지 않고 처음부터 다시 시작할 수 있다고 상상해보자. 철학 대신 진화생물학과 발달심리학을 발판으로 삼으면, 우리 도덕 심리학의 상황이 많이 달라 보이기 시작할 것이다.

먼저, 진화를 바탕으로 해서 도덕 심리학을 생각해보자. 도덕성의 자연사自然史는 수많은 낯선 사람들과 꾸준히 상호작용하는 세상이 아니라 가족과 부족 사람들로 이루어진 작은 집단에서 시작되었다.[308] 맨해튼 중심가가 아니라 외딴곳에 있는 여름 캠프를 떠올리면 된다. 따라서 우리의 사회적 본능은 익명의 이방인과의 상호작용을 가르쳐주도록 진화한 것이 아니라, 우리가 빈번하게 보는 사람들을 상대하는 데 도움이 되도록 진화했다. 우리는 이들과의 상호작용을 지속하고 반복했기 때문에 다른 사람들을 돕고, 다른 사람들의 도움에 고마움을 느끼며 나쁜 행동을 한 사람들을 벌하거나 피하게 된 사람들이 이런 정서를 모르는 사람들보다 더 많이 번창했을 것이다. 이는 우리 마음이 지금과 같은 모습으로 작동하는 이유다. 자연선택의 논리는 더 나아가 우리의 이타적이고 도덕 지향적인 욕구가 차별을 지향해야 한다고 요구한다. 모르는 사람보다 친구와 가족을 편애하도록 편향되면 생식 측면에서 막강한 이익이 생기기 때문에, 사람들은 이것이 타고난 도덕감각에 포함되기를 기대할 것이다.

그런데 우리의 도덕적 본능과 도덕적 이해심의 정확한 진화적 기원에 대해서는 의견이 분분하다. 혹자는 우리의 도덕감각이 협력적 행동, 특히 친족 간 협력의 결과로 이익을 얻으면서 직접적으로 생겨나는 것이라고 주장한다. 그런가 하면 혹자는 2단계론을 주장한다.[309] 먼저, 시초가 되는 도덕적 본능이 자리를 잡은 다음, 사회 규모가 커지면서 도덕규범 습득 전용 시스템이 등장한다는 말이다. 이뿐만 아니라, 집단선택—공동체 차원에서 일어나는 자연선택—이 도덕성의 기원과 관련해서 역할을 하느냐를 두고도 논쟁이 이어진다.[310] 앞서 우리가 살펴보았듯, 부정 행위자와 무임승차자 등 암적 존재들을 처벌하고 싶은 욕구가 어디서 왔는지 그 진화적 기원을 둘러싼 논쟁은 특히 유별나다. 우리의 처벌 본성이 진화한 이유가 징벌자들이 있는 집단이 없는 집단보다 흥하기 때문일까(집단 차원의 자연선택론)? 아니면 징벌자들이 매력적이어서 생존하고 생식에 성공할 가능성이 더 크기 때문일까(개인 차원의 자연선택론)? 또는 제삼자 처벌은 더 좁은 범위의 복수 성향이 우연히 넘쳐흘러 과잉이 된 것일까(3장에서 내가 제시한 견해)? 이 모든 질문의 답은 열려 있다. 아마도 진화 모형이나 문화인류학, 자연인류학, 인간과 다른 동물을 대상으로 한 실험 연구를 도구로 삼아 답을 구할 수 있을 것이다.

하지만 모든 것이 다 원하기만 하면 얻을 수 있는 것은 아니다. 도덕성의 기원에 관한 진화론적 해석은 모두 하나같이 공동체와 우정, 특히 친족 관계의 중요성을 강조한다. 이것은 다윈도 마찬가지다. 그는 우리의 도덕적 능력의 기원에 관해 추측하면서[311] 그 중요성을 인정했다. "'부모와 자녀로서의 본능을 포함해서' 눈에 띄는 사회적 본능을 타고난 동물이라면 어떤 동물이건 지력이 사람만큼 혹은 거의 그 수준만큼 잘 발달하기만 했다면, 도덕감각이나 양심이 반드시 생겼을 것이다."

자, 이제 발달을 살펴보자. 인간은 생물권에서 마마보이에 해당한다. 우리 인간은 어떤 생명체보다 유년기가 길다. 심각하게 취약한 시기가 길게 연장된 셈이다. 그래서 부모와 자녀 사이에 특별한 유대 관계가 생긴다. 이것을 생각하면 다른 생물에 비해 우리 인간의 사회생활과 도덕생활이 왜 이토록 복잡한지 이해하기 쉬워질 수도 있다.

특히, 몇몇 학자들은 이런 영유아기가 결정적으로 중요하다고 생각한다. 그들은 우리가 무력한 자식에게 베푸는 보살핌에서 이타성이 나온다[312]고 본다. 그런데 이 이론을 뒷받침하는 특이한 증거가 하나 있다. 바로 여러 역할을 동시에 하는 호르몬 '옥시토신'이 그 주인공이다. 이 호르몬은 출산하는 동안에는 자궁 수축을 돕고, 수유할 때 젖꼭지가 자극되는 동안에는 젖이 잘 돌게 도와주기 위해 분비된다. 이처럼 옥시토신은 어머니가 아이를 돌볼 때 역할을 하기 위해 진화했지만, 이보다 광범위하게 영향을 미친다. 몸에 옥시토신이 분비되면 마음이 차분해지고 느긋한 기분이 들며 친화적으로 된다. 경제학 게임에서는 옥시토신을 투여받은 사람들이 사람을 더 신뢰하고 더 관대해진다.[313] 옥시토신 수용력을 높이는 대립유전자를 지닌 사람들은 공감 능력이 더 뛰어나고 스트레스에 덜 민감한 경향[314]을 보인다. 이에 따라 옥시토신은 '사랑 호르몬', '포옹 약', '온정의 젖', '도덕 분자'라는 별칭으로 불린다.

물론, 도덕성에는 따뜻한 감정들만 있는 것이 아니다. 옥시토신으로는 왜 우리가 멀리 떨어진 생면부지의 사람에게 돈을 보내는지, 왜 다른 사람에게 해를 끼치는 사람들에게 분노하는지 설명하지 못한다. 사실, 옥시토신이 유발하는 반응은 그 자체로도 도덕적으로 복잡하다.[315] 옥시토신 덕분에 우리는 우리와 가까운 사람들에게는 더 친절해지지만, 우리의 편협한 편향이 심해질 수도 있다. 한 연구 결과, 옥시토신을 코로 흡입하면 자기가 속한 집단에는 더 긍정적인 태도를 보이지만, 다른 집단 사람들은 더 깎아내리려 하는 성향을 보이는 것으로 나타났다.

그렇더라도, 출산과 수유에 동원되는 바로 그 분자가 성행위와 친절한 행동과도 연관된다는 것은 대단한 발견이다. 이런 결론은 우리의 도덕적 정서 가운데 일부가 모자 관계에서 기원했다는 주장을 뒷받침한다.

### ♦ 친족, 내집단, 이방인: 관계 중심의 도덕 심리학

도덕 심리학을 연구하는 사람이라고 해서 모두가 추상적인 철학적 사례에 초점을 두지는 않는다. 인류학자 리처드 슈웨더는 표준이 되는 견해를 대체할 가장 영향력 있는 대안 가운데 하나인 3대 도덕 기반[316]을 제안했다. 우선, 개인의 권리와 자유에 초점을 두는 '자율성' 윤리가 있다. 서양인 대부분은 물론이고 틀림없이 서양 철학자 대부분이 가지고 있는 지배적 도덕 기반이 바로 이것이다. 전차 딜레마를 생각해내게 만드는 그런 유형의 도덕성이다. 그런가 하면 '공동체' 윤리도 있다. 여기서는 존중, 의무, 위계, 애국심 등을 포함하는 개념들에 초점이 맞추어진다. 마지막으로 '신성' 윤리는 타락, 정결, 성스러움, 성품聖品에 초점을 둔다.

심리학자 조너선 하이트는 이 이론을 확장 발전시켜, 우리에게는 6대 도덕 기반[317]—돌봄/위해, 공정/부정, 충성/배신, 권위/전복, 성스러움/타락, 자유/억압—이 있다고 주장한다. 이들 도덕 기반은 진화하여 보편적 특성이 되었지만, 음색 균형기의 다이얼처럼 변형을 인정하고 있어서 얼마든지 독창적인 방식으로 설정될 수 있다. 가령, 하이트는 정치적 진보주의자들은 돌봄/위해와 공정/부정을 강조하되 나머지 기반들은 경시하는 반면, 정치적 보수주의자들은 모든 기반을 고르게 중시한다고 설명한다. 그래서 보수주의자들이 진보주의자들보다 국기를 존중하고(충성), 자녀가 부모에게 순종하고(권위), 순결을 지키는 것을(성스러움) 더 중요하게 여기는 것이다.

나는 이러한 접근법들에 동감한다. 하지만 가족과 친구라는 특수한 지위를 인정하는 수준이 되기에는 충분하지 않다고 생각한다. 내가 그려본 우리의 도덕적 삶의 지도는 이들과는 다르다. 이 지도에서는 우리의 도덕적 판단과 도덕적 정서가 적용되는 사람들의 유형을 출발점으로 삼는다.

첫 번째 유형은 '친족'이다. 우리는 가까운 혈연관계에 있는 사람들을 아끼고 그들을 해치려 드는 사람들에게 분노를 느낀다. 친족에 대한 온정은 도덕성의 원형이며 직접적으로 자연선택을 통해 생긴다. 친척은 서로 유전자를 공유하는 사이이기 때문에, 친족에 대한 온정은 실질적으로는 자기 자신에 대한 온정을 의미한다. 다른 종들도 친족간 유대를 이루지만, 인간은 여기서 한발 더 나아간다. 우리는 이런 유대 관계를 도덕으로 삼는다. 예를 들면, 우리는 부모 자식 사이에 강한 유대를 맺는 것만 아니라 다른 사람들도 이런 유대 관계를 '가져야 한다'고 느낀다. 우리는 자기 자녀의 운명에 무관심한 부모는 옳지 않다고 생각한다. 어떤 도덕 원칙들은 특별히 친족에게만 적용되기도 한다. 앞 장에서 논했던 특정한 성관계들을 금하는 것이 그 예다.

두 번째 범주에는 우리 공동체나 부족의 일원이 되는 사람들이 포함된다. 이것을 '내집단'이라고 부르자. 친족의 경우와 마찬가지로, 여기서도 위해와 도움, 돌봄과 의무와 관련된 도덕 개념들이 적용된다. 우리가 내집단 구성원들에게 느끼는 정서는 집단생활에 적응하도록 진화했다. 이런 정서가 존재하는 이유는 같은 집단 사람들이 서로 협력할 때 생기는 상호이익 때문이다.

이러한 정서 가운데 일부는 집단 전체를 보호하는 쪽으로 확장된다. 공동체의 가치를 지키는 사람들에 대한 존경심, 이단자나 변절자에 대한 증오심 등이 그렇게 확장된 감정이다. 충성은 미덕이고 배신은 죄—매우 중한 죄—다.[318] 단테Dante의 신곡에 나오는 지옥에서도 가장 깊은 층인 제9원에 보내지는 죄인들은 성욕이나 분노가 아니라 배신을 저지른 자들이었다.

내집단에 대한 충성은 친족에 대한 충성과 충돌하기도 한다. 단테는 친족을 배신하는 것보다 친구나 정파를 배신하는 것이 더 중대한 잘못이라고 주장했다. 형제 아벨을 죽인 카인은 그리스 침략자들에게 트로이의 문을 열어준 안테노르보다 약한 처벌을 받았다. 단테가 보기에 최악의 죄인은 그리스도를 배신한 가리옷 유다였다.

여기서 단테는 성서를 따르고 있다. 종교 텍스트가 친족보다 종교적 내집단이 더 중요하다고 주장하는 건 놀랄 일이 아니다. 복음에서 그리스도는 자신이 가족을 대신하러 온 것이지 떠받들러 온 것이 아니라고 명시적으로 밝힌다.[319] "내가 세상에 평화를 주러 왔다고 생각하지 마라. 평화가 아니라 칼을 주러 왔다. 나는 아들이 아버지와 딸이 어머니와… 갈라서게 하려고 왔다. 집안 식구가 바로 원수가 된다. 아버지나 어머니를 나보다 더 사랑하는 사람은 나에게 합당하지 않다. 아들이나 딸을 나보다 더 사랑하는 사람도 나에게 합당하지 않다." 마찬가지로 구약성경에서도 똑같은 선호가 드러난다.[320] "너희의 동복형제나, 너희의 아들이나 딸이나, 너희 품의 아내나, 너희 목숨과도 같은 친구가 은근히 너희를 꾀면서 '다른 신들을 섬기러 가자' 하는 경우가 있을 것이다…. 그런 경우에 너희는 그를 반드시 죽여야 한다." 그러면서 그 이유도 설명한다. "그는 너희 하느님에게서 너희를 떼어 내려고 하였기 때문이다."

세 번째 범주는 '이방인'들이다. 우리와 꾸준히 상호작용하지 않고 우리 집단의 일원이 아니라고 여겨지는 사람들이다. 친족에 대한 도덕성을 진화시키는 동력은 유전적 공통성이고, 내 집단에 대한 도덕성을 구동시키는 동력은 상호이익의 논리라고 한다면, 이방인에 대한 도덕성을 밀고 나가는 동력은… 없다. 우리는 모르는 사람의 행동을 선하거나 악하다고 판단할 수는 있지만, 그들에 대한 이타심도 타고나지 않았고 그들에게 친절하고 싶은 선천적인 욕구도 없다.

한 가지 비유로, 숫자 심리학을 살펴보자. 인류를 비롯한 생명체들은 수학에 대한 어느 정도의 이해력을 미리 탑재하고 있다. 하지만 심리학자 캐런 윈의 주장처럼, 시초가 되는 우리의 첫 기반은 불완전하다. 특히, 0에 대한 추론을 담당하는 전용 뇌 시스템이 없다.[321] 0이 숫자라는 것은 상대적으로 최근에 발견되었고, 아이들은 이런 개념을 완전히 이해하기 어려워한다. 모르는 사람들이 도덕 영역으로 나뉘는 것을 보게 되는 일은 0을 숫자로 인정하게 되는 일만큼이나 인간에게는 하나의 업적이다.

그런데 낯선 사람의 고통이 공감을 촉발할 수도 있다. 누군가 괴로워하는 모습—가령, 개떼에 공격당해 신음하는 어린아이—을 목격하는 일은 불편하다. 아무리 한 번도 본 적 없는 사람이라 해도 말이다. 심지어 아기들도 다른 사람이 고통스러워하는 것을 보면 자기도 고통스러워한다. 원숭이 쥐 같은 동물들도 마찬가지다. 하지만 우리가 앞서 보았듯, 공감은 연민이 아니다. 공감한다고 해서 반드시 도와주고 싶은 욕구가 생기는 건 아니다. 소규모 사회에서 사는 성인들은 낯선 사람에게 증오와 혐오로 반응한다. 유아들은 낯선 사람을 만나면 불안감이 고조된다. 이들은 애정이 아니라 두려움을 경험한다. 우리는 영유아들이 온갖 즉각적인 친절—달래주기, 나눠주기, 도와주기 등—을 베푸는 모습을 목격하지만, 이런 행동들은 가족과 친구에게로 방향이 고정되어 있다.

물론, 많은 어른이 우리가 원래부터 가지고 있는 이방인에 대한 무관심을 초월한다. 지금은 우리가 0을 숫자로 인정하듯 말이다. 하지만 이것은 우리가 그렇게 양육되었기 때문이며 우리가 소속된 사회가 그렇기 때문이다. 우리는 처음에는 그런 식으로 출발하지 않았다.

친족, 내집단, 이방인이라는 범주에는 구멍이 많다. 사람들은 한 범주에서 다른 범주로 사람들을 이동시키려는 목적으로 훨씬 더 도덕성을 자극하며 설득한다. 집단 학살을 도모하려는 사람들은 예전에는 내집단의 일원으로 여겨졌던 사람들(가령, 1940년대 독일에 살던 유대계 독일인들이나 1990년대 르완다에 살던 투치족)이 사실은 이방인이라는 말로 다른 이들을 설득하려 들 것이다. 먼 사람들에 대한 온정을 불러일으키고 싶은 사람들은 이와 반대 방향의 이동이 일어나도록 애쓸 것이다. 사진이나 이야기, 개인적인 신상 정보를 동원해서 그 사람들이 덜 낯설게 느껴지고 우리 내집단의 일원처럼 더 가깝게 느껴지도록 만들 것이다. 우리는 다른 사람의 얼굴을 보고 이름을 들었을 때 실제로 그 사람을 도와줄 가능성이 더 크다[322]는 다수의 연구 결과도 있다.

친족 관계의 은유 또한 그 위력이 막강하다. 어떤 집단의 유대를 강화하고 싶다면, 그 집단을 가족이나 형제 또는 자매 관계로 묘사하는 것이 한 가지 방법이다. 많은 사회에는 '가공의 친족' 시스템이 있다. 그 안에서는 유전적으로 서로 관련 없는 사람들을 혈연관계라고 이야기하거나 아마도 그렇게 여기는 것 같다. 내가 어렸을 때 살았던 몬트리올 동네에서는 이웃 사람들이나 우리 부모님의 친구들을 이모나 삼촌이라고 불렀다. 그래서 나는 난처하게도 한참이 지나서야 누가 진짜 친척인지 알게 되었다.

가공의 친족 관계는 꼭 위에서 시켜야만 만들어지는 것이 아니다. 뉴욕 거리에서 노숙하는 10대 게이 청소년들의 삶을 알려온 작가 레이첼 아비브Rachel Aviv[323]에 따르면, 그들은 가공의 가족을 치밀하게 구성한다. 어머니와 아버지 등의 역할을 결정할 때는 나이를 따지는 것이 아니라, 식견을 보고 멘토 노릇을 할 능력과 의지가 있는지를 본다. 이런 관계는 점차 확장되고 복잡해진다. 아비브는 라이언이라는 한 노숙 청소년이 어떻게 아버지가 되었는지를 묘사한다. 라이언이 멘토가 되어 조언해주었던 아이들이 뒤이어 다른 아이들의 멘토가 되자 그는 할아버지가 되었다고 한다. "'게이 가족의 묘미는 우연히 유니언 스퀘어에 들러도 아는 사람을 만나는 인맥이 생긴다는 거죠. 이제 우린 외톨이가 아니에요.' 그가 말했다. '처음 보는 사람한테 가서 그 사람의 게이 엄마가 누구냐고 물으면 돼요. 그렇게 족보를 따지다 보면, 세상에나, 내가 네 삼촌이네! 이렇게 되는 거죠.' 그는 또 덧붙였다. '우리 중엔 생물학적 가족을 잃은 아이들이 많아요. 그래서 게이 가족이 그 빈자리를 채워주는 거죠.'"

철학자들은 이러한 유대 관계의 중요성을 놓치는 경우가 많다. 열성 공리주의자이자 《프랑켄슈타인》의 저자 메리 셸리Mary Shelley의 아버지인 윌리엄 고드윈William Godwin은 그의 독자들에게 한번은 이런 질문을 던졌다.[324] 화재가 발생했는데 두 사람 중 한 명만 구할 수 있다면 누구를 구할 것인가? 한 사람은 수많은 이들에게 즐거움과 통찰을 주는 저명한 대주교이다. 또 한 사람은 대주교의 시종인데 마침 그는 당신 아버지다. 이 중에서 누구를 구해야 할까? 고드윈은 아버지를 남겨두는 것이 정답이라고 결론 내렸다. 하지만 우리 대부분에게는 이 해법이 도덕적이라고 느껴지지 않는다. 오히려 충격적인 해법 같다. 애덤 스미스가 말했듯,[325] "다른 사람의 아버지나 아들보다 자기 친아버지나 친아들의 죽음 또는 괴로움에 더 마음 아파하지 않는 사람은 좋은 아들도, 좋은 아버지도 아닌 것처럼 보일 것이다. 이런 비정상적인 무관심은 박수를 부르기는커녕 우리의 반감을 최고조에 달하게 할 것이다."

마지막으로 다시 전차 딜레마로 돌아간다. 사람들은 대부분 버튼을 눌러 한 명을 희생시켜 다섯 명을 구해야 한다고 말한다. 이런 반응을 표준적으로 해석하면, 우리는 벤담이나 밀과 궤를 같이하는 도덕적 결과론자라는 뜻이다. 감정의 방해가 없는 상태에서 우리는 옳고 그름을 판단할 때 누군가가 행동하면 또는 행동하지 않으면 세상이 어떤 영향을 받느냐에 바탕을 둔다. 한 사람의 죽음보다 다섯 사람의 죽음이 더 나쁘기에 선택은 뻔하다.

그런데 대안이 될 만한 해석이 하나 있다. 어쩌면 스위치 사례에서 우리의 직관은 도덕적 고려로 발동되는 것이 전혀 아닐 수 있다. 궁극적으로, 이 사례에 등장하는 사람들은 익명이고 추상적이다. 그들은 이방인이다. 리처드 슈웨더가 주장하듯, 그러면 우리는 이 딜레마를 수학 문제와 별다르지 않게 취급할 수도 있다.[326] 하나와 다섯 중 어느 것이 더 적지? 이런 식으로 말이다. 스위치를 누르는 것이 옳은 행동이라고 답하는 사람들 대다수는 물건 한 개를 부술 것이냐, 다섯 개를 부술 것이냐는 질문을 받았을 때 똑같은 방식으로 추론하고 있는 셈이다. 실제로 그런 실험이 있었다. 선로 끝에 사람 대신 찻잔을 두는 전차 시나리오327를 제시하면, 실험 참가자들은 이 경우에도 스위치를 눌러 찻잔 다섯 개보다는 한 개를 부수는 경향을 보인다.

이 주장은 사람들이 도덕적 결과론자라는 견해와 다르다. 실험이 가능하다는 면에서 그렇다. 도덕적 판단과 도덕과 무관한 판단 사이에는 차이가 있다. 예를 들어보자. 나는 건포도를 좋아하지 않는다. 하지만 이것은 그저 선호이지 도덕적 태도가 아니다. 따라서 나는 다른 사람들이 건포도를 좋아하건 좋아하지 않건 상관하지 않는다. 건포도 먹는 사람들이 벌을 받아야 한다고 생각하지도 않는다. 건포도 한 알을 먹는다고 죄의식을 느끼지 않을 것이고, 먹지 않고 자제하는 사람들을 보고 감탄하지도 않는다. 나의 건포도 기피에는 도덕적 판단의 특징이 하나도 없다. 그런데 나는 영아 살해도 싫어한다. 하지만 이것은 도덕적 태도라서 뒤따르는 영향들이 '있다'. 나는 다른 사람들이 아기를 죽이면 안 되고 영아 살해자는 벌을 받아야 한다고 믿는다. 만약 나 자신이 아기를 죽인다면 죄책감이 들 것이다. 다른 사람이 아기를 죽이려 할 때 못 하게 막아낸 사람을 보면 감탄과 존경을 보낼 것이다.

나는 스위치 사례에 대한 우리의 직관이 영아 살해보다는 건포도 섭취에 더 가깝다고 생각한다. 사람들은 스위치를 누르는 것이 '옳은 일'이라는 데 동의할지도 모른다. 하지만 이것은 추상적인 지적 판단이지 도덕적 판단이 아니다. 그래서 스위치를 누르지 못한 사람들이 옳지 않다고 생각하는 일도, 이들을 벌주고 싶은 열망도 거의 없다. 현실 세계에서 우리는 두둑이 기부하지 않아서 모르는 사람들이 죽도록 내버려두었다고 사람들을 비난하지 않는다. 따라서 전차 딜레마에서 누군가를 죽이는 선택을 하지 않아서 모르는 사람들을 죽게 내버려두었다고 비난한다면, 되레 그것이 이상한 일이다.

이뿐만 아니라, 우리가 모르는 사람 다섯 명과 모르는 사람 한 명을 항상 도덕적으로 구분하는지도 명확하지 않다. 물론, 사람들은 다섯과 하나 중에 골라야 한다면 숫자에 신경을 쓴다. 하지만 이런 식으로 명시적으로 대조하지 않으면 숫자는 거의 중요하지 않다. 한 연구에서 실험 참가자들을 두 그룹으로 나누고 실험을 했다. 첫 번째 그룹에는 아픈 어린아이 한 명의 생명을 구할 신약 개발에 돈을 기부해달라고 했고,[328] 두 번째 그룹에는 아픈 어린아이 여덟 명의 생명을 구할 신약 개발에 기부해달라고 했다. 그러자 두 그룹은 같은 금액을 기부했다.

숫자가 높은 경우에도 이런 무신경함은 유지된다. 서아프리카에 심한 가뭄이 났다는 기사를 접한다고 상상해보자. 예상 사망자 수가 8만 명에 이르거나… 4만 명이거나… 160만 명이거나 차이가 있다고 느껴질까? 160만 명이 위기에 처했다고 생각하면 8만 명일 때보다 스무 배 더 걱정이 커질까? 아니면 두 배 더 커질까? 필시 숫자는 전혀 영향을 주지 않을 것이다.

이런 시각에서 보면, 스위치 사례에서 사람들이 보이는 전형적인 반응은 무관심의 반영이지 도덕성을 반영하는 것이 아니다. 이렇게 생각하면 다른 식으로는 설명되지 않는 연구 결과들에 고개가 끄덕여진다. 복내측 전전두피질이 손상된 사람들에게는 흔히 사이코패스와 유사한 감정둔화가 발생한다. 이들은 정상인들보다 다리 사례에서 남자를 미는 행동을 옹호하는 경향이 더 많다. 이 말인즉슨, 이들은 다리 사례를 스위치 사례처럼 취급한다는 뜻이다.[329] 경미한 사이코패스 성향을 보이는 대학생들도 마찬가지다. 이런 연구 결과들은 나쁜 놈들과 뇌 손상이 있는 자들도 무려 벤담이나 밀과 마찬가지로(!) 최대 다수의 최대 행복을 갈망한다는 증거로―결과론자들을 꼬집는다[330]는 생각에 조금 고소해하면서―자주 인용된다.

하지만 달리 설명할 수도 있다. 이들 사이코패스 유형의 사람들은 전혀 도덕적으로 추론하고 있지 않다고 말이다. 정상적인 공감 반응이 결핍된 이런 사람들은 정상인들이 스위치 사례를 보는 것과 같은 식으로, 마치 수학 문제처럼 다리 사례를 생각한다. 하나가 다섯보다 적으니 그들은 말할 것이다. 밀어.

하지만 나머지 우리는 다리 사례에서 미는 것이 옳지 않다고 대부분 생각한다. 그 사람은 여전히 이방인은 맞지만, 실체가 있는 이방인이라 이제는 다섯 명을 구하기 위해 한 명을 죽이는 것이 정당해 보이지 않는다. 나는 이런 상황이 강한 감정 반응을 일으킨다는 조슈아 그린의 의견에 동의한다.[331] 누군가를 밀어서 죽이는 일은 불쾌하게 느껴진다―'잘못'이라고 느껴진다. 버튼을 누르는 일이 불쾌하게 느껴지지 않는 것과 같은 이치다. 하지만 왜 그런지가 의문으로 남는다. 대체 왜 우리는 가까이에서 직접 대면하고 있는 사람을 해치는 것이 꺼려지는 걸까?

한 가지 가능성은 우리가 도발적이지 않은 상황에서 다른 사람을 폭행하는 것을 싫어하는 특이한 혐오를 진화시켰다는 것이다. 도덕성은 접어두더라도, 이런 행동은 아무리 모르는 사람에게 하는 것이라도 극도로 위험하다. 실패해서 자기가 죽을 수도 있다. 성공할 수도 있지만, 이 경우에는 피해자의 복수를 위해 칼을 갈고 있는 그의 가족, 친구와 싸워야 한다. 따라서 이런 혐오는 적응 차원에서 타당하다. 또 다른 가능성은 이런 감정 반응이 우리가 어렸을 때 받은 양육의 결과일 수도 있다는 것이다. 우리가 주변 사람에게 위해를 가하려 할 때 주변 어른들이 벌을 주거나 옳지 않다고 하면서 이런 반응이 형성되었을 수도 있다.

어느 경우이건, 단순히 우리가 모르는 사람을 죽이는 것을 꺼린다는 뜻이 아니다. 다음 장에서 살펴보겠지만, 보통 우리는 모르는 사람들에게 친절하다. 특히 한 사람으로서 생생하게 마음속에 그려볼 수 있는 사람들에게 친절하다.[332] 어린 소녀가 살기 위해 약이 필요하다고 말하며 소녀의 사진을 보여주고 이름도 가르쳐주면, '그러면' 사람들은 이 약을 만들기 위해 지갑을 더 열게 된다. 실제로 사람들은 얼굴도 이름도 모르는 어린이 여덟 명의 생명을 구하기 위해 내는 기부금보다 상당히 더 많은 금액을 기부한다. 만약 집 근처 숲속을 산책하다가 호수에 빠진 어린아이를 발견한다면, 나는 얼른 물속으로 뛰어들어 아이를 구할 것이다. 설령 내 구두를 버리게 되더라도 말이다. 확신하건대, 나는 폭주 열차에 아이가 죽지 않도록 스위치를 누를 것이다. 그것이 내 소중한 차(내 경우는 부가티는 아니지만 2005년형 토요타 RAV4이다)가 박살 난다는 것을 의미하더라도 말이다.

그러나 우리가 가진 도덕의 힘을 믿고 너무 으스대서는 안 된다. 하루가 멀게 나는 머나먼 땅에 사는 모르는 사람들의 고통을 전하는 기사를 접한다. 내가 그들의 삶을 더 나아지게 할 수 있다는 것도 안다. 하지만 실제로 그렇게 하려고 노력하는 경우는 드물다. 큰 도시에 가면 내가 복음에 나오는 선한 사마리아인의 입장이 되는 경우가 종종 있다. 길가에 털썩 주저앉아 있는 사람을 지나칠 때가 그렇다. 아마 아프고 배고프고 틀림없이 도움이 필요한 상태일 것이다. 만약 그 사람이 내 '친족'—여동생, 아버지, 사촌—이라면 나는 얼른 달려가 도울 것이다. 만약 나와 같은 '내집단'—한동네 이웃, 같은 대학교 동료, 카드 게임을 같이하는 사람—사람이어도 도울 것이다. 하지만 실제로는 그는 언제나 모르는 사람이라서, 대체로 나는 외면하고 가던 길을 계속 간다. 필시 여러분도 마찬가지일 것이다.

# JUST BABIES

The Origins of Good and Evil

# 7장
# 어떻게 해야 좋은 사람이 될까?

선악의 기원

**Just Babies**

### ♦ 인간이 친절한 행동을 하는 진짜 이유

 이타적인 것처럼 보이는 많은 행동이 자기 이익을 위해 한 것이 아니다? 순진한 생각이다. 기부금 가운데는 제일 형편이 어렵고 받을 만한 사람들에게 가지 않고 기부자 자신에게 이익이 돌아오는 프로젝트로 가는 경우가 많다. 부자 부모가 엘리트 대학에서 자기 자녀를 뽑아주기를 바라면서 그 대학에 거금을 기부하듯 말이다. 사회학자 소스타인 베블런Thorstein Veblen이 말했듯, 자선 차원의 기부는 자신의 부와 지위를 보여줄 완벽한 선전 방법이다.[333] 잠자리와 연애 상대의 마음을 사로잡을 좋은 방법이기도 하다.[334] 너그럽고 다정한 사람처럼 보여서 피해가 생길 일은 거의 없다.

그래도 사람들은 자기 자신에게 이익이 되지 않아도 다른 사람들을 돕는다. 더군다나 어떤 경우는 철저하게 익명으로 돕기도 한다. 예일대학교 심리학자 스탠리 밀그램Stanley Milgram은 복종 실험으로 가장 유명하다. 그는 실험을 통해 참가자들 가운데 많은 사람이 생면부지의 사람에게 치명적인 전기 충격을 가하라는 지시를 따른다는 사실을 발견했다. 그런데 밀그램은 친절에도 관심이 있었다. 1965년 그는 뉴헤이븐 전역에 주소도 적혀 있고 우표도 붙어 있는 편지들을 뿌리는 실험[335]을 했다. 인도 위에도 떨어뜨리고 공중전화 부스를 비롯한 공공장소에 편지를 놓아두었다. 그러자 편지들 대부분이 봉투에 적힌 주소에 제대로 도착했다. 다시 말하자면, 뉴헤이븐에 사는 착한 사람들이 편지를 주워서 우체통에 넣었다는 뜻이다—이는 간단하게 할 수 있는 친절한 행동이지만 결코 서로 주거니 받거니 할 수는 없는 행동이다. 그런데 이런 친절은 선별적이다. 밀그램의 실험에 따르면, 편지봉투에 이름—"월터 카냅"—이 적혀 있으면 되돌아왔지만, '나치당 친구들'에게 보내는 편지들은 돌아오지 않았다.

우리가 선하다는 것은 다른 면에서도 명백하다.[336] 이제는 사회 대부분이 사람들의 몸을 훼손하는 방법으로 처벌하지 않는다. 일부다처의 죄를 저지른 여성은 "코 연골에 최소 직경 반 인치의 구멍을 뚫는 처벌을 받아야 한다"라는 토머스 제퍼슨의 법안[337]은 이제 채택되지 않을 것이다. 가족에 대한 태도도 바뀌었다. 남편이 아내를 강간하거나 부모가 자녀를 때리는 행위는 많은 나라에서 더는 합법이 아니다. 사람들 가운데는 인간 외 일반 동물의 운명이 매우 우려되어서 송아지고기 스칼로피네처럼 맛있는 음식을 먹지 않고 모피 코트 같은 편안한 옷을 입지 않는 경우도 일부 있다. 많은 이들이 표현의 자유와 종교의 자유 같은 권리가 있다고 믿으며, 다른 사람들을 노예로 삼거나 인종을 근거로 차별하는 행위가 잘못이라고 믿는다.

혹자는 우리의 선함은 신이 개입했다는 증거라고 본다.[338] 생물학자 프랜시스 콜린스는 이처럼 현명한 도덕성은 생물학적 진화로는 설명되지 않는다며, 자애로운 하느님이 우리 안에 도덕률을 심어놓은 것이 틀림없다고 결론 내렸다. 사회평론가 디네시 디수자Dinesh D'Souza는 '고귀한 이타심'—생각해낼 수 있는 유전적 또는 물질적 보상 하나 없어도 혈연관계가 없는 사람들에게 선하게 대하는 것—은 C. S. 루이스C. S. Lewis의 표현처럼 '우리 영혼 안에 있는 신의 목소리'로 가장 잘 설명된다고 결론짓는다. 또한, 다윈과 함께 자연선택을 발견한 앨프리드 러셀 윌리스Alfred Russel Wallace는 1869년 인류가 우리의 '고귀한 도덕 기능'을 포함한 많은 면에서 진화를 초월했다고 논평했다. 그러면서 우리 인간종의 발달을 빚어내는 어떤 우월한 지성이 존재하는 것이 틀림없다고 결론 내렸다.

이러한 주장들을 은유, 또는 우리의 경이로운 능력에 대한 시적인 경탄의 표현으로 간주하는 사람도 있다. 하지만 콜린스와 디수자, 윌리스가 의미하고자 하는 바는 모두 문자 그대로다. 그들은 우리가 다른 영장류에서 떨어져나온 이래로 수백만 년 동안 신이 '실제로 우리에게 무언가를 했다고' 주장하는 것이다. 우리의 믿음과 선택은 물리적으로 우리의 뇌가 작동하면서 생겨나는 것이기 때문에, 이 말은 우리가 진화하는 중 어느 한 시점에 신이 문자 그대로 인간의 뇌를 개조했다는 뜻이다. 그렇다면 꼼꼼한 신경과학자들이 신이 개조한 뇌 부위를 발견하고 신의 솜씨가 단조로운 생물학적 진화의 산물과 어떻게 다른지 확인할 수 있어야 한다. 만약 콜린스 등의 주장이 맞다면, 우리의 수준 높은 도덕성 덕분에 우리는 과학 역사상 가장 위대한 발견을 하게 된다. 바로 신이 존재한다는 결정적 증거를 발견하는 것이다.

하지만 그들은 틀렸다. 생식이라는 목적에 맞지 않는 이타적 동기가—심지어 우리가 목숨을 걸고 모르는 사람을 구할 때처럼 우리와 우리 유전자에 불리한 선택을 하게 만드는 이타적 동기조차도—단순히 존재하는 것으로도 생물학적 진화에 충분히 부합한다. 결론적으로 자연선택은 앞을 내다보지 않는다. 현재의 불확실성에 반응하는 것이지, 미래의 예상 환경에 반응하는 것이 아니다. 따라서 지금 여기에서 일어나는 부적응적 행동은 어디까지나 진화론에 부합한다. 이것은 다른 영역에서도 쉽게 찾아볼 수 있다. 성욕은 아마도 사람들이 생식적으로 의미 있는 성행동을 하도록 유도하기 위해 진화했을 것이다. 하지만 많은 남성이 포르노를 보고 흥분해서는 자손을 만들 기회를 늘리는 데 전혀 기여하지 않는 방식으로 자기 씨를 쏟아버린다. 이 같은 쓸데없는 행동은 진화의 수수께끼라서 신의 개입이 있었다는 증거인 걸까? 물론, 아니다. 마찬가지로 자연선택을 통해 진화했던 몇몇 이타적 성향들도 얼마든지 생물학적 대가가 없는 상황 때문에 촉발될 수도 있다.

콜린스와 디수자, 월리스의 주장 중에는 옳은 것도 있다. 우리 도덕성 가운데 수수께끼 같은 측면들이 있는 것은 우연이 아니라는 부분이다. 이런 측면들은 설계된 이유와 목적에 대한 설명이 필요하다. 하지만 내가 이 책에서 내내 주장하듯, 이런 고귀한 도덕적 기능이 인간 본성의 한 부분이라고 추정하는 것은 착각이다. 노예제도의 부당함과 같은 통찰은 수백 년 전 사람들이 인식하지 않았다면 거의 타고날 수 없는 것이다. 도덕성에는 많은 사람이 우리의 타고난 자질 가운데 하나라고 추정하는 측면이 몇몇 있다. 모르는 사람들에게 베푸는 친절이 그렇다. 하지만 이런 측면들은 영유아에게는 없는 것으로 드러났다.

이런 비평가들은 마치 안경을 보고 놀라워하면서 자연선택으로는 이런 복잡한 불가사의를 창조해낼 수 없으니, 신의 솜씨가 틀림없다고 주장하는 사람들과 같다. 이들은 세 번째 선택지가 있음을 잊고 있다. 바로 '우리가' 그것을 만들었다는 것이다. 이와 마찬가지로, 우리의 도덕성이 향상된 건 인간의 상호작용과 인간의 독창성이 낳은 결과다. 우리는 부분적으로만 도덕적이었던 아기를 매우 도덕적인 어른으로 변화시키는 환경을 만들어낸다.

### ♦ 관습의 일부가 된 이타심

먼저, 관습의 힘을 살펴보자. 나는 이 책을 통해 줄기차게 도덕적 정서와 도덕적 판단을 강조했다. 하지만 선행에는 이 두 가지 중 어느 것도 필요하지 않다.

팁 문화를 생각하면 된다. 팁을 주는 행위는 손에 잡히는 이익 없이 자기 비용을 들여 다른 사람을 도와준다는 의미에서 전적으로 이타적이다. 하지만 보통 이 행위를 하는 데는 도덕적 동기가 없다. 식당에서 자리에 몇 달러 남겨두거나 신용카드로 지불할 금액을 약간 추가하려고 할 때, 적극적으로 종업원의 입장을 헤아리는 사람은 거의 없다. 팁을 못 받았다는 생각에 격노할 그의 얼굴을 상상하며 움찔하거나, 팁을 18퍼센트 받았다고 즐거워하는 그녀에게 공감해서 마음이 따뜻해지는 일은 거의 없다. 우리 가운데는 팁 문화의 도덕적 논리에 대해 생각하는 사람은 거의 없다. 종업원들이 얼마나 적게 버는지 곰곰이 생각한 뒤, 우리가 정말 얼마라도 더 줘야겠다고 결론 내리는 일은 거의 없다. 우리 가운데는 타인 지향적 동기를 느끼는 사람은 거의 없다. 우리는 그저 팁을 계산해서 자리에 두고 떠날 뿐이다. 머릿속에는 수학만 남은 채.

그런데 이렇게 무심코 하는 행동이 사전에 깊이 생각한 결과일 가능성이 있다. 아마도 한때 우리는 각자 팁 문화의 논리와 도덕성에 대해 생각해보고 이것이 옳은 일이라는 판단을 내렸을 것이다. 그러다가 시간이 지나면서 이 친절한 행동이 반사적인 행동으로 바뀌었을 것[339]이다. 이것은 우리가 다른 사람의 입장이 되어보는 등의 복잡한 활동을 해낼 때도 마찬가지다. 우리는 처음에는 의식적으로 우리 행동에 주의를 기울이며 시작하지만, 이내 자각이 흐려진다. 자율주행에 접어드는 셈이다. 아마도 이것은 도덕성 전반에 걸쳐 일반적으로 해당하는 이야기일 테다. 아리스토텔레스Aristotle가 지적했듯, 덕 있는 사람들의 특징 중 하나는 깊이 생각해서 하는 선행을 아무 생각 없이 하는 습관으로 바꾸고 싶어 한다는 것이다. 그들은 굳이 생각하지 않으면서도 옳은 일을 하는 그런 부류의 사람으로 성장하고 싶어 한다.

우리가 선행이라고 여기는 행동 중에는 우리 문화의 일부로 관습이 되어서 깊이 생각하지 않으면서 하게 되는 것들이 많다. 이것은 말을 배우는 것과 비슷하다. 2세 아이는 대개 개를 '개'라고 칭한다고 배울 때, 왜 하필 그렇게 부르는지 혹은 왜 모든 것에 이름이 있는지 등의 의문을 품지 않는다. 이런 질문들은 좋은 질문들이라 아이가 크면 궁금해할 수 있다. 하지만 영유아들은 수많은 단어를 학습해야 하기에 단순히 다른 사람들이 하는 대로 따라 하는 것이지 그 이면에 있는 논리를 이해하는 것이 아니다. 실제로 우리가 배우는 것 가운데 많은 것이 무의식적으로 학습된다. 예를 들면, 나는 가정교육을 그렇게 받아서 다른 사람들과 어느 정도 물리적 거리를 유지하는 것을 선호한다. 하지만 내가 이런 사실을 의식하는 경우는 나와 다른 식으로 양육된 사람들과 함께 있을 때뿐이다. 마치 우리가 영어로 그냥 things라고 표현하는 것을 다른 언어 사용자가 things가 아닌 다른 단어로 표현하는 것을 들으면 그때야 이것을 의식하게 되는 것과 같은 이치다.

혹은 헤로도토스가 들려준 다리우스 왕 이야기[340]를 다시 떠올려보자. 다리우스 왕은 죽은 아버지의 시신을 불태우는 그리스인들과 아버지의 시신을 먹는 인도인들을 한자리에 불러 모았다. 이들은 각기 다른 집단의 행위에 경악했다. 각자 자신의 관습만이 죽은 사람을 처리하는 적절한 유일한 방법이라고 믿었기 때문이다. 그렇게 믿었던 이유는 각자 사전에 대체 가능한 방법들 가운데 하나를 선택하는 과정을 거쳤기 때문이 아니라, 애초에 다른 대안에 대해서는 생각해본 적이 없었기 때문이다. 헤로도토스는 이렇게 이 이야기를 맺는다. "이 이야기를 통해 우리는 관습이 어떤 역할을 할 수 있는지 알 수 있다." 그리고 이어서 관습을 가리켜 '만물의 왕'이라고 한다.

우리는 반복적으로 보는 행동에 가장 많은 영향을 받는다. 하지만 짧은 경험도 유효할 수 있다. 연구자들은 6~11세 아이들이 낯선 사람들의 자선 행위를 본 후 어떻게 행동하는지[341] 연구했다. 보통의 실험처럼 아이들은 볼링 게임을 한 다음, 피자로 바꿀 수 있는 교환권 등 모종의 보상을 받았다. 게임을 하기 전에 아이들은 다른 사람이—어른이나 다른 아이가—게임을 한 다음 자기가 받은 보상 중 얼마를 가난한 사람들을 위한 자선 단지에 넣는 모습을 보았다. 연구 결과, 앞 사람이 많이 기부할수록 아이들도 많이 기부했다. 다른 사람의 행동을 관찰한 경험이 기부하라는 명시적 권고보다 영향력이 더 컸다—실제로 훈계는 '부정적' 효과가 있다는 연구 결과도 있다.

하지만 부모라면 모두 알고 있듯, 아이들은 좋은 행동과 함께 나쁜 행동도 배운다. 앞 사람이 자선 단지에 아무것도 넣지 않으면 아이들도 보통은 아무것도 넣지 않았다. 앞 사람을 보지 않았다면 조금이나마 넣었을 텐데도 말이다. 흥미롭게도 아이들이 좋은 행동보다 나쁜 행동에 더 영향받는다는 연구 결과가 있다. 최근 심리학자 피터 블레이크 연구팀[342]은 3~6세 유아들을 대상으로 부모가 다른 어른에게 자원을 나누어주는 모습을 보여주는 실험을 했다. 아이들은 엄마나 아빠가 아주 이기적인 모습(스탬프 열 장 중 한 장만 주는 모습)을 보거나 아주 너그러운 모습(스탬프 열 장 중 아홉 장을 주는 모습)을 보았다. 그런 다음, 아이들이 다른 아이와 자기가 가진 자원을 나누어야 할 때가 되자, 아이들은 부모가 많이 주었을 때보다 적게 주었을 때 부모의 모습을 더 강하게 모방했다. 마치 이기적이어도 되는 핑계를 찾고 있던 차에 부모의 나쁜 행동이 핑곗거리를 제공하는 것 같았다.

그러므로 우리는 대단한 도덕적 동기가 없어도 다른 사람의 선행을 흉내 내는 방법만으로도 좋은 사람이 되는 법을 배울 수 있다. 하지만 이렇게 되면 문제는 다시 원점으로 돌아간다. '다른 사람들'은 왜 그렇게 착한 걸까? 이런 관습은 대체 어디서 유래할까? 200년 전의 미국에서는 백인이 흑인을 노예로 삼는 것이 관습이었다. 실제로 많은 사람이 노예제를 도덕적 제도로 여겼다. 한편으로는 성경에서 정당화할 근거를 찾았고, 다른 한편으로는 이렇게 정리하는 것이 노예를 포함해서 모든 사회 구성원에게 최적이라고 진심으로 믿어서 내린 결론이었다. 이런 사회에서 자란 백인 아이는 그런 시각을 그대로 흡수하기 쉬울 것이다. 말을 어떻게 하고, 팁을 어떻게 주고, 낯선 사람과 어느 정도 거리를 유지해야 하는지를 배울 때처럼 말이다.

### ♦ 도덕적 범주를 확장하는 문학과 미디어

우리의 도덕적 태도 변화를 살펴보는 한 가지 방법은 '도덕적 범주'[343] 차원에서 생각하는 것이다. 이 은유적 표현은 19세기 역사학자 윌리엄 레키William Lecky가 만들고 피터 싱어가 그의 1981년 저서 《사회생물학과 윤리》에서 다루면서 널리 알려졌다. 도덕적 범주에는 우리가 운명을 걱정하는 사람들, 우리에게 중요한 사람들이 포함된다.

레키는 이 범주가 작은 규모로 출발해서 역사와 함께 확대된다고 믿었다. "인간은 자애로운 감성이 이기적인 감성보다 매우 약한 상태로 세상에 태어난다. 도덕의 기능은 이 질서를 뒤집는 것이다…. 한때는 자애로운 감성이 가족만 아우르다가, 얼마 지나지 않아 '확대된 범주' 안의 계층부터 시작해서, 국가, 국가 연합, '온 인류'가 포함된다. 그리고 마침내는 그 영향이 동물 세계를 대하는 인간에게까지 미친다." 다윈은 《인간의 기원》에서 레키를 인용하며 그의 견해에 찬성한다. 그리고 이어서 우리 종이 발달하는 동안 우리의 동정심이 "더 다정해지고 더 널리 퍼졌다"[344]라고 평한다. "그리하여 모든 인종과 어리석거나 불구가 된 자들을 비롯한 쓸모없는 사회 구성원들에게 그리고 마침내 더 열등한 동물에게까지 확대되었다"라고도 한다.

"쓸모없는 사회 구성원"이라는 다윈의 표현이 우리에게 상기시키는 것이 몇 가지 있다. 첫째, 1871년 이래로 특정 집단을 일컫는 우리의 화법이 얼마나 많이 바뀌었는지 새삼 느끼게 된다. 오늘날에는 정신적으로나 육체적으로 장애가 있는 사람들을 이렇게 아무렇지도 않게 "쓸모없다"라고 표현하는 사람은 아무도 없을 것이다. 둘째는 더 중요한 사항이다. 그의 발언을 통해 우리는 도덕적 범주를 확대하는 원동력이 순전히 자기 이익만은 아니라는 것을 알 수 있다. 도덕적 범주를 확대한다고 해서 반드시 우리에게 물질적인 이득이 떨어지는 것이 아니기 때문이다. 우리는 "어리석은 자들"과 "불구가 된 자들"을 더 많이 보살핌으로써 이익을 얻지 않는다.

이 범주를 확장할 수 있는 원동력 한 가지는 개인적 접촉이다. 사람들이 동등한 지위에서 공동의 목표를 향해 일할 때, 개인들 간의 상호작용은 종종 편견을 줄여준다. 빈번하게 인용되는 두 사례가 군부대와 스포츠 팀이다. 그런데 1950년대부터 진행해온 다채로운 연구 결과, 다른 여러 여건에서도 개인적 접촉의 힘[345]이 확인되었다. 가령, 인종차별 없는 공공주택에 거주하는 백인 주부나 흑인 파트너와 조를 이룬 백인 경찰 등에게서 말이다. 다인종 학교에 자녀를 보내는 방법으로 자녀에게서 인종차별의 싹을 잘라내려 노력하는 부모들은 합리적이다. 올바른 여건에서 접촉하면 아이들은 자신의 도덕적 범주를 확장해서 다른 인종도 그 안에 포함시킬 것이다.

범주 확장을 가져오는 또 다른 중요한 요인은 이야기에 노출되는 것[346]이다. 철학자 마사 너스바움은 아이들이 어떻게 이야기를 통해 그들과 다른 시각, 정체성을 가진 사람들을 공감하고 그 사람들에게 동질감을 느끼는 법을 배우는지 설명한다. "우리는 주변에서 사람처럼 보이는 모습을 흔히 많이 본다. 그런데 우리는 그들을 어떻게 언급하는가? 유년기의 스토리텔링이 우리에게 가르쳐주는 건 가면 뒤의 삶, 즉, 형태에 가려진 내면세계에 대해 질문하라는 것이다. 스토리텔링 덕분에 우리는 추측하는 습관이 생긴다. 우리 모습과 너무도 닮은 이 모습 안에 우리와 비슷한 면이 있는 감정과 소망, 계획이 담겨 있다는 추측 말이다. 이뿐만 아니라, 다양한 사회적 환경에 따라 내면세계가 다양함을 이해하는 습관 또한 생긴다."

그런데 다른 사람들의 마음을 이해하는 데에는 굳이 이야기가 필요하지 않다. 앞서 논했듯, 갓 돌 지난 아이들조차도 주변에 있는 '사람과 비슷한' 모양이 그들 자신과 뚜렷이 구별되는 감정과 소망, 계획을 지니고 있다고 생각한다. 하지만 너스바움이 말하는 것은 '습관'이지 능력이 아니다. 그래서 이야기에 노출되면 다른 사람들의 마음을 더 쉽게 헤아리게 된다는 그녀의 주장은 진지하게 생각해볼 만하다. 또한, 세상에는 우리가 대체로 자연스럽게 고려 대상으로 삼지 않는 "사람과 비슷한 모양"이 몇몇 있다. 내 경우만 해도, 독방 수감자가 겪는 역경[347]에 대해 크게 생각해본 적이 없었다. 하지만 어느 저널리스트가 쓴 감동적인 논고를 읽은 후, 지금은 다르게 생각한다.

이야기는 개별 사례에 따라 연민을 유발하기도 하지만, 우리가 자신의 도덕 원칙과 행동 습관에 의문을 제기하도록 유도하기도 한다. 심리학자 스티븐 핑커가 표현하듯, "외국인이나 탐험가, 역사가의 눈을 통해서만 볼 수 있는 세계에 노출되면,[348] 의문 없이 받아들였던 규범('그건 원래 그런 법이야')이 명시적 관찰 결과('그건 마침 우리 부족이 지금 하는 행동이네')로 바뀔 수 있다." 이것이 바로 헤로도토스가 그리스인과 인도인의 이야기를 통해 주장하는 핵심 내용이다. 여행은 지평을 넓혀준다. 그리고 여행의 한 형태가 문학이다.

그런데 혹자는 이런 설명이 도덕적으로 복잡한 문학의 특성을 도외시한다며 이의를 제기한다. 문학 평론가 헬렌 벤들러

Helen Vendler는 "허구의 작품을 도덕적 각성제 또는 도덕적 구토 유발제로 취급하는 것[349]은 예술 작품의 복잡한 심리적, 도덕적 모티브를 인식하는 사람이라면 누구에게나 역겨운 일이다."라고 말한다. 법학자 리처드 포스너Richard Posner는 위대한 이야기들 가운데는 끔찍한 가치가 표현된 것들이 많다[350]고 지적한다―《일리아드》에는 강간, 약탈, 살인, 인간과 동물 제물, 축첩, 노예제, 셰익스피어와 디킨스의 작품에는 반유대주의, 인종차별주의, 성차별주의가 등장하는 식이다. 포스너의 결론은 "문학의 세계는 도덕적 무법지대"라는 것이다.

그는 책을 자주 읽는 사람이 그렇지 않은 사람보다 조금이라도 더 착하다는 증거는 거의 없다고도 지적한다. 나치는 문학에 정통한 것으로 유명하다. 가령, 요제프 괴벨스Joseph Goebbels는 그리스 비극을 좋아했다고 전해진다.[351] 일부 심리학자는 이런 주장에 동의하지 않을 수도 있다. 이들은 문학작품을 더 많이 읽는 사람들이 비문학을 선호하는 사람들보다 사회적 기술이 다소 높다[352]는 최근 연구 결과를 근거로 댄다. 하지만 아무리 이것이 사실이라 할지라도, 그렇다고 그 사람들이 더 착하다는 법은 없다. 게다가 이런 종류의 상관관계를 어떻게 해석해야 할지도 불분명하다. 아마도 독서가 사람을 더 사회적으로 만드는 것이 아니라, 사회적인 사람들이 문학을 더 좋아하는 것일 테다. 여성이 남성보다 문학을 더 많이 읽는데, 그 이유는 여성이 어떤 점에서는 남성보다 더 사회적이기 때문일 것이다. 이와 같은 맥락에서, 예전에 내 실험실 소속 대학원생이었던 제니퍼 반즈는 경증 자폐증을 앓아서 사회적 장애가 있는 성인이 정상인보다 문학에 관심이 적다[353]는 사실을 발견했다. 따라서 한 사람의 사회적 능력과 공감 능력이 문학을 향한 그의 관심에 영향을 주는 것은 뚜렷하지만, 그 반대로도 영향을 주고받는지는 확신할 수 없다.

그럼에도 불구하고 적시에 적절한 문학이 투입되면 효과가 있을 수 있다.[354] 문학이나 저널리즘 등이 실제로 인류사의 궤적에 영향을 주었다는 의미 있는 역사적 증거가 있다. 이 증거는 포스너의 주장에 대한 너스바움의 반박―나치가 책을 많이 읽었을지는 모르지만, 올바른 종류의 책을 읽지는 않았다―을 뒷받침해준다. 19세기 베스트셀러 소설인 해리엇 비처 스토 Harriet Beecher Stowe의 1852년 작 《톰 아저씨의 오두막》은 백인들이 노예의 시각에서 노예제도를 상상할 수 있게 도와주었다. 그 결과, 노예제도에 대한 미국인들의 태도 변화가 일어나는 데 상당한 역할을 했다. 디킨스의 《올리버 트위스트》는 19세기 영국 아동에 대한 처우에 변화를 촉발하는 기폭제가 되었다. 알렉산드르 솔제니친의 작품은 사람들에게 소비에트 강제수용소의 참상을 알려주었다. 〈쉰들러 리스트〉와 〈호텔 르완다〉 같은 영화는 우리가 실생활에서는 결코 만날 일 없는 사람들(때로는 옛날 사람들, 때로는 다른 나라 사람들)이 겪는 역경에 대한 우리의 인식을 넓혀주었다.

더 최근의 사례를 들자면, 미국에서 소수 인종과 성 소수자에 대한 처우가 지난 수십 년간 얼마나 급진적으로 달라졌는지를 살펴보면 된다. 이런 결과는 TV에 많은 공을 돌려야 한다. 우리는 좋아하는 드라마에 나오는 등장인물들이 마치 우리 친구인 것처럼 그들에게 공감하는 경우가 많다. 그렇듯 수많은 미국인이 〈코스비 가족〉이나 〈윌 앤 그레이스〉 같은 프로그램에 등장하는 유쾌하고 재미있으며 위협적이지 않은 흑인이나 게이와 꾸준히 상호작용했다. 그 효과는 막강하게 나타날 수 있다. 지난 30년간 미국에서 일어난 도덕적 변화의 기저에 있는 가장 강력한 원동력은 시트콤이었을지도 모른다.

물론, 이것이 육감에 지나지 않는다는 점은 인정한다. 하지만 TV가 도입되면서 도덕적 신념에 눈에 띄게 영향을 받은 다른 나라들의 사례가 이를 뒷받침하는 증거가 된다. 로버트 젠슨Robert Jensen과 에밀리 오스터Emily Oster에 따르면, 인도 농촌 마을에 케이블 TV가 들어오기 시작하면 취학 여성의 수가 늘어나고, 여성을 때리는 행위를 예전만큼 사람들이 쉽게 용인하지 않게 되고, 남아선호사상이 줄어든다[355]고 한다. 젠슨과 오스터는 그 이유가 비교적 국제적인 가치를 보여주는 경향이 있는 드라마에 노출된 결과라고 주장한다. 브라질과 탄자니아에서 이루어진 연구에서도 이와 비슷한 결과가 나왔다.

하지만 이야기를 통해 전달되는 메시지가 도덕적으로 좋은 메시지여야 한다고 규정하는 자연법칙은 없다. 청중들이 멀리 있는 다른 사람의 입장이 되도록 유도하면서 도덕적 범주를 확장하는 이야기가 있는가 하면, 내집단 밖의 사람들을 사악하고 혐오스럽게 묘사하면서 도덕적 범주를 축소하는 이야기도 있다. 《톰 아저씨의 오두막》과 〈쉰들러 리스트〉가 있는 만큼 《시온 장로 의정서The Protocols of the Elders of Zion》와 〈국가의 탄생〉 같은 부류도 존재한다. 그렇다면 도덕적 범주를 확장하는 이야기들이 잔혹한 이야기들보다 왜 더 많이 팔리는 걸까? 애초에 왜 우리는 그런 좋은 이야기를 창작할 의욕이 생기는 걸까? 그 이유를 설명하는 것이 바로 도덕적 변화에 관한 이론이 풀어야 할 숙제다.

### ♦ 종교가 도덕의 기준이 될 수 있는가

도덕성을 논하는 자리에 종교가 빠진다면 미완의 논쟁이 된다. 많은 사람이 도덕적 진보를 이끄는 주된 원동력으로 지목하는 것이 바로 종교이기 때문이다.

실제로는 많은 이들이, 특히 미국에서는 그 이상으로 생각한다―신의 존재를 믿지 않고서는 좋은 사람이 될 수 없다고까지 여긴다.[356] 미국인 대부분은 다른 문제가 없더라도 무신론자라면 대통령으로 뽑지 않을 것이라고들 한다. 사실 이런 면에서 무신론자는 모르몬이나 유대인, 동성애자보다 불리하다. 사람들에게 미국 사회에 대한 비전을 그들과 공유하는 사람이 누구냐고 물으면 무신론자가 최하위를 차지한다. 사람들은 무신론

자도 잠재적 범죄자와 오만한 엘리트주의자만큼이나 자기중심적이고 부도덕하다고 여긴다.[357]

혹자는 신 없이 좋은 사람이 될 수 있다 하더라도 그렇게 된 일부 요인은 종교적 이상에 기반한 사회에서 자란 덕이라는 견해를 피력한다. 철학자이자 법학자 제러미 월드론의 주장에 따르면, 다른 사람들에게 마음을 쓰도록 이끄는 핵심적인 도덕적 통찰 가운데는 위대한 유일신 신앙의 가르침에서 기원하는 것이 많다. "안락한 공동체의 제한된 이타심에 도전한 것이 서양 종교의 위대한 업적 가운데 하나다…. 나는 가난한 자들을 학대하고, 이방인을 외면하고, 버림받은 자를 쫓아내서 번영을 이룬 사람들을 좌절시키겠다고 콕 집어 목표로 삼고 있는 토라의 율법과 예언자들의 타협 없는 설교, 다윗왕의 시편을 마음에 품고 산다. 나는 예수 그리스도의 가르침과 모범 또한 마음에 품고 있다. 그는 소외되고 멸시받는 자들과 어울렸으며, 배고픈 자를 먹이고, 헐벗은 자를 입히고, 이방인을 안으로 들이고, 갇힌 자를 방문하는 일을 기꺼이 하는 마음이 있어야 하느님을 알아볼 수 있다고 했다."[358]

월드론의 생각이 옳다면, 종교는 도덕적 범주가 확장하는 이유를 최소한 부분적으로나마 설명한다. 하지만 크리스토퍼 히친스Christopher Hitchens의 주장에 동의하며 월드론과 반대되는 견해를 펴는 학자들도 있다. 히친스는 종교가 "폭력적이고 비합리적이며 관용이 없고,[359] 인종차별주의와 종족주의, 편협과 결탁하며, 무지하고 자유로운 탐구에 적대적이며, 여성을 경멸하고 아이들에게 강압적"이라고 주장한다.

그런데 공정한 관찰자라면 현재 우리가 긍정적으로 여기는 많은 도덕적 프로젝트가 종교적 신앙에 바탕을 두고 종교 지도자들의 지원을 받아왔음을 인정해야 할 것이다. 가령, 주요 국제 자선단체의 설립과 미국 시민권 운동이 그렇다. 하지만 역사상 가장 끔찍했던 잔혹 행위 가운데 일부가 종교적 신앙에 의해 유발되었다[360]는 사실 또한 공평하게 분명히 짚고 넘어가야 한다. 종교를 지지하는 사람들은 성경과 코란에서 열린 사고가 드러나는 부분들을 인용할 수 있다. 반면, 종교를 비판하는 사람들은 지금의 눈으로 보면 도덕적으로 기괴해 보이는 긴 대목들을 쉽게 열거할 수 있다. 가령, 신이 집단 학살과 노예제, 집단 강간을 용인하는 부분을 꼽을 수 있다. 실제로 일부 구절에는 거의 우스꽝스럽게 왜곡된 도덕률이 반영되어 있다. 예를 들면, "어린아이들"이 예언자 엘리샤를 대머리라고 놀리자[361]("대머리야, 올라가라!") 엘리샤가 그들을 저주한다. 그러자 암곰 두 마리가 숲에서 나와 "그 아이들 가운데 마흔두 명을 찢어 죽였다".

종교는 우리 인간종에게 순이익이었을까 아니면 순손실이었을까? 틀림없이 이 질문에 대한 답은 있을 것이다. 하지만 그 답이 무엇인지 누구도 알지 못한다. 그리고 과연 그 답을 찾는 사람이 나올지도 잘 모르겠다. 문제는 종교가 '어디에든' 있다는 것이다. 바로 지금도 그렇고, 우리가 아는 한 멀리 뒤로 거슬러 올라갔을 때도 그렇다. 사람들은 대부분이 종교적이다. 우리 가운데 대부분이 하나 혹은 그 이상의 신을 믿는다. 대부분이 일종의 사후 세계를 믿는다. 대부분이 일종의 종교 의례에 참여한다. 그래서 인간 삶의 다른 모든 측면에서 종교의 영향을 따로 떼어놓기가 어렵고, 비종교적인 사회와 개인에 관한 주장을 평가하기가 특히 힘들다. 세상에는 분명 도덕적인 무신론자가 존재한다. 하지만 그들의 도덕성은 어쩌면 그들이 속한 사회의 종교성에서 덕을 보는 것일 수 있다. 세상에는 분명 무신론자 비율이 높으면서도 훌륭한 나라가 존재한다. 덴마크가 그렇다. 하지만 이런 나라들은 불과 몇 세대만 거슬러 올라가도 신앙심이 독실했던 시절이 있다. 따라서 이들이 지닌 미덕은 아마도 종교적이었던 과거로부터 물려받은 것일 테다. 종교가 없으면 인류는 어떻게 되겠냐는 질문은 인간의 성별이 두 개가 아니라 세 개라면 또는 인류가 하늘을 날 수 있다면 세상이 어떻게 되겠냐고 묻는 것과 같다.

좀 더 요란하지 않은 질문을 던진다면 답을 구하는 행운이 따를지도 모른다. 같은 사회 안에서 과연 종교인이 세속인보다 더 도덕적일까?[362] 많은 연구자가 이 질문을 파고들었으나, 주된 연구 결과는 흥미로운 발견이 거의 없다는 것이다. 여기저기에서 미세한 영향은 발견되었다. 예를 들면, 몇몇 연구에서는 종교인의 편견이 살짝 더 심하다는 결과가 나왔다. 하지만 나이와 정치 성향 같은 다른 고려 사항을 배제하면 이런 영향은 미미

했다. 그리고 종교적 믿음을 특정한 방식으로 측정했을 때만 영향이 있었다.

유일하게 큰 영향이 발견된 경우는 종교가 있는 미국인들이 무신론자보다 자선단체에(비종교적 자선단체 포함) 기부를 더 많이 한다는 것이다. 이런 결과는 인구통계를 감안하더라도 마찬가지였다(종교가 있는 미국인들은 고연령, 여성, 남부 출신, 아프리카계 미국인일 가능성이 평균에 비해 더 크다).

왜 이런 관계가 있는 것인지 탐구하기 위해 정치학자 로버트 퍼트넘Robert Putnam과 데이비드 캠벨David Campbell은 사람들에게 사후 세계에 관해 물었고, 도덕성에 있어서 신의 중요성 등 다양한 측면의 종교적 믿음에 관한 질문을 던졌다. 그 결과, 자원봉사나 기부 관련 행동과 관계있는 대답은 '하나도' 나오지 않았다. 종교 공동체에 가입한 것이 전부였다. 퍼트넘과 캠벨의 표현처럼, "그 사람이 얼마나 열심히 교회에 출석하는지만 알면, 신앙의 내용에 대해 알게 되는 바가 있더라도 그 사람이 얼마나 선한 이웃인지 파악하거나 예측하는 데 아무런 영향을 주지 않는다…. 실제로 통계에 의하면, 무신론자이지만 어쩌다(아마도 배우자를 통해) 신자들의 모임에 참여하게 된 사람이 누구보다도 독실하지만 혼자 기도하는 신자보다 무료 급식소에서 봉사할 가능성이 훨씬 크다. 선한 이웃이 되는 데 중요한 것은 종교적 소속감이지 종교적 믿음이 아니다."[363]

종교가 끼치는 끔찍한 영향도 마찬가지다. 여기서도 공동체가 중요하고 믿음은 무관하다. 심리학자 제러미 깅스Jeremy Ginges 연구팀은 팔레스타인 이슬람교도들의 종교성과 자살 폭탄 테러에 대한 지지도 사이에 밀접한 관계가 있음[364]을 발견했다. 그런데 이번에도 핵심 요인은 종교 공동체였지 종교적 신념이 아니었다. 모스크 출석률을 보면 자살 테러 지지도를 예측할 수 있었지만, 기도 빈도수로는 불가능했다. 인도네시아의 이슬람교도, 멕시코의 가톨릭교도, 영국의 신교도, 러시아의 러시아 정교도, 이스라엘의 유대교도, 인도 힌두교도의 경우, 이들의 종교 집회 출석 빈도를 보면(이번에도 기도 빈도는 무관하다) "나는 이 세상의 많은 문제가 다른 종교인들 탓이라고 생각한다"와 같은 질문에 대한 그들의 반응을 예측할 수 있다.

종교적 신념은 도덕성 앞에서는 이 빠진 종이호랑이처럼 영향을 주지 않는다고 결론지으면 왜곡된 것처럼 들릴 수도 있다. 자살 폭탄 테러를 생각해보자. 어떤 사람의 태도를 가장 잘 예측하는 것이 종교적 신념이 아니라 종교 집회 출석률이라 하더라도, 리처드 도킨스처럼 결론 내리는 것이 합리적인 것 같다. 즉, 신이 이교도를 죽이기를 원한다고 믿는 사람은 애초에 신을 믿지 않는 사람보다 이교도를 죽이고 싶은 열망이 훨씬 더 클 것이다.[365] 더 일반적으로 보면, 종교는 명시적인 도덕적 주장을 한다. 낙태, 동성애, 가난한 사람들에 대한 의무, 자위행위 외에도 모든 문제에 대해 목소리를 낸다. '이렇게 하면' 그 종교를 믿는 사람들의 심리에 확실히 어떤 영향을 주게 될까?

아마 그럴 테지만, 다른 가능성도 있다. 종교적 신념이 도덕적 신념을 초래하는 것이 아니라, 종교적 신념에 도덕적 신념이 반영되는 것이다.[366] 언론인이자 학자인 로버트 라이트Robert Wright가 《신의 진화》에서 피력하는 견해가 바로 이것이다. 라이트는 우리가 이 책에서 도덕적 범주라고 표현하는 것의 팽창과 수축에 특히 관심이 있다. 그래서 유일신 종교들이 집단 밖의 외부인들에 대한 태도를 어떻게 바꾸어왔는지를 추적한다. 라이트가 보기에, 이런 태도 변화는 더 일반적인 문화적 변화에 대응한다. 아마도 전쟁이나 어떤 외부 위협 때문에 도덕적 범주가 수축하면 사람들은 "성서에서 무관용이나 호전성의 근거를 발견하는 경향"을 보인다. 도덕적 범주가 팽창하면, "그들은 성서의 관용적이고 포용력 있는 면을 발견할 공산이 더 크다." 따라서 성서가 이런 변화를 불러온다고 믿는 것은 신문 헤드라인이 항공기 추락 사고를 초래한다고 결론짓는 것과 같다.

그렇다고 해서 반드시 종교적 신념이 도덕성과 무관하다는 뜻은 아니다. 종교적 신념이 '촉진제'—자기강화 시스템의 일환—역할을 할 수도 있다. 특정 집단 사람들—가령, 동성애자—을 증오하는 성향이 있는 개인이나 사회는 종교 텍스트와 종교 인사의 어록에서 그들을 뒷받침할 증거를 찾으려 할 것이다. 일단 증거가 발견되면, 그들의 증오가 강화되고 정당화되며 심화할 수 있다. 반면, 연민이나 정의 쪽으로 마음이 기우는 사람들 역시 그들을 뒷받침할 근거를 찾을 수 있다. 그러면 종교가 요지부동의 세속인조차도 도덕적으로 긍정적이라고 여길 만한 명분의 근거가 되기도 한다.

### ♦ 이성과 감성 사이

지금까지 우리는 도덕적 변화를 이끄는 추진력 가운데 몇 가지를 살펴보았다. 하지만 많은 도덕적 판단에 내재한 복잡성 앞에서는 눈을 감았다. 특히 도덕적 범주에 관해서 그랬다. 우리는 레키와 다윈 같은 학자들의 주장을 따르면서 이 범주가 클수록 좋다고 추정했다. 이것은 출발점으로 삼기에 꽤 그럴듯한 태도다. 말하자면, 지금까지 인류에게 주로 문제가 되었던 것은 우리의 고려 대상 범위가 대체로 너무 지나치게 작았다는 이야기다.

하지만 도덕적 범주가 클수록 항상 좋은 법은 아니라는 것[367]쯤은 어렵지 않게 확인할 수 있다. 과연 우리의 도덕적 범주를 태아까지 확대해서 그들도 아이들과 도덕적으로 동등하게 다루어야 할까? 그렇다면 배아는 어떤가? 수정란은? 이런 질문에 계속해서 그래야 한다고 대답하는 사람들도 있을 것이다. 실제로 많은 이들이 사회가 이 존재들이 말살되지 않도록 보호하기를 거부하는 것은 홀로코스트에 맞먹는 도덕적 잘못이라고 믿는다. 그렇다면 인간이 아닌 일반 동물은 어떠한가? 1500년대에 프랑스 파리에서는 고양이를 불 위에 올리는 행위를 용납 가능한 형태의 대중 오락으로 여겼다.[368] 한 역사가는 이 장면을 이렇게 묘사한다. "왕과 왕비를 포함한 관중들은 고통스럽게 울부짖는 고양이가 그을리다가 구워지고 마침내 시커먼 숯덩이가 되는 동안 폭소를 터트렸다." 우리는 더는 이런 짓을 하지 않는다. 그렇다면 동물을 사냥하고, 동물을 먹고, 동물을 의학 연구에 사용하는 행위를 금지하는 것이 그다음 단계가 되어야 할까? 이 질문에 대해서도 모두 그래야 한다고 답하는 사람들이 역시나 있을 것이다. 하지만 그렇다면 피부세포를 적절히 치료하고 보호하는 것은 어떻게 해야 할까? 개인용 컴퓨터는? 바이러스는? 모든 것에 다 도덕적 무게가 있는 것은 아니다. 도덕적 범주가 너무 크면 권리와 도덕적 가치가 명확하게 있는 다른 존재들의 삶이 나빠진다. 만약 수정란도 아이와 똑같이 취급한다면 임신한 여성들에게는 해가 될 수 있다. 만약 인간이 아닌 일반 동물을 대상으로 실험하지 않기로 한다면, 사람들의 질병 치료를 저해하게 될 것이다. 이런 것들이 바로 우리가 다루어야 하는 딜레마들이다.

그런데 이런 문제들을 인식하면서 지금까지 우리 이야기에 빠져 있던 퍼즐 한 조각이 보이기 시작한다. 바로 이성이다. 도덕성에 대해 생각하는 동안 우리는 추론도 하고, 모순도 골라내고, 유사점도 탐구한다. 충돌하는 주장들이 실제 상황과 상상 속 상황에 대한 우리의 직관을 얼마나 잘 포착하는지를 보면서 이들 주장을 평가하기도 한다. 이 모든 것을 하는 동안 우리가 발휘하는 능력은 창업이나 휴가 계획처럼 실용적인 문제를 처리하거나 과학 이론을 전개할 때 사용하는 능력과 똑같다. 이 능력은 사람에 따라 더 발달하기도 덜 발달하기도 하지만, 우리가 모두 보유한 능력이다. 이 능력은 역사를 거치는 동안 도덕적 진보를 가져온 원동력이었다. 공룡이나 전자, 세균의 존재 등 과학적 발견을 하기 위해 이성을 사용했듯, 우리는 노예제의 부당함 같은 도덕적 발견을 하기 위해서도 이성을 사용했다.

내가 이런 입장을 취하면 몇몇 사람들의 눈에 이상하게 비칠 것임을 나도 잘 안다. 확실히 유행에는 맞지 않다. 심리학계와 신경과학계의 요즘 경향은 이성적 숙고를 경시하고 직감과 무의식적 동기를 중시하는 것이다. 정치문화 비평가 데이비드 브룩스David Brooks는 그의 베스트셀러 《소셜 애니멀》에서 이런 경향을 명료하게 옹호한다.[369] 그는 중요한 것은 냉정한 합리성이 아니라 그 아래에 있는 것이라고 주장한다. 바로 "감정, 직관, 편향, 열망, 유전적 소인, 성격적 특성, 사회적 규범" 말이다. 브룩스에 따르면 심리학과 신경과학은 "우리에게 순수 이성보다 감정, 개인의 선택보다 사회적 인맥, IQ보다 성격이 상대적으로 더 중요하다는 것을 '다시 일깨워준다.'"

이성의 몰락은 도덕 심리학 분야에서 특히 극적이다. 그 주된 원인은 심리학자 조너선 하이트의 연구 결과 때문이다. 고전이 된 그의 2001년 논문[370]에서 그는 "도덕적 추론은 도덕적 판단을 초래하지 않는다. 오히려 도덕적 추론은 대개는 판단이 이루어진 다음에 발생하는 일종의 사후 해석"이라고 주장했다. 또

한 도덕적 직관이 도덕적 추론을 작동시키는 것은 "마치 강아지가 꼬리를 흔드는 것처럼 확실하다"라고 주장했다.

그렇다고 이성이 전적으로 무력하다고 주장하는 사람은 아무도 없다. 브룩스는 우리가 때때로 직감을 무력화하기 위해 우리의 지성을 사용하기도 한다고 분명히 말하고 있고, 하이트는 일부 전문가들(가령, 전문 철학자들)이 때때로 도덕적 숙고를 한다고 인정한다. 하지만 결론은 이성이 도덕이라는 무대의 조연이라는 것이다. 이런 결론에 따르면 현대 심리학은 도덕철학 안에 있는 중요한 한 계파와 연결된다. 이 계파의 구호는 데이비드 흄에게서 왔다.[371] "이성은 정념의 노예이며 또 노예여야만 한다. 또한, 정념을 받들고 정념에 복종하는 것 말고는 결코 다른 어떤 역할도 주장해서는 안 된다."

나는 흄의 주장이 일리가 있다고 인정한다. 우리가 앞서 논했듯, 불똥이 튀듯 처음에 배려심이 촉발되지 않는다면 애초에 우리는 도덕적 존재가 되지 않는다. 게다가 우리의 도덕적 판단 가운데 일부는 분명 이성의 결과가 아니다(가령, 5장에서 탐구했던 혐오와 청결과 관련된 도덕적 판단들). 하이트가 평했듯, 이러한 판단에 대한 우리의 설명은 사후 정당화에 불과한 경우가 흔하다. 더 일반적으로는, 우리가 미처 깨닫기도 전에 많은 요인이 우리의 판단과 행동에 영향을 준다. 손 씻기(청결 상기시키기)는 우리를 도덕적으로 더 까다롭게 만든다. 정리가 안 된 지저분한 방을 보거나 홀연 방귀 냄새를 맡는 경우도 마찬가지다.[372] 반면, 우리는 갓 구운 빵 냄새를 맡거나 소액의 돈을 막 발견하면 다른 사람들을 도와주고 싶은 마음이 더 발동한다.[373]

하지만 이 중 그 어느 것도 이성이 무관하다는 것을 입증하지 않는다. 결국 많은 도덕적 직관은 정당화될 수 있다. 사람들은 음주 운전이 왜 잘못인지, 목발 짚은 사람을 위해 문을 잡아주는 것이 왜 좋은 일인지 등의 질문에 말문이 막히지 않는다. 우리는 누군가에게 소리 지르는 것보다 그를 죽이는 것이 왜 더 나쁘냐는 질문을 받거나, 고용주가 흑인 노동자에게 백인 노동자보다 적은 급료를 주는 것이 왜 잘못이냐는 질문을 받으면 어떻게 답해야 할지 몰라 당황하지 않는다. 누군가 이런 사항들에 이의를 제기하면—가령, 어린아이가 물으면—우리는 피해를 낳을 수 있다는 우려와 공정성, 공평성을 언급하면서 조목조목 정당화할 것이다.

이러한 추론은 현실 세계에 변화를 가져온다. 여러 학자가 이런 사례들을 연대순으로 기록했다. 로버트 콜스Robert Coles는 시민권 운동이 일어나는 동안 미국 남부에서 흑인과 백인 어린이들이 겪어야 했던 역경[374]을 연구했고, 캐럴 길리건Carol Gilligan은 낙태를 고민하는 젊은 여성들[375]을 인터뷰했다. 이들의 글을 읽으면 도덕적 문제를 해결하기 위해 애쓰는 사람들을 발견하게 된다. 그리고 이런 추론이 때때로 어떻게 그들을 주변 사람들의 결론과 충돌하는 결론으로 이끄는지 알게 된다. 도덕적 이유로 채식을 선택한 채식주의자를 대상으로 한 여러 인터뷰 연구를 보면, 이들은 그런 결정을 내린 합리적 이유를 분명하게 제시한다.[376] 위해를 가한다는 점에 바탕을 둔 논거를 제시하기도 하고("농장 동물들에게 가해지는 가학적인 행위와 고문이 만연한다는 사실에 눈을 뜨게 되자 다시는 다른 동물을 먹을 수 없게 되었어요"), 권리를 주장하는 화법을 동원하기도 한다("공정하게 생각하자면, 우리가 뭐든 원하는 것을 다 먹을 '권리'보다 동물이 자기 삶을 살고 즐길 권리가 우선되어야만 합니다"). 심리학자 캐런 후자Karen Hussar와 폴 해리스Paul Harris는 비채식주의 가정에서 채식주의자가 된 6~10세 아동[377] 마흔여덟 명을 인터뷰했다. 그 결과, '모든' 아이가 자신의 결정을 정당화하는 도덕적 근거를 제시한다는 것을 발견했다.

이런 종류의 숙고는 일상적인 일이다. 아이들끼리 상호작용하는 모습을 관찰한 적 있는 사람이라면 그들이 일상적인 도덕적 딜레마를 놓고 얼마나 열심히 논쟁하는지 익히 잘 알 것이다. 그들은 선생님이 어떤 학생에게 벌을 줄 때 너무 잔인하지 않았나, 혹은 공짜로 음악을 내려받는 것이 옳은가를 두고 열띤 논쟁을 벌인다. 어른들도 물론이다. 옳은 일이 무엇인지 항상 되새기고 걱정하고 논쟁한다. 낙태나 사형 등 도덕성과 정치와 관련된 거창한 문제들뿐만 아니라, 더 지엽적인 이슈들도 논한다. 가령 음주 문제가 있는 동료를 어떻게 해야 할까? 나한테 빌린 돈을 갚을 생각이 없어 보이는 친척을 어떻게 해야 할까? 내가 책 원고를 편집자에게 제때 보내지 않으면 얼마나 나쁜 일이 될까?

　이처럼 도덕적 숙고는 어디서든 흔히 이루어지지만, 심리학자들은 보통 이를 간과한다. 그 이유 중 하나는 모든 사람이 비직관적인 연구 결과를 좋아하기 때문이다. 사람들에게는 설명하기 어려운 도덕적 직관이 있다는 학자들의 발견은 흥미진진할뿐더러 유명 학술지에 실리기도 한다. 반면, 음주 운전의 부당함처럼 사람들에게는 학자들이 쉽게 설명할 수 있는 도덕적 직관이 있다는 발견은 뻔하고, 흥미롭지도 않고, 출판에 적합하지도 않다. 범죄자에 대한 양형을 요청받은 사람들이 부지불식의 요인(가령, 방 안에 있는 깃발)이나 그들이 의식적으로 부인하는 요인(가령, 범죄자의 피부색)에 영향을 받는다는 사실을 발견하는 일은 멋지다. 반면, 사람들의 양형에 범죄의 중대성과 범죄자의 전과기록 같은 합리적 고려 사항이 영향을 준다는 사실을 발견하는 것은 재미없는 일이다. 흥미로운 사례: 갓 구운 빵 냄새가 나면 누군가를 돕고 싶은 마음이 더 샘솟는다. 재미없는 사례: 상대가 예전에 나에게 친절한 적 있으면 더 도와주고 싶어진다.

　때때로 우리는 연구 발표에 이런 편향이 존재한다는 사실을 잊고서, 과학 학술지와 유명 언론이 마음을 연구하는 최고의 학문, 즉 심리학을 정확히 반영해서 보도한다고 여긴다. 하지만 이것은 야간 뉴스를 보면서 강간과 강도, 살인이 모두에게 일상적으로 일어나는 일이라고 결론 내리는 것과 같다. 야간 뉴스에서는 그런 일이 전혀 일어나지 않는 대다수 사례를 보도하지 않는다는 사실을 까맣게 잊고서 말이다.

### ♦ 타고난 본성, 배워가는 공평함

이성적 사고 능력이 발현되려면 시간이 걸린다. 그래서 아기의 도덕적 삶에는 한계가 있을 수밖에 없다. 아기에게는 성향과 정서가 있다. 그래서 고통스러워하는 사람은 달래주고, 잔인한 행위에는 분노를 느끼고, 잘못한 사람을 벌주는 사람은 편애하고 싶은 마음이 들 수 있다. 하지만 아기에게는 많은 것이 없다. 무엇보다도 공평한 도덕 원칙—한 공동체 안에서 모두에게 동등하게 적용되는 금지 사항이나 요건—에 대한 이해가 부족하다.

이런 원칙들은 법과 사법 시스템의 근간이 된다. 피터 싱어는 모든 종교와 모든 도덕철학에는 공평이 명시적으로 언급되어 있다[378]고 지적한다. 공평은 다양한 형태의 황금률로 표현되어 있다. 그리스도는 "남이 너희에게 해주기를 바라는 그대로 너희도 남에게 해주라"라고 명했으며, 랍비 힐렐은 "네가 싫어하는 일은 네 이웃에게도 하지 말라. 이것이 토라 전체에서 전하는 메시지다. 나머지는 그에 대한 해설이다"라고 했다. 공자는 도덕성을 한마디로 요약해달라고 하자 이렇게 답했다. "그런 단어는 서恕가 아닐까? 네가 원하지 않는 일은 남에게도 행하지 말라." 임마누엘 칸트는 도덕성의 핵심을 이렇게 제시했다. "네 의지의 준칙이 동시에 보편법칙이 되는 경우에만 그 준칙에 따라 행동하라." 애덤 스미스는 도덕적 판단의 시금석으로서 공평한 관찰자의 판단에 호소했다. 제러미 벤담은 도덕의 영역에서는 "각각의 사람은 한 사람으로 친다. 누구도 그 이상으로 치지 않는다"라고 주장했다. 존 롤스는 공정하고 정의로운 사회에 대해 곰곰이 생각하려면 우리가 무지의 장막 너머에 있고 종국에 어떤 사람이 될지 모른다고 상상해야 한다고 주장했다. 헨리 시지윅Henry Sidgwick은 "우주의 관점에서 보면, 한 개인의 이익은 다른 한 개인의 이익보다 더 중요하지 않다"라고 했다.

싱어에 따르면, 인류의 역사 과정에서 한 사람의 행동을 다른 이성적 존재들에게 정당화해야 한다는 필요성에서 생겨난 발견물이 바로 공평성의 논리다. 만약 다른 사람을 때린 이유를 단순히 "그러고 싶어서"라고 설명한다면, 이것은 이기적인 욕구를 표현한 것에 지나지 않아서 아무런 설득력이 없다. 당신이 뭐가 그리 대단해서 당신의 쾌락이 다른 사람의 고통에 우선한다는 말인가? 하지만 "그가 먼저 때렸어"라거나 "그가 내 음식을 훔쳤어"라고 대답하면 사실상의 타당한 이유가 된다. 여기에는 누구든(당신이 때린 상대방도 포함해서) 같은 처지가 되면 똑같이 행동했을 수 있다는 의미가 내포되어 있기 때문이다. 싱어는 흄의 주장에 찬성하며 이렇게 인용한다. 참된 타당한 이유를 제시하려면 "자신의 특수한 사적 상황에서 벗어나 자기 자신과 다른 사람들에게 모두 공통되는 관점에서 보아야 한다."

'이유'를 댄다는 말의 의미가 바로 이것이다. 싱어의 제언에 대해 논평하면서 핑커는 이렇게 표현한다. "당신을 해치지 않도록 누군가를 설득하려 할 때 그가 그래서는 안 되는 이유를 대며 호소하는 순간, 마치 빨려 들어가듯 당신은 일반적 목표로서 위해하지 않겠다고 서약하는 셈이 된다."[379]

여기서는 해를 가하는 특수한 경우에 초점을 맞추었지만, 공평성의 논리는 더 일반적으로도 유효하다. 맹수 사냥이나 공동 육아와 같은 협력 프로젝트의 혜택을 누리는 사람들은 그들의 행동을 조화롭게 조정해야 한다. 그 과정에서 어떤 사람들은 공익을 위해 가끔 희생해야만 하는 일이 생긴다. 이런 경우, 같은 공동체 안에서 공평하게 적용되는 보상 시스템과 처벌 시스템이 있어야만 프로젝트가 성공한다. 공평성의 필요성은 음식과 같은 재화 분배의 경우에 가장 뚜렷이 드러난다. 한 사람이 "내가 가질래!"라고 외치면서 다 가지려 들면, 그 자리는 싸움판으로 변하고 모두가 불행해진다. 반면, "난 똑같은 몫을 가질래"라거나 "내가 더 열심히 일했으니 더 가질래"라는 식의 발언들은 이성적 존재들의 인정을 받을 수 있다. 이런 기준들이 원칙적으로 우리 모두에게 적용되기 때문이다.

이런 해석에 따라 이성적이고 자기중심적인 존재들의 행동을 조정해야 하는 상황에서 공평성은 이 문제를 해결할 이치에 맞는 해법으로 등장한다. 하지만 공감 역시 한 역할을 할 수 있다. 다른 사람의 입장이 되어보면, 나의 욕구가 특별하지 않음이 분명해지기 때문이다. 나만 해를 입기 싫은 것이 아니라, '그'도 해를 입기 싫고 '그녀'도 해를 입기 싫다는 식으로 된다. 그러면 '누구도' 해를 입고 싶지 않다는 일반화를 뒷받침하는 근거가 될 수 있다. 그리고 이것은 다시 더 광범위하게 위해를 금지하는 것을 뒷받침할 수 있게 된다. 공감과 공평성 간에는 흔히 상호강화 작용이 일어난다.[380] 우리는 공감을 발휘하면 자신이 궁극적으로 특별하지 않음을 깨닫게 된다. 이는 공평성 원칙의 개념을 뒷받침하여, 우리가 다른 사람들과의 공감을 이어가게 하는 동기가 된다.

공감과 이성이 협력하는 사례로 심리학자 마틴 호프먼이 '귀납적 훈육'이라고 명명한 부모의 행동[381]을 살펴보자. 이런 행동은 아이가 누군가를 해쳤거나 해치려 할 때 일어난다. 이때 부모는 아이에게 피해자의 입장이 되어보라며 이런 식으로 말한다. "그 사람들 집 앞으로 눈을 던지면 그 사람들은 다시 처음부터 눈을 치워야 할 거야." 또는 "그 친구 기분이 나쁠걸. 자기가 만든 탑을 자랑스러워했는데 네가 무너뜨려 버렸으니." 호프먼은 2~10세 아이들은 한 해에 대략 사천 번의 귀납적 훈육을 받는 것으로 추산한다. 부모의 이런 행동은 공감 자극, 즉, 자녀에게 다른 사람의 관점에서 생각하는 습관을 들이려는 시도로 볼 수 있다. 그런데 이런 행동은 자녀에게 주장을 반복하고 또 반복하는 역할도 한다. '너는 도덕적으로 특별하지 않아'라고 말이다.

영유아들은 그저 도덕적 주장을 수동적으로 받아들이기만 하는 존재가 아니다. 그들 역시 도덕적 주장을 만들어낼 수 있다. 이런 아이들의 모습을 보면, 먼 옛날 우리 조상들이 그들의 행동을 정당화하기 위해 어떻게 이성에 호소할 수밖에 없게 되었는지 엿볼 수 있다. 심리학자 멜라니 킬런과 애덤 러틀랜드 Adam Rutland는 세 살 반 나이의 아이들이 어른 없이 자기들끼리 방 안에서 놀면서 상호작용하는 모습을 기록했다. 그러면서 다음과 같은 도덕적 설득 과정을 완벽하게 포착할 수 있었다.[382]

루스: (피셔-프라이스 장난감 인형 두 개를 손에 들고) 야, 나 초록 사람 갖고 싶어. 우리 바꿀까? 자, 넌 이거 가져. (마이클에게 파란색 인형을 준다.) 그럼 난 초록색 가지면 되겠다. 됐지? (마이클이 쥐고 있는 초록색 인형으로 손을 뻗는다.)

마이클: 안돼! 우리 벌써 바꿨잖아. 난 이거 가질래. (초록색 인형을 계속 쥐고 있다.) 이젠 내가 이걸 할래. 넌 벌써 갖고 놀았었잖아.

릴리: 얘들아, 너희 둘 다 내 숟가락 가지고 싶으면 가져도 돼. (갖고 있던 숟가락을 마이클과 루스에게 보여준다.)

루스: 싫어, 난 초록 사람 가질래.

마이클: 내 건 하나도 안 바꿀래. (자기 장난감 주위를 맴돈다.)

릴리: (노래하며) 내 건 하나도 안 바꿀래.

루스: (노래하며) 내 건 하나도 안 바꿀래.

릴리: 근데 이건 공평하지 않아. 난 사람 하나도 없잖아. (입을 삐쭉거

린다.)

마이클: (루스에게) 쟤한테 네 거 하나 줘.

루스: 가만, 넌 세 개 있고, 쟤는 하나도 없고, 난 한 개 있어. 그러니까 공평하지 않아.

릴리: 맞아, 난 하나도 없거든.

루스: (마이클에게) 그거 알아? 네가 나한테 초록색 인형을 주면 내가 쟤한테 빨간색을 줄게. 그럼 우리 셋 다 한 개씩 갖게 돼.

마이클: 음, 나한테 빨간색 인형을 안 주면, 내 생일파티에 너 초대 안 할 거야.

릴리: 근데 난 인형 하나도 없어.

루스: 좋아, 너한텐 이걸 주고(릴리에게), 난 마이클한테서 이걸 가져가고, 그럼 우리 셋 다 하나씩 있네, 그치?

마이클: (오렌지색 인형을 루스에게 주며) 좋아, 근데 우리 내일 다시 바꿔도 돼?

루스: (노래하며) 생일파티! (마이클에게서 오렌지색 인형을 가져오고 릴리에게는 빨간색 인형을 준다.)

릴리: (노래하며) 생일파티!

마이클: (노래하며) 생일파티!

이 책의 앞부분에서 살펴보았던 연구 결과를 통해 알고 있듯, 영유아들은 자원을 배분하라고 하면 인색하게 군다. 다른 사람들끼리 나눌 때는 균등분할의 원칙을 강력히 지지할 수도 있다. 하지만 자기가 자원을 나누어 주어야 하는 입장이 되면, 노른자는 포기하지 않고 자기가 가지는 경향이 있다. 그런데 루스와 릴리, 마이클 사이의 상호작용을 보면 상대적으로 인색한 모습이 적게 보인다. 그들은 서로서로 거래를 썩 잘하고 있다. 그 주된 이유는 그래야만 하기 때문이다. 싱어가 가상으로 만들어냈던 우리의 먼 조상들이 그랬듯, 그들은 "갖고 싶어서"라는 말로 그냥 넘어갈 수 없다. 객관적인 타당한 이유를 제시하고 거기에 맞게 행동해야만 한다.

게다가 그들이 내세우는 이유는 비교적 정교하다. 물론, 보통의 철학 세미나보다는 노래를 많이 부르고, 어느 시점에서는 마이클이 루스한테 협박도 한다. 하지만 그러면서도 그들은 공평성의 원칙에도 호소한다. 그저 요구만 하거나 선호를 표현하기만 하는 것이 아니다. 릴리와 루스는 둘 다 (릴리가 "근데 이건 공평하지 않아. 난 사람 하나도 없잖아"라고 할 때) 아이들이 각각 장난감을 적어도 하나씩 가져야 "공평"하다고 고집한다(결국에는 마이클도 동의한다). 그리고 마이클도 개별 장난감은 시간이 지나면 공유해야 한다는 원칙에 호소한다("이젠 내가 이걸 할래. 넌 벌써 갖고 놀았잖아").

그런데 이 논쟁은 이렇게 끝나지 않을 수도 있었다. 마이클이 릴리와 루스에게 자기가 장난감을 전부 가져야 하는 다른 이유가 있다고 주장했을 수도 있다. 어쩌면 장난감들이 그의 것이었을 수 있고, 어쩌면 그냥 그가 다른 아이들보다 장난감들을 잘 가지고 놀았을 수 있다. 마이클은 이런 다른 고려 사항들 가운데 하나가 균등분할의 원칙보다 중요하다며 다른 아이들을 잘 설득했을 수도 있다. 이렇듯 추론은 우리를 뜻밖의 방향으로 안내할 수 있다.

일단 우리가 공평성의 원칙을 서약하면, 이 서약이 우리의 자기 이익보다 중요해질 수 있다. 우리는 옳다고 여기는 일을 하기 위해 자기를 희생한다. 이런 사례 가운데 하나가 오스카 쉰들러Oskar Schindler다. 그는 유대인들을 홀로코스트에서 구하기 위해 모든 위험을 감수했다. 또 다른 예로 폴 루세사바기나Paul Rusesabagina도 있다. 그는 르완다 집단 학살 동안 자신의 희생을 감수하고 투치족을 보호했다. 하지만 내가 가장 좋아하는 사례는 영화 〈카사블랑카〉에서 험프리 보가트Humphrey Bogart가 연기했던 릭 브레인에게서 찾을 수 있다. 이 영화는 릭이 사랑하는 여인 일리자에게 왜 그녀가 그를 남겨두고 남편과 함께 떠나야 하는지 설명하는 장면으로 끝맺는다. 그는 도덕적 공평성을 바탕으로 삼아 그 이유를 감동적으로 설명한다. "잘 들어요, 난 숭고한 일을 하는 데는 소질 없지만,[383] 이 정도는 쉽게 알 수 있소. 하찮은 우리 세 사람의 문제는 이 미친 세상에서는 콩 한 무더기만큼도 되지 않는 보잘것없는 것일 뿐이오."

우리를 정념의 노예로 보는 견해―우리의 도덕적 판단과 도덕적 행동이 우리가 알지도, 의식적으로 통제하지도 못하는 신경 메커니즘의 산물이라는 견해―가 점점 인기를 얻고 있다. 우리는 이런 견해를 살펴볼 때 위에서 인용한 릭의 말을 명심해야 한다. 만약 우리의 도덕적 본성에 관한 이런 견해가 사실이라면, 우리는 다시 힘을 내어 그 사실을 받아들이는 법을 배워야 할 것이다. 하지만 그런 주장은 사실이 아니다. 일상 경험과 역사, 발달심리학이라는 학문이 이를 반증한다.

그 대신, 우리의 도덕적 삶에 관한 올바른 이론에는 두 부분이 있는 것으로 밝혀졌다. 이 이론은 먼저 우리가 타고나는 것을 다루는 것으로 시작한다. 그런데 타고나는 것들이 놀랄 정도로 다채롭다. 아기는 진화를 통해 공감과 연민, 다른 사람의 행동을 판단하는 능력, 심지어 정의와 공정을 이해할 수 있는 어느 정도 초보적인 이해력을 갖춘 도덕적 동물이다. 하지만 우리는 그저 아기로만 그치지 않는 그 이상의 존재다. 우리의 도덕성 가운데 결정적으로 중요한 부분—우리를 인간답게 만드는 역할의 대부분을 담당하는 부분—은 인류의 역사와 개인의 발달이 진행되는 동안 발현된다. 이는 우리의 연민, 우리의 상상력, 우리의 훌륭한 추론 능력의 산물이다.

## 감사의 말

도덕성은 내 기억이 닿는 만큼 오래전부터 나의 관심 대상이었다. 하지만 이 책은 내가 2007년과 2008년에 존스 홉킨스대학교에서 했던 강의 시리즈를 계기로 만들어졌다. 강의의 주제는 "종교의 인지과학"이었는데, 그중 2회에 걸쳐 도덕성과 종교적 신념의 관계에 관해 탐구했다. 이 강의를 후원해준 메타넥서 연구소, 존 템플턴 재단, 존스 홉킨스대학교 크리거 인문과학대학에 감사를 표한다. 또한 나의 방문 일정을 조정해주고 나와 함께 이런 이슈들에 관해 대화를 나눈 스티븐 그로스에게도 고마움을 전한다.

이 강의 시리즈를 마친 후, 나는 완전히 다른 주제(쾌락)의 책을 완성하느라 한동안 도덕성은 한쪽으로 제쳐두고 있었다. 그러다가 2010년 〈뉴욕타임스 매거진〉에 "아기의 도덕적 삶"이라는 글을 기고하면서 다시 이 문제로 돌아왔다. 나는 이 주제에 관심을 가지고 다방면으로 편집을 도와준 두 편집인 알렉스 스타와 제이미 라이어슨에게 감사한다. 이 시점에 나의 에이전트 카틴카 맷슨이 나를 설득해서 결단을 내리게 했다. 이 책은 내가 카틴카와 함께 작업한 세 번째 책이다. 그녀는 현명하고 정직하며 열성적으로 지원을 아끼지 않는다. 그런 그녀가 내 옆을 지키니 나는 행운아다.

2011년 예일대학교에서 "일상생활의 도덕성"이라는 주제로 디베인 공개 강의 요청이 들어왔다. 이때 했던 강의들이 이 책에 등장하는 많은 논쟁의 예행연습 역할을 했다. 이런 기회를 준 그 당시 예일대학교 총장이었던 리처드 레빈과 교무처장이었던(훗날 총장이 된) 피터 살로비에게 감사한다. 또한 예일대학교가 이처럼 수준 높은 지적 공동체를 유지할 수 있게 해준 그들의 노고에도 사의를 표한다. 이 세상에 가르치고 연구하기에 이보다 더 좋은 곳은 없다.

이 책이 모양을 갖추는 과정에서 많은 동료와 친구가 질문에 답해주고, 구절을 읽어주고, 조언해주는 등 내가 쟁점들을 끝까지 설명할 수 있게 도와주었다. 캐서린 알렉산더, 존 바그, 로돌포 코르테스 바라간, 데이비드 베레비, 피터 블레이크, 애덤 코언, 밸 커티스, 존 도비디오, 캐럴 드웩, 브라이언 어프, 데버러 프리드, 존 깁스, 애덤 글릭, 카일리 햄린, 에디 호프슈태터, 프랑크 카일, 멜라니 킬런, 조슈아 놉, 발레리 쿨마이어, 로버트 커즈번, 마리안 라프랑스, 메건 맹검, 그레고리 머피, 숀 니콜스, 크리스티나 올슨, 웬디 필립스, 데이비드 피자로, 데이비드 랜드, 로리 산토스, 샐리 사텔, 리처드 슈웨더, 루카 수리안, 그리고 캐런 윈에게 감사한다. 여러 쟁점에 대해 많은 대화를 나누고 초고를 읽고 날카로운 논평을 해준 타마르 젠들러와 조슈아 그린에게는 특히 빚진 것이 많다.

나는 도덕성 인지과학에 관한 학부 세미나에서 이 책에 담겨 있는 많은 아이디어를 다루었는데, 함께 토론하고 논쟁했던 학생들에게 고마운 마음이다. 첫 원고 완성본은 학부생, 대학원생, 박사 후 연구원으로 구성된 나의 실험실 연구팀과 함께 점검했다. 현명하고 건설적인 논평을 아끼지 않은 그들에게 감사의 말을 전한다. 그들은 바로 코니카 바네르지, 제니퍼 반즈, 린지 드레이튼, 탈리아 골드슈타인, 릴리 기요, 조너선 필립스, 데이비드 피에트라셰프스키, 알렉스 쇼, 마크 쉬스킨, 크리스티나 스타맨스, 애니 베르츠다.

이 프로젝트를 믿고 작업 내내 현명한 조언을 해준 크라운 출판사의 편집자 레이철 클레이맨에게도 고마움을 전한다. 그녀는 경이로운 보조 편집자 스테파니 챈과 함께 초고에 대해 광범위하고 사려 깊은 지적을 해주었고, 덕분에 나의 주장 가운데 많은 부분을 다시 생각하고 재구성할 수 있었다. 그 결과, 책이 훨씬 향상되었다고 느껴진다. 많이 짧아진 것은 확실하다.

지원을 아끼지 않은 나의 가족—가까운 가족, 먼 가족, 진짜 친족, 가상의 친족 등 모두—에게도 감사한다. 그리고 사랑과 동지애를 가지고 셀 수 없을 만큼의 시간 동안 즐거운 논쟁을 벌여준 나의 10대 아들들 맥스와 재커리에게는 특별히 큰소리로 고맙다고 외친다. 적어도 둘 중 한 명은 우리 가업에 합류하기를 바란다.

    마지막으로, 가장 큰 감사의 마음을 나의 아내 캐런 윈에게 전한다. 나는 공과 사를 구별하는 사람에 들지 않는다. 캐런은 예일대학교 유아인지센터를 총괄하고 있어서 아기의 도덕성에 관한 내 연구는 모두 캐런이 공동연구자로서 그녀의 학생들과 함께 진행했다. 이 책에 소개된 아이디어들은 수년간 캐런과 논의하면서 틀이 잡혔다. 그러는 동안 나는 그녀의 친절함과 영민함, 사랑의 혜택을 누렸다. 캐런은 책 제목을 생각해낸 장본인이기도 하다.

## 참고 문헌

### 머리말

1. **댈러스에 사는 작가**: S. Satel, "Desperately Seeking a Kidney," *New York Times Magazine*, December 16, 2007.
2. **세상에는 이보다 한 걸음 더 나아가는 사람들도 있다**: L. MacFarquhar, "The Kindest Cut," *New Yorker*, July 27, 2009.
3. **신이 심어놓은 도덕률의 증거**: Francis Collins, *The Language of God: A Scientist Presents Evidence for Belief* (New York: Free Press, 2006).
4. **"메리에게 죽음을"**: L. M. Holson, "The New Court of Shame Is Online," New York Times, December 23, 2010.
5. **일찍이 토머스 제퍼슨이 … 옳았다**: or full text of the letter, see "Letter to Peter Carr" (August 10, 1787), www.stephenjaygould.org/ctrl/jefferson_carr.html. For discussion of Jefferson's view on moral psychology, see John Macnamara, *Through the Rearview Mirror: Historical Reflections on Psychology* (Cambridge, MA: MIT Press, 1999).
6. **애덤 스미스**: For a thoughtful overview of Smith's ideas about morality, see Michael L. Frazer, *The Enlightenment of Sympathy: Justice and the Moral Sentiments in the Eighteenth Century and Today* (New York: Oxford University Press, 2010).

### 1장 아기의 도덕적 삶

7. **한 살배기 아기가 제 손으로 직접 정의를 구현하기로 마음먹는다**: The anecdote is first reported in P. Bloom, 'The Moral Life of Babies," *New York Times Magazine*, May 9, 2010.
8. **토머스 마틴 목사**: Quoted in Frank Keil, *Develop-mental Psychology* (New York: Norton, forthcoming).
9. **정말로 도덕성이 무엇인지에 대해서는 도덕 철학자들조차 의견의 일치를 보지 못한다**: J. Nado, D. Kelly, and S. Stich, "Moral Judgment," in *The Rout-ledge Companion to the Philosophy of Psychology*, ed. John Symons and Paco Calvo (New York: Routledge, 2009), 621-33.
10. **이 행동은 일종의 악행이다**: These are among the criteria used by Elliot Turiel and his colleagues to distinguish moral transgressions from what they call "socio-conventional transgressions." See Elliot Turiel, "The Development of Morality," in *Handbook of Child Psy-chology*, ed. William Damon and R. M. Lerner, vol. 3, ed. N.

Eisen-berg (New York: Wiley, 2006), 789–857.
11. **존 미하일 교수에 따르면**: John Mikhail, *Elements of Moral Cognition: Rawls' Linguistic Analogy and the Cognitive Science of Moral and Legal Judgment* (New York: Cambridge University Press, 2010).
12. **제러미 스트로마이어와 데이비드 캐시 주니어.**: C. Booth, "The Bad Sa-maritan," *Time*, September 7, 1998.
13. **도덕적 잘못 가운데는 해를 끼치는지가 단칼에 자르듯 명백하게 드러나지 않는 것이 문제인 경우도 있다**: See, for example, R. Shweder and J. Haidt, "The Future of Moral Psychology: Truth, Intuition, and the Pluralist Way," *Psy-chological Science* 4 (1993): 360–65; Jonathan Haidt, *The Righteous Mind: Why Good People Are Divided by Politics and Religion* (New York: Pantheon, 2012).
14. **유아들의 자발적인 도움에 관한 연구**: F. Warneken and M. Tomasello, "Altruistic Helping in Human Infants and Young Chimpanzees," *Science* 311 (2006): 1301–3.
15. **애덤 스미스가 표현했듯**: Adam Smith, *The Theory of Moral Senti-ments* (1759; repr., Lawrence, KS: Digireads.com, 2011), 30.
16. **헤로도토스**: Herodotus, *The Histories*, rev. ed., trans. Aubrey de Selincourt (New York: Penguin, 2003).
17. **현대의 도덕적 차이를 요약해놓은 목록을 가장 좋아한다**: R. Shweder, "Are Moral Intuitions Self-Evident Truths?," *Crimi-nal Justice Ethics* 13 (1994): 26. In other writings, though, Shweder is clear that moral universals exist as well; see, for example, R. Shweder, "Relativism and Universalism," in *Companion to Moral Anthropology*, ed. Didier Fassin (New York: Wiley), 85–102.
18. **인류학자들은 다른 민족들이 서로 얼마나 이질적인지를 과장하는 경향**: M. Bloch, "The Past and the Present in the Present," *Man* 12 (1977): 278–92, quote from 285.
19. **도덕성의 여러 측면 ⋯ 진화적 관점에서 보면 이것은 오래전부터 너무도 명백한 사안이었다**: Richard Dawkins, *The Selfish Gene* (New York: Oxford University Press, 1976).
20. **애덤 스미스는 일찍이 다윈보다 훨씬 먼저 이를 지적했다**: Smith, *Theory of Moral Senti-ments*, 63.
21. **'내부로부터의 배신'**: Richard Dawkins, *The God Delusion* (New York: Houghton Mifflin, 2006), 199.
22. **다윈의 이론**: Charles Darwin, *The Descent of Man* (1871; repr., London: Penguin, 2004), 155. See also S. Bowles, "Group Competition, Reproductive Leveling, and the Evolution of Human Altruism," *Science* 314 (2006): 1569–72; E. O. Wilson, *The Social Conquest of Earth* (New York: Liveright, 2012).
23. **착한 자들이 나쁜 자들을 벌하는 대안은 개인 차원의 자연선택에 더 부합한다**: R. L. Trivers, "The Evolution of Reciprocal Altruism," *Quar-terly Review of Biology* 46 (1971): 35–57.
24. **두 살 아이의 머릿속을 단 5분만 들여다볼 수 있다면**: Alison Gop-nik, *The Philosophical Baby: What Children's Minds Tell Us About Truth, Love, and the Meaning of Life* (New York: Farrar, Straus and Giroux, 2009).
25. **심리학자 찰스 퍼니하우**: Charles Ferny-hough, *A Thousand Days of Wonder: A Scientist's Chronicle of His Daughter's Developing Mind* (New York: Avery, 2009), 5.
26. **심리학자 앨리슨 고프닉의 지적처럼 ⋯ 발목이 잡힌 상태로 '있을' 뿐이다**: Gopnik, *Philosophical Baby*.
27. **아기의 '천진난만한 물리학'**: See, for example, R. Baillargeon, "Ob-ject Permanence

in 3 1/2 and 4 1/2 Month Old Infants," *Developmen-tal Psychology* 23 (1987): 655-64; E. Spelke, "Principles of Object Perception," *Cognitive Science* 14 (1990): 29-56. For a review, see E. S. Spelke and K. D. Kinzler, "Core Knowledge," *Developmental Science* 10 (2007): 89-96.

28. **아기들이 물건으로 기본적인 수학도 할 수 있다:** K. Wynn, "Addition and Subtraction by Human Infants," *Nature* 358 (1992): 749-50. For a review of extensions and replications, see K. van Marle and K. Wynn, "Quantitative Reasoning," in *Encyclopedia of Cognitive Science*, ed. Lynn Nadel (London: Nature Publishing Group, Mac-millan, 2002). For a study of babies' understanding of ratios, see K. McCrink and K. Wynn, "Ratio Abstraction by 6-Month-Old Infants," *Psychological Science* 18 (2007): 740-46.
29. **아기는 사람 목소리를 … 사람의 얼굴 모습도 좋아한다:** For review, see Paul Bloom, *Descartes' Baby: How the Science of Child Development Explains What Makes Us Human* (New York: Basic Books, 2004).
30. **아기를 기겁하게 만드는 방법:** E. Tronick, H. Als, L. Adamson, S. Wise, and T. B. Brazelton, "The Infant's Response to Entrapment Be- tween Contradictory Messages in Face-to-Face Interaction," *Jour-nal of American Academy of Child Psychiatry* 17 (1978): 1-13.
31. **또 다른 연구에서는:** T. Field, N. Vega-Lahar, F. Scafidi, and S. Goldstein, "Effects of Maternal Unavailability on Mother-Infant Interac- tions," *Infant Behavior and Development* 9 (1986): 473-78; Tronick, Als, Adamson, Wise, and Brazelton, "Infant's Response to Entrap- ment."
32. **아기가 사람들에게 목표가 있음을 안다:** A. Woodward, "Infants Selectively Encode the Goal of an Actor's Reach," *Cognition* 69 (1998): 1-34.
33. **생후 15개월 아기:** K. H. Onishi and R. Baillargeon, "Do 15- Month-Old Infants Understand False Beliefs?," *Science* 308 (2005): 255-58.
34. **심리학자 데이비드 프리맥과 앤 프리맥의 선행 연구 결과:** D. Premack and A. J. Premack, "Infants Attribute Value +/- to the Goal-Directed Actions of Self-Propelled Objects," *Jour-nal of Cognitive Neuroscience* 9 (1997): 848-56.
35. **기하학적 도형들이 서로 돕거나 방해하는 내용의 애니메이션을 제작했다:** V. Kuhlmeier, K. Wynn, and P. Bloom, "Attribution of Dispositional States by 9-Month-Olds: The Role of Faces," under review; V. Kuhlmeier, K. Wynn, and P. Bloom, "Attribution of Dispositional States by 12-Month-Old Infants," *Psychological Science* 14 (2003): 402-8; J. K. Hamlin, K. Wynn, and P. Bloom, "Social Evaluation by Preverbal Infants," *Nature* 450 (2007): 557-59. To see examples of what the babies are shown, go to "Social Evaluation by Preverbal Infants," 2007, www.yale.eduHinderer.html.
36. **첫 번째 연구에서는 애니메이션 대신 인형처럼 조종할 수 있는 삼차원의 기하학적 물체를 사용했다:** Hamlin, Wynn, and Bloom, "Social Evaluation by Preverbal In-fants."
37. **우리는 생후 3개월 아기들을 대상으로 후속 연구를 진행했다:** J. K. Hamlin, K. Wynn, and P. Bloom, "3-Month-Olds Show a Negativity Bias in Social Evaluation," *Developmental Sci-ence* 13 (2010): 923-39.
38. **'부정성 편향':** A. Vaish, T. Grossmann, and A. Woodward, "Not All Emotions Are Created Equal: The Negativity Bias in Social-Emotional Development," *Psychological Bulletin* 134 (2008): 383-403; P. Rozin and E. Royzman, "Negativity Bias, Negativity Dominance, and Contagion," *Personality and Social Psychology*

Re-view 5 (2001): 296-320.
39. 마리코 야마구치가 이끈 프로젝트: M. Yamaguchi, V. Kuhl-meier, K. Wynn, and K. van Marle, "Continuity in Social Cog- nition from Infancy to Childhood," *Developmental Science* 12 (2009): 746-52.
40. 카일리와 캐런은 다양한 도덕성 실험극을 제작해서: J. K. Hamlin and K. Wynn, "Five- and 9-Month-Old Infants Prefer Prosocial to Antisocial Others," *Cognitive Development* 26 (2011): 30-39.
41. 조력자가 착한 사람, 방해자가 못된 사람이라고 대답했다: J. K. Hamlin, K. Wynn, and P. Bloom, "Social Evaluation by Preverbal Infants," poster presented at the meeting of the Society for Re-search in Child Development, Boston, 2007.
42. 애덤 스미스는 … 도덕감각을 이렇게 설명했다: Smith, *Theory of Moral Sentiments*, 222.

### 2장 공감과 연민

43. 유전자와 양육 환경, 특이한 개인적 경험이 불행하게 맞물린 탓에: E. Viding, R. J. R. Blair, T. E. Moffitt, and R. Plomin, "Evidence for Substantial Genetic Risk for Psy- chopathy in 7-Year-Olds," *Journal of Child Psychology and Psychia-try* 46 (2005): 592-97.
44. 부모가 자녀에게 흔히 사용하는 전략: Martin L. Hoffman, *Empathy and Moral Development: Implications for Car-ing and Justice* (New York: Cambridge University Press, 2).
45. 열세살 짜리 강도: William Damon, *The Social World of the Child* (San Francisco: Jossey-Bass, 1977), 18.
46. 테드 번디: Quoted in Paul Bloom, *Descartes' Baby: How the Science of Child Development Explains What Makes Us Human* (New York: Basic Books, 2004).
47. 연쇄살인범 개리 길모어: Quoted in Bloom, *Descartes' Baby*.
48. 피터 우드콕의 인터뷰: From Jon Ronson, *The Psycho-path Test: A Journey Through the Madness Industry* (New York: Riverhead, 2011), 91.
49. 찰스 다윈이 저명한 철학 저널 … 몇몇 사례가 소개되어 있다: Charles Darwin, "A Biographical Sketch of an Infant," Mind 2 (1877): 285-94.
50. 윌리엄은 생후 6개월이 되자 다른 사람들의 고통을 인지하고 이에 반응했다: Darwin, "Biographical Sketch," 289.
51. 윌리엄이 자신의 친절한 행동에 만족감을 느끼는 모습: Darwin, "Bio- graphical Sketch," 291.
52. 처음으로 죄의식과 수치심의 기미: Darwin, "Biographical Sketch," 292.
53. "치밀하게 계획된 속임수": Darwin, "Biographical Sketch," 292.
54. "돈을 얼마나 주면 맨손으로 고양이 목을 졸라 죽일 수 있겠는가?": Michael Sandel, *Justice: What's the Right Thing to Do?* (New York: Straus and Giroux, 2009).
55. 사이코패스 성향이 비즈니스와 정치 분야에서는 자산이 될 수 있으며: Paul Babiak Robert D. Hare, *Snakes in Suits: When Psychopaths Go to Work* (New York: HarperCollins, 2006).
56. "아, 내가 칼로 찌르기 직전에 사람들이 짓는 표정이네": A. A. Marsh and M. Cardinale, "Psychopathy and Fear: Specific Impairments in Judging Behaviors That Frighten Others," *Emotion* 12 (2012): 892-98.
57. 애덤 스미스는 비록 '공감'이라는 … 다음과 같이 이를 잘 묘사했다: Adam Smith, *The Theory of Moral Sentiments* (1759; repr., Lawrence, KS: Digireads.com, 2011), 13.
58. "그럴 때면 동정심이 일어서 마치 내 목이 막힌 것처럼 느껴졌다": John Updike, Getting the Words Out (Northridge, CA: Lord John Press, 1988), 17, cited in Elaine Hatfield, John T.

Cacioppo, and Richard L. Rap-son, *Emotional Contagion* (New York: Cambridge University Press, 1994).
59. **애덤 스미스는 또 다른 사례를 든다:** Smith, *Theory of Moral Sentiments*, 13.
60. **거울 뉴런:** V. Gallese, L. Fadiga, L. Fogassi, and G. Rizzo-latti, "Action Recognition in the Premotor Cortex," Brain 119 (1996): 593–609; G. Di Pellegrino, L. Fadiga, L. Fogassi, V. Gallese, and G. Rizzolatti, "Understanding Motor Events: A Neurophysiological Study," *Experimental Brain Research* 91 (1992): 176–80.
61. **DNA의 발견에 견주면서:** V. S. Ramachandran, "Mirror Neurons and Imitation Learning as the Driving Force Behind 'the Great Leap Forward' in Human Evolution," 2009, Edge video, transcript at www.edge.org/3rd_culture/ramachan dran/ramachandran_index.html.
62. **거울 뉴런에 관한 원래 주장들이 상당히 부풀려진 상태:** G. Hickok, "Eight Problems for the Mirror Neuron Theory of Action Understanding in Monkeys and Humans," *Journal of Cognitive Neuroscience* 21 (2009): 1229–43; Steven Pinker, *The Bet- ter Angels of Our Nature: Why Violence Has Declined* (New York: Viking, 2011); Alison Gopnik, "Cells That Read Minds? What the Myth of Mirror Neurons Gets Wrong About the Human Brain," Slate, April 2007, www.slate.com/articles/life/brains/2007/04/cells _that_ read_minds.html.
63. **공감이 존재하기에 우리에게는 연민과 이타심이 우러난다:** For dis- cussion, see C. Daniel Batson, *Altruism in Humans* (New York: Oxford University Press, 2011). For a review of empathy and sym-pathy from a developmental perspective, see Hoffman, *Empathy and Moral Development*.
64. **그런데 … 더 미묘한 차이가 있다:** See also J. Prinz, "Is Empathy Necessary for Morality?," in *Empathy: Philosophical and Psychological Perspectives*, ed. Amy Cop- lan and Peter Goldie (New York: Oxford University Press, 2010).
65. **공감은 타인을 어떻게 생각하느냐에 따라 영향을 받는다:** T. Singer, B. Seymour, J. P. O'Doherty, K. E. Stephan, R. J. Dolan, and C. D. Frith, "Empathic Neural Responses Are Mod-ulated by the Perceived Fairness of Others," *Nature* 439 (2006): 466–69.
66. **철학자 피터 싱어가 예로 제시한 명백한 선행 사례:** P. Singer, "Famine, Affluence, and Morality," *Philosophy and Public Affairs* 1 (1972): 229–43.
67. **중국의 맹자:** Quoted in S. Darwall, "Empathy, Sympathy, Care," *Philosophical Studies* 89 (1998): 261–82.
68. **스티븐 핑커가 지적하듯:** Pinker, *Better Angels*, 576.
69. **철학자 조너선 글로버는 실제 사례:** Jonathan Glover, *Humanity: A Moral History of the Twenti-Century* (New Haven: Yale University Press, 2), 379–80.
70. **심리학자 C. 대니얼 뱃슨 연구진의 실험 결과:** C. D. Bat-son, T. R. Klein, L. Highberger, and L. L. Shaw, "Immorality from Empathy-Induced Altruism: When Compassion and Justice Conflict," *Journal of Personality and Social Psychology* 68 (1995): 1042–54.
71. **신생아들조차 다른 사람의 표정에 반응한다:** A. N.and M. K. Moore, "Imitations of Facial and Manual Ges-by Human Neonates," *Science* 198 (1977): 75–78.
72. **부모와 아기는 마치 거울을 비추듯 서로의 표정을 보여주는 일이 빈번하다:** C. Trevarthen, "The Concept and Foundations of Infant Inter-subjectivity," in *Intersubjective Communication and Emotion in Early Ontogeny*, ed. Stein Bråten (New York: Cambridge University1998), 15–46.
73. **우는 소리는 아기에게 불쾌하다. 그래서 그 소리에 아기들도 대체로 따라 울게 된다:** A. Sagi

and M. Hoffman, "Empathic Distressthe Newborn," *Developmental Psychology* 12 (1976): 175-76.
74. 아기들은 자기 울음소리보다 … 그만큼 울지 않는다: G. B. Martin and R. D. Clark, "Distress Crying in Infants: Species and Peer Specificity," *Developmental Psychology* 18 (1982): 3-9; M. Dondi, F. Simion, and G. Caltran, "Can Newborns Discriminate Between Their Own Cry and the Cry of Another Newborn Infant?," *Developmental Psychology* 35(1999): 418-26.
75. 배고픈 히말라야원숭이는 … 레버를 당기지 않으려 든다: S. Wechkin, J. H.and W. Terris Jr., "Shock to a Conspecific as an Aver- sive Stimulus," *Psychonomic Science* 1 (1964): 47-48; J. H. Masser-man, S. Wechkin, and W. Terris, "'Altruistic' Behavior in Rhesus Monkeys," *American Journal of Psychiatry* 121 (1964): 584-85.
76. 쥐는 … 막대를 누른다: G. E. Rice and P. Gainer, "'Altruism' in the Albino Rat," *Journal of Comparative and Physiological Psychology* 55 (1962): 123-25; G. E. J. Rice, "Aid-ing Behavior vs. Fear in the Albino Rat," *Psychological Record* 14 (1964): 165-70.
77. 한 살 아기들은 다른 아기들이 괴로워하면 쓰다듬으며 달래준다: For review, see Hoffman, *Empathy and Moral Development*.
78. 심리학자 캐럴린 잰-왁슬러 연구진의 연구 결과: C. Zahn-Waxler, J. L. Robinson, and R. N. Emde, "The Development of Empathy in Twins," *Developmental Psychology* 28 (1992): 1038-47; C. Zahn-Waxler, M. Radke-Yarrow, E. Wagner, and M. Chapman, "Development of Concern for Others," *Develop-mental Psychology* 28 (1992): 126-36.
79. 여자아이들이 남자아이들보다 달래는 걸 더 잘한다: Zahn-Waxler, Robin-son, and Emde, "Development of Empathy in Twins."
80. 평균적으로 여성의 연민과 공감 능력이 더 크게 나타난 것: N. Eisenberg and R. Lennon, "Sex Differences in Empathy and Related Capacities," *Psychological Bulletin* 94 (1983): 100-131.
81. 이와 유사한 행동은 다른 영장류에서도 발견된다: Frans de Waal, *The Ape and the Sushi Master: Cultural Reflections of a Primatolo-gist* (New York: Basic Books, 2001).
82. 막대기를 누르면 다른 쥐가 받는 고통스러운 전기 충격을 멈출 수 있는 실험: Rice, "Aiding Behavior vs. Fear," 167. For discussion, see S. D. Preston and F. B. M. de Waal, "Empathy: Its Ultimate and Proximate Bases," *Behavioral and Brain Sciences* 25 (2002): 1-71.
83. 영유아들은 다른 사람들의 고통에 종종 자기중심적으로 반응하기도 한다: Hoffman, *Empathy and Moral Development*.
84. 자발적으로 도움을 주는 사례들: For review, see D. F. Hay, "The Roots and Branches of Human Altruism," *Brit-ish Journal of Psychology* 100 (2009): 473-79.
85. '아빠한테 슬리퍼 드려야지': C. W. Valentine, *The Psychology of Early Childhood* (London: Methuen, 1942), 321.
86. 한 심리학자는 생후 18개월 여아: Joseph Church, ed., *Three Babies: Biographies of Cognitive Development* (New York: Random House, 1966), 71-72.
87. 1980년대 초에 활동하던 또 다른 심리학자는 실험실이 정리가 안 된 집처럼 꾸며놓고 실험을 진행했다: H. L. Rheingold, "Little Children's Participation in the Work of Adults, a Nascent Prosocial Behavior," *Child Develop-ment* 53 (1982): 114-25.
88. 어른들이 손이 닿지 않는 … 영유아들이 와서 도와준다: F. Warneken and M. Tomasello, "Altruistic Helping in Human Infants and Young Chimpanzees," *Science* 311 (2006):

1301-3; F. Warneken and M. Tomasello, "Helping and Cooperation at 14 Months of Age," *Infancy* 11 (2007): 271-94. For review, see Michael Toma-sello, *Why We Cooperate* (Cambridge, MA: MIT Press, 2009).

89. **이런 행동이 인상적:** K. A. Dunfield, V. A. Kuhlmeier, L. O'Connell, and E. Kelley, "Examining the Diversity of Prosocial Behavior: Helping, Sharing, and Comforting in Infancy," *Infancy* 16 (2011): 227-47.
90. **혹은 어쩌면 ⋯ 인정을 받기 위해서일 수도 있다:** K. Wynn, "Constraints on Natural Altruism," *British Journal of Psychology* 100 (2009): 481-85.
91. **알리아 마틴과 크리스티나 올슨:** A. Martin and K. R. Olson, "When Kids Know Better: Paternal- istic Helping in 3-Year-Old Children," *Developmental Psychology*, forthcoming.
92. **3세 유아들은 다른 사람을 도와준 적이 있는 사람을 도와줄 가능성이 크고:** A. Vaish, M. Carpenter, and M. Tomasello, "Young Children Selectively Avoid Helping People with Harmful Intentions," *Child Development* 81 (2010): 1661-69.
93. **크리스틴 던필드와 발레리 쿨마이어:** K. A. Dunfield and V. A. Kuhlmeier, "Intention-Mediated Selective Helping in Infancy," *Psychological Science* 21 (2010): 523-27.
94. **아이들은 생후 6개월이 지나면 저절로 나눔을 시작하고:** H. L. Rheingold, D. F. Hay, and M. J. West, "Sharing in the Second Year of Life," *Child Development* 47 (1976): 1148-58; D. F. Hay, "Cooperative Interac- tions and Sharing Between Very Young Children and Their Par- ents," *Developmental Psychology* 6 (1979): 647-58; D. F. Hay and P. Murray, "Giving and Requesting: Social Facilitation of Infants' Offers to Adults," *Infant Behavior and Development* 5 (1982): 301- 10; Rheingold, Hay, and West, "Sharing in the Second Year."
95. **실리아 브라우넬 연구팀:** C. A. Brownell, M. Svetlova, and S. Nichols, "To Share or Not to Share: When Do Toddlers Respond to Another's Needs?," *Infancy* 14 (2009): 117-30, quote from 125.
96. **로돌포 코르테스 바라간과 캐럴 드웩:** R. C. BarraganC. Dweck, "Young Children's 'Helpfulness': How Natural Is It?," unpublished manuscript, Stanford University, 2013.
97. **타인에 대한 판단과 자신에 대한 판단 사이에 밀접한 연관성:** R. F. Baumeister, A. M. Stillwell, and T. F. Heatherton, "Guilt: An Interpersonal Approach," *Psychological Bulletin* 115): 243-67. For discussion, see Pinker, *Better Angels*.
98. **1세 아기들은 자기가 다른 사람들을 해할 때 괴로워하는 모습을 보인다:** For review, see Hoffman, *Empathy and Moral Development*.
99. **아이들의 마음속에서 죄책감이 어떻게 유발되는지 연구하기 위해 기발한 실험을 했다:** Charlotte Buhler, *From Birth to Maturity: An Outline of the Psychological Development of the Child* (London: Kegan Paul, 1935), 66-67, cited in Peter Hobson, *The Cradle of Thought: Exploring the Origins of Thinking* (London: Macmillan, 2002).
100. **연민의 심리적 견인력:** Smith, *Theory of Moral Sentiments*, 9.

### 3장 공정, 지위, 처벌

101. **윌리엄 데이먼은 1970년대에 영향력 있는 연구를 연이어 진행하면서:** William Damon, *The Social World of the Child* (San Francisco: Jossey-Bass, 1977), 81. The example that I give here is also cited in S. Nichols, "Emotions, Norms, and the Genealogy of Fairness,"

*Politics, Phi-losophy and Economics* 9 (2010): 275-96.
102. 더 어린 경우에도 마찬가지로 이와 같은 평등 편향이 관찰된다: K. R. Olson and E. S. Spelke, "Foundations of Cooperation in Preschool Children," *Cog-nition* 108 (2008): 222-31.
103. 평등 편향은 강력했다: A. Shaw and K. R. Olson, "Children Discard a Resource to Avoid Inequity," *Journal of Experimental Psychology: General* 141 (2012): 382-95.
104. 16개월 아기는 공정하게 나누어준 쪽을 선호했다: A. Geraci and L. Surian, "The Develop mental Roots of Fairness: Infants' Reac-tions to Equal and Unequal Distributions of Resources," *Develop-mental Science* 14 (2011): 1012-20.
105. 생후 15개월 아기들: M. F. H. Schmidt and J. A. Sommerville, "Fairness Expectations and Altruistic Sharing in 15-Month-Old Human Infants," *PLoS ONE* 6, no. 10 (2011): e23223.
106. 때때로 아이들은 평등에 주안점을 두지 않기도 한다: S. Sloane, R. Baillargeon, and D. Premack, "Do Infants Have a Sense of Fairness?," *Psychological Science* 23 (2012): 196-204.
107. 아이들은 남은 자원을 어떻게 할지 영리하게도 잘 안다: Shaw and Olson, "Children Discard a Resource"; K. R. Olson and E. S. Spelke, "Foundations of Cooperation in Preschool Children," *Cognition* 108 (2008): 222-31.
108. 내가 심리학자 콜린 맥크링크와 로리 산토스와 함께 진행했던 몇몇 실험 결과: K. McCrink, P. Bloom, and L. Santos, "Children's and Adults' Judgments of Equitable Re- source Distributions," *Developmental Science* 13 (2010): 37-45.
109. 또한, 불평등을 정당화할 수 있는 … 연구 결과도 있다: I. Almas, A. W. Cappelen, E. O. Sorensen, and B. Tungod-den, "Fairness and the Development of Inequality Acceptance," *Science* 328 (2010): 1176-78.
110. 우리가 일종의 공정 본능을 타고난다: Frans De Waal, *The Age of Empathy: Nature's Lessons for a Kinder Society* (New York: Random House, 2009), 200.
111. 알렉산드르 솔제니친은 … 끔찍한 이야기를 들려준다: Aleksandr Solzhenitsyn, *The Gulag Archipelago, 1918-1956: An Experiment in Literary Investigation* (New York, Harper, 1974), 69-70.
112. 인류학자 크리스토퍼 보엠: Christopher Boehm, *Hierarchy in the Forest: The Evolution of Egalitarian Behavior* (Cambridge, MA: Harvard University Press, 1999).
113. 수렵-채집인 사회는 고도로 폭력적이다: Boehm, *Hierarchy in the Forest*. For review, see Steven Pinker, *The Better Angels of Our Nature: Why Violence Has Declined* (New York: Viking, 2011).
114. '고기 모욕하기': N. Angier, "Thirst for Fairness May Have Helped Us Survive," New York Times, July 5, 2011.
115. "하자 부족은 … 공개적으로 못 박았다": Boehm, *Hierar-chy in the Forest*, 75.
116. 이외에 더 심각한 처벌도 있다: Boehm, *Hierarchy in the Forest*, 121, 82.
117. 기이한 유형의 정치적 위계: Boehm, *Hierarchy in the Forest*, 3.
118. 최후통첩 게임: W. Güth, R. Schmittberger, and B. Schwarze, "An Experimental Analysis of Ultimatum Bargain- ing," *Journal of Economic Behavior and Organization* 3 (1982): 367-88.
119. 행동경제학자 댄 애리얼리에 따르면: Dan Ariely, *The Upside of Irrationality: The Unexpected Benefits of Defying Logic at Work and at Home* (New York: Harper, 2010). See also J. R. Carter and M. D. Irons, "Are Economists Different, and If So, Why?,"

*Journal of Economic Perspectives* 5 (1991): 171-77.
120. **우리 마음이 익명의 단발성 상호작용에 맞게 적응되지 않았다:** A. W. Delton, M. M. Krasnow, J. Tooby, and L. Cosmides, "The Evolution of Direct Reciprocity Under Uncertainty Can Ex-plain Human Generosity in One-Shot Encounters," *Proceedings of the National Academy of Sciences* 108 (2011): 13335-40.
121. **이런 심리상태는 제안받은 사람의 표정이 경멸이나 혐오로 일그러지는 모습에서 읽을 수 있다:** H. A. Chapman, D. A. Kim, J. M. Susskind, and A. K. Anderson, "In Bad Taste: Evidence for the Oral Origins of Moral Disgust," *Science* 5918 (2009): 1222-26.
122. **그의 뇌에서:** A. G. Sanfey, J. K. Rilling, J. A. Aronson, L. E. Nystrom, and J. D. Cohen, "The Neural Basis of Economic Decision-Making in the Ultimatum Game," *Science* 300 (2003): 1755-58.
123. **한 연구에서는 수령자에게 저가 제안을 한 사람들에게 익명으로 메시지를 보낼 수 있게 했다:** E. Xiao and D. Houser, "Emotion Expression in Human Punishment Behavior," *Proceedings of the National Academy of Sci-ences* 102 (2005): 7398-7401. For discussion, see Nichols, "Emo-tions, Norms."
124. **저가 제안을 받는 것이 이토록 짜증 나는 이유는 정확히 무엇일까?:** Nichols, "Emotions, Norms," 289.
125. **독재자 게임:** D. Kahneman, J. Knetsch, and R. H. Thaler, "Fairness and the Assumptions of Economics," Journal of Business 59 (1986): 285-300.
126. **자기 이익만 따지는 행위자라면 ⋯ 그렇게 행동하지 않는다:** C. Engel, "Dictator Games: A Meta Study," *Experimental Economics* 14 (2011): 583-610.
127. **우리는 보통 너그럽기는 하지만, 이런 식으로 무차별적으로 너그러운 건 아니다:** S. D. Levitt and J. A. List, "What Do Laboratory Experiments Measuring Social Preferences Reveal About the Real World," *Jour-nal of Economic Perspectives* 21 (2007): 153-74.
128. **사람들이 자신의 선택을 주시하는 눈이 많을수록 많이 준다:** Ste-ven D. Levitt and Stephen J. Dubner, *Superfreakonomics* (New York: William Morrow, 2009); E. Hoffman, K. McCabe, K. Shachat, and V. Smith, "Preferences, Property Rights, and Anonymity in Bargaining Games," *Games and Economic Behavior* 7 (1994): 346-80; A. Franzen and S. Pointner, "Anonymity in the Dictator Game Revisited," *Journal of Economic Behavior and Or-ganization* 81 (2012): 74-81.
129. **벽이나 컴퓨터 화면에 눈이 그려져 있더라도 사람들은 더 친절해진다:** K. Haley and D. Fessler, "Nobody's Watch-ing? Subtle Cues Affect Generosity in an Anonymous Economic Game," *Evolution and Human Behavior* 26 (2005): 245-56; M. Bateson, D. Nettle, and G. Roberts, "Cues of Being Watched Enhance Cooperation in a Real-World Setting," *Biology Letters* 12 (2006): 412-14.
130. **보이스카우트 행진곡으로 쓰이는 톰 레러의 노래:** Quoted in Martin A. Nowak and Roger Highfield, *SuperCooperators: Altruism Evo-lution and Why We Need Each Other to Succeed* (New York: Free Press, 2011).
131. **심리학자 제이슨 데이나 연구팀은 표준 독재자 게임을 비틀어 설계:** J. Dana, M. C. Daylian, and R. M. Dawes, "What You Don't Know Won't Hurt Me: Costly (but Quiet) Exit in Dictator Games," *Organizational Behavior and Human Decision Processes* 100 (2006): 193-201.
132. **두 번째 실험은 경제학자 존 리스트가 수행했다:** J. List, "On the Interpretation of Giving in Dictator Games," *Journal of Political Economy* 115 (2007): 482-94.

133. **경제학자 에른스트 페어 연구팀:** E. Fehr, H. Ber-nhard, and B. Rockenbach, "Egalitarianism in Young Children," *Nature* 454 (2008): 1079-83.
134. **최근 다양한 나라 … 독재자 게임 연구 결과:** P. Rochat, M. D. G. Dias, G. Liping, T. Broesch, C. Passos-Ferreira, A. Winning, and B. Berg, "Fairness in Distributive Justice in 3- and 5-Year-Olds Across Seven Cultures," *Journal of Cross-Psychology* 40 (2009): 416-42.
135. **심리학자 바네사 로부 연구팀:** V. LoBue, Nishida, C. Chiong, J. S. DeLoache, and J. Haidt, "When Get-ting Something Good Is Bad: Even Three-Year-Olds React to Inequality," *Social Development* 20 (2011): 154-70.
136. **이런 점에서 아이들은 원숭이, 침팬지, 개와 비슷하다:** S. F. Brosnan and F. B. M. de Waal, "Monkeys Reject Unequal Pay," *Nature* 425 (2003): 297-99; S. F. Brosnan, H. C. Schiff, and F. B. M. de Waal, "Tolerance for Inequity May Increase with Social Closeness in Chimpanzees," *Proceedings of the Royal Society* B 1560 (2005): 253-58; F. Range, L. Horn, Z. Viranyi, and L. Huber, "The Absence of Reward Induces Inequity Aversion in Dogs," *Proceed-ings of the National Academy of Sciences* 106 (2008): 340-45.
137. **아이들은 악독하리만치 자기를 우선시하기도 한다:** P. R. Blake and K. McAuliffe, "'I Had So Much It Didn't Seem Fair': Eight-Year-Olds Reject Two Forms of Inequity," *Cognition* 120 (2011): 215-24.
138. **아이들의 악독한 본성을 보여주는 또 다른 증거가 있다:** M. Sheskin, K. Wynn, and P. Bloom, "Anti-equality: Social Comparison in Young Children," under review.
139. **중세 유대인들의 민담 하나가 연상된다. 어느 질투심 많은 남성:** Thanks to Shira Telushkin.
140. **"우리는 타락한 천사가 아니라 일어선 유인원에게서 태어난다":** Quoted in A. J. Jacobs, *The Know-It-All: One Man's Humble Quest to Become the Smartest Person in the World* (New York: Simon & Schuster, 2004).
141. **실제로 철학자 제시 프린츠를 비롯한 … 격분이 더 중요하다:** Jesse Prinz, "Is Empathy Necessary for Morality?," in *Empathy: Philosophical and Psychological Perspectives*, ed. Amy Coplan and Peter Goldie (New York: Oxford Uni-versity Press, 2010).
142. **복수부터 살펴보자:** For a review, see M. E. McCullough, R. Kurzban, and B. A. Tabak, "Cognitive Systems for Revenge and Forgiveness," *Behavioral and Brain Sciences* 36 (2013): 1-15.
143. **애덤 스미스는 자기가 사랑하는 사람을 살해한 자에게 느끼는 감정을 이렇게 기술한다:** Adam Smith, *The Theory of Moral Senti-ments* (1759; repr., Lawrence, KS: Digireads.com, 2011), 50.
144. **"이제 죽을 각오나 하시지!":** These famous lines are from the book by Wil-liam Goldman, but the scene where he explains this to the man in black is only in the movie (1987, directed by Rob Reiner). See Wil-liam Goldman, *The Princess Bride: S. Morgenstern's Classic Tale of True Love and High Adventure* (New York: Harcourt, 2007).
145. **"당신의 인생 이력 가운데 … 대우해도 받아들일 수 있다고.":** P. Hieronymi, "Articulating an Uncompromising Forgiveness," *Philosophy and Phenomenological Research* 62 (2001): 546, quoted in A. Martin, "Owning Up and Lowering Down: The Power of Apology," *Journal of Philosophy* 107 (2010): 534-53.
146. **명예를 중시하는 문화:** Richard E. Nisbett and Dov Cohen, *Culture of Honor: The Psychology of Violence in the South* (Denver, CO: West-view Press, 1996).

147. 스티븐 핑커의 주장: Pinker, *Better Angels*.
148. 앙갚음이라는 주제는 … 작품 속에 되풀이해서 등장한다: Kerrigan, *Revenge Tragedy: From Aeschylus to Armageddon* (Oxford: Oxford University Press, 1994); William Flesch, *Come-uppance: Costly Signaling, Altruistic Punishment, and Other Biolog- ical Components of Fiction* (Cambridge, MA: Harvard University Press, 2007).
149. '인육수색': T. Downey, "China's Cyberposse," *New York Times Magazine*, March 7, 2010.
150. 공공재 게임: G. Hardin, "The Tragedy of the Com- mons," Science 162 (1968): 1243-48; D. G. Rand, A. Dreber, T. Ellingsen, D. Fudenberg, and M. A. Nowak, "Positive Interac-tions Promote Public Cooperation," *Science* 325 (2009): 1272-75.
151. 몇몇 참가자들은 유혹에 무릎을 꿇고: E. Fehr and S. Gächter, "Altruistic Punishment in Humans," *Nature* 415 (2002): 137-40.
152. 이런 아이디어를 탐구하기 위해 에른스트 페어와 경제학자 사이먼 게히터: Fehr and Gächter, "Altruistic Punishment in Humans."
153. 그런 행동이 어떻게 자연선택을 통해 진화할 수 있었는지 설명하기가 하늘 정도로 힘들다: See, for example, A. Dreber, D. G. Rand, D. Fudenberg, and M. A. Nowak, "Winners Don't Punish," *Nature* 452 (2008): 348-51.
154. 어쩌면 이타적 처벌은 일종의 집단선택을 통해 진화했을 수 있다: R. Boyd, H. Gintis, S. Bowles, and P. J. Richerson, "The Evolution of Altruistic Punishment," *Proceedings of the National Academy of Sciences* 100 (2003): 3531-35.
155. 어쩌면 다른 사람들이 징벌자를 좋아하고 그와 상호작용하기를 선호하기 때문에 징벌자가 번창했을 수 있다: H. Gintis, E. A. Smith, and S. Bowles, "Costly Signaling and Cooperation," *Journal of Theo-retical Biology* 213 (2001): 103-19.
156. 현실 세계의 소규모 사회에서는 이타적 처벌이 드물다-혹은 심지어 존재하지 않는다: F. Guala, "Reciprocity: Weak or Strong? What Punishment Experiments Do (and Do Not) Demonstrate," *Behavioral and Brain Sciences* 35 (2012): 1-59.
157. '반사회적 처벌': B. Herrmann, C. Thoni, and S. Gächter, "Antisocial Punishment Across Societies," Science 319 (2008): 1362-67.
158. 애덤 스미스의 견해: Smith, Theory of Moral Sentiments, 52.
159. 제삼자 처벌에 대한 욕구는 … 공감에 의존한다는 생각과 궤를 같이한다: Thanks to Jonathan Phillips for discussing this with me.
160. 영유아들조차도 제삼자 처벌 논리를 어느 정도 인식한다: D. Pietraszewski and T. German, "Coa- litional Psychology on the Playground: Reasoning About Indirect Social Consequences in Preschoolers and Adults," *Cognition* 126 (2013): 352-63.
161. 처벌 정서의 몇몇 특이한 특성: J. M. Dar-K. M. Carlsmith, and P. H. Robinson, "Incapacitation and Just Deserts as Motives for Punishment," *Law and Human Behavior* 24 (2): 659-83; C. R. Sunstein, "Moral Heuristics," *Behavioral and Brain Sciences* 28 (2005): 531-43; J. Baron and I. Ritov, "Intu- itions About Penalties and Compensation in the Context of Tort Law," *Journal of Risk and Uncertainty* 7 (1993): 17-33.
162. "가해자가 바로 그 행동을 뉘우치고 후회하게 만들어야 한다": Smith, *Theory of Moral Senti-ments*, 50.
163. "사람은 누구나 … 어리석도 생각 없는 사람도": Smith, *Theory of Moral Sentiments*, 66.
164. 영유아들은 무척 공격적이다 … 2세 무렵에 정점을 찍는다: S. Côté, T. Vaillancourt,

J. C. LeBlanc, D. S. Nagin, and R. E. Tremblay, "The Development of Physical Aggression from Tod-dlerhood to Pre-adolescence: A Nationwide Longitudinal Study of Canadian Children," *Journal of Abnormal Child Psychology* 34 (2006): 71–85.

165. **바로 고자질이다. 아이들은 … 자발적으로 어른에게 일렀다:** H. Rakoczy, F. Warneken, and M. Tomasello, "The Sources of Normativity: Young Children's Awareness of the Nor-mative Structure of Games," *Developmental Psychology* 44 (2008): 875–81.
166. **2~6세 연령대의 형제들을 … 없는 일을 만들어내지는 않았다:** I. M. Den Bak and H. S. Ross, "'I'm Telling!' The Content, Context, and Consequences of Children's Tattling on Their Siblings," *So-cial Development* 5 (1996): 292–309; H. S. Ross and I. M. Den Bak-Lammers, "Consistency and Change in Children's Tattling on Their Siblings: Children's Perspectives on the Moral Rules and Procedures of Family Life," *Social Development* 7 (1998): 275–300.
167. **고든 잉그램과 제시 베링은 벨파스트 도심의 한 학교에 다니는 아이들의 고자질을 연구한 뒤:** G. P. D. Ingram and J. M. Bering, "Chil-dren's Tattling: The Reporting of Everyday Norm Violations in Preschool Settings," *Child Development* 81 (2010): 945–57.
168. **아이들은 무의미한 것에 대해서는 고자질하지 않는다:** A. Vaish, M. Missana, and M. Tomasello, "Three-Year-Old Children Inter- vene in Third-Party Moral Transgressions," *British Journal of De-velopmental Psychology* 29 (2011): 124–30.
169. **착한 사람/나쁜 사람 실험을 변형한 실험:** J. K. Hamlin, K. Wynn, P. Bloom, and N. Mahajan, "How Infants and Toddlers React to Antisocial Others," *Proceedings of the National Academy of Sciences* 108 (2011): 19931–36.
170. **영향력 큰 도덕 발달 이론:** L. Kohlberg, "Stage and Sequence: The Cognitive-Developmental Approach to Social- ization," in *Handbook of Socialization Theory and Research*, ed. David A. Goslin (Chicago: Rand McNally, 1969), 347–480; Jean Piaget, *The Moral Judgement of the Child*, trans. Marjorie Gabain (New York: Free Press, 1965). For review and discussion, see John C. Gibbs, *Moral Development and Reality: Beyond the Theo- ries of Kohlberg and Hoffman* (New York: Sage, 2003).
171. **'뒤죽박죽 도덕성':** D. A. Pizarro, "Hodgepodge Morality," in *What Is Your Dangerous Idea?* ed. John Brockman (New York: HarperCollins, 2007), 63.

### 4장 타인들

172. **착한 사마리아인:** Luke 10:30–35 (King James Version).
173. **"민족성이나 공동체 등 전통적인 이웃의 범주는 신경 쓰지 말라":** J. Waldron, "Who Is My Neighbor? Humanity Proximity," *Monist* 86 (2003): 343.
174. **"[다른] 인간들을 만나기 위해 … 자살 행위와 같았다":** Jared Diamond, *The Third Chimpan-zee: The Evolution and Future of the Human Animal* (New York: HarperCollins, 1992), 229.
175. **"원시 부족들은 … 행동이라고 느낀다.":** Interview quoted in Howard Bloom, *The Lucifer Principle: A Scientific Expedition into the Forces of History* (New York: Atlantic Monthly Press, 1997), 74.
176. **제인 구달은 … 어떤 일이 벌어지는지를 묘사한다:** Jane Goodall, *The Chim-panzees of Gombe: Patterns of Behavior* (Cambridge, MA: Harvard University Press, 1986).
177. **갓 태어난 아기는 낯선 사람보다 엄마의 얼굴을 보는 것을 더 좋아한다:** T. M. Field, D.

Cohen, R. Garcia, and R. Greenberg, "Mother-Stranger Face Discrimination by the Newborn," *Infant Behavior and Develop-ment* 7 (1984): 19-25.

178. **엄마 냄새:** A. MacFarlane, "Olfaction in the Development of Social Preferences in the Human Neonate," in *Parent-Infant Interaction, Ciba Foundation Symposium* 33 (New York: Elsevier, 1975), 103-13.

179. **엄마 목소리 역시 더 좋아한다:** A. J. Decasper and W. P. Fifer, "Of Human Bonding: Newborns Prefer Their Mother's Voice," *Science* 208 (1980): 1174-76.

180. **아기들은 양육자가 여성이면 여성을 더 오랫동안 쳐다보고:** P. Quinn, J. Yahr, A. Kuhn, A. Slater, and O. Pascalis, "Representa-tion of the Gender of Human Faces by Infants: A Preference for Females," *Perception* 31 (2002): 1109-21.

181. **백인 아기는 아프리카인이나 중국인보다는 백인 얼굴을 보는 것을 더 좋아한다:** D. J. Kelly, P. C. Quinn, A. M. Slater, K. Lee, A. Gibson, M. Smith, L. Ge, and O. Pascalis, "Three-Month-Olds, but Not Newborns, Prefer Own-Race Faces," *Developmental Science* 8 (2005): 31-36; Y. Bar-Haim, T. Ziv, D. Lamy, and R. M. Hodes, "Nature and Nurture in Own-Race Face Processing," *Psychological Science* 17 (2006): 159-63; D. J. Kelly, S. Liu, L. Ge, P. C. Quinn, A. M. Slater, K. Lee, Q. Liu, and O. Pascalis, "Cross-Race Preferences for Same-Race Faces Extend Beyond the African Versus Caucasian Contrast in 3-Month-Old Infants," *Infancy* 11 (2007): 87-95.

182. **어른들은 새로운 사람을 만나면 … 입력한다:** For review, see D. Messick and D. Mackie, "Intergroup Relations," *Annual Review of Psychology* 40 (1989): 45-81.

183. **이들 세 요소에 미심쩍은 점이 있다:** R. Kurzban, J. Tooby, and L. Cosmides, "Can Race Be Erased? Coalitional Computation and Social Categorization," *Proceedings of the National Academy of Sciences* 98 (2001): 15387-92.

184. **사람 과에 속한 우리 조상들은 … 종을 만났을 수 있다:** D. Fessler, "Twelve Lessons (Most of Which I Learned the Hard Way) for Evolutionary Psychologists," Inter- national Cognition and Culture Institute, Daniel Fessler's Blog, January 20, 2012, www.cognitionandculture.net/home/blog/74 –daniel-fesslers-blog/2344-twelve-lessons-most-of-which-i-learned -the-hard-way-for-evolutionary-psychologists.

185. **인종을 생물학적 프레임 안에서 이해하려는 경향:** Lawrence A. Hirschfeld, *Race in the Making: Cognition, Culture, and the Child's Construction of Human Kinds* (Cambridge, MA: MIT Press, 1996).

186. **'단순 노출' 효과:** R. B. Zajonc, "Mere Exposure: A Gateway to the Subliminal," *Current Directions in Psychological Science* 10 (2001): 224-28.

187. **기억-혼동 패러다임:** S. E. Taylor, S. T. Fiske, N. L. Etcoff, and A. J. Ruderman, "Categorical and Contextual Bases of Person Memory and Stereotyping," *Journal of Personality and So-cial Psychology* 36 (1978): 778-93.

188. **나이와 성별이 요인으로 작용하고, 세 번째 범주는 가변적이다:** Jim Sidanius and Felicia Pratto, *Social Dominance: An Intergroup Theory of Social Hierar-chy and Oppression* (New York: Cambridge University Press, 1999); F. Pratto, J. Sidanius, and S. Levin, "Social Dominance Theory and the Dynamics of Intergroup Relations: Taking Stock and Looking Forward," *European Review of Social Psychology* 17 (2006): 271-320.

189. **'쉽볼렛':** Judges 12:5-6, cited in Steven Pinker, *The Better An-gels of Our Nature: Why Violence Has Declined* (New York: Viking, 2011).

190. '롤라팔루자': Guillermo C. Jimenez, *Red Genes, Blue Genes: Ex- posing Political Irrationality* (New York: Autonomedia, 2009).
191. 어린 아이들은 … 다른 언어들보다 더 좋아한다: F. Ramus, "Language Discrimination by Newborns: Teasing Apart Phonotactic, Rhyth-mic, and Intonational Cues," *Annual Review of Language Acquisi-tion* 2 (2002): 85-115.
192. 한 연구에서 그들은 보스턴과 파리에서 생후 10개월 아기들을 실험 대상자로 삼았다: K. D. Kinzler, E. Dupoux, and E. S. Spelke, "The Native Language of Social Cognition," *Proceedings of the National Acad-emy of Sciences* 104 (2007): 12577-80.
193. 생후 12개월 아기들이 … 음식을 더 잘 받는 것으로 나타났다: K. Shutts, K. D. Kinzler, C. B. McKee, and E. S. Spelke, "Social Information Guides Infants' Selection of Foods," *Journal of Cognition and Development* 10 (2009): 1-17.
194. 2세 아이들은 자기 언어로 말하는 사람에게 선물을 주는 것을 더 좋아하고: K. D. Kinzler, E. Dupoux, and E. S. Spelke, "'Native' Objects and Collaborators: Infants' Object Choices and Acts of Giving Reflect Favor for Native over Foreign Speakers," *Journal of Cognition and Development*, forthcoming.
195. 5세 아이들은 자기 언어로 말하는 아이를 친구로 삼는 것을 선호하는 것으로: K. D. Kinzler, K. Shutts, J. De Jesus, and E. S. Spelke, "Accent Trumps Race in Guiding Children's Social Preferences," *Social Cognition* 27 (2009): 623-34.
196. 악센트가 없는 화자를 쳐다보는 것을 선호한다: Kinzler, Dupoux, and Spelke, "Native Language of Social Cognition."
197. 5세 아이들은 … 영어로 말하는 아이들을 고를 공산이 더 크다: Kinzler, Shutts, De Jesus, Spelke, "Accent Trumps Race."
198. 4~5세 아이들은 말할 때 악센트가 있는 화자보다는 원어민을 더 신뢰한다: K. D. Kinzler, K. H. Corriveau, and P. L. Harris, "Children's Selective Trust in Native-Accented Speakers," *Develop-mental Science* 14 (2011): 106-11.
199. 아이들의 인종적 편향 발달에 관한 연구: For review, see Frances E. Aboud, *Children and Prejudice* (London: Blackwell, 1988).
200. 심리학자 프랜시스 아부드: Aboud, *Children and Prejudice*, especially 10.
201. 더 잘 설계된 실험 방법을 적용하자 인종적 편향이 6세에 정립되는 것으로 확인되었다: H. McGlothlin and M. Killen, "Intergroup Attitudes of European American Children Attending Ethnically Homogeneous Schools," Child Development 77 (2006): 1375-86; H. McGlothlin, M. Killen, and C. Edmonds, "European-American Children's Intergroup Attitudes About Peer Relationships," *British Journal of Developmental Psychology* 23 (2005): 227-49.
202. 다른 연구 결과에서도 … 단일 인종 학교에서 이루어졌다: J. A. Graham and R. Cohen, "Race and Sex as Factors in Children's Sociometric Ratings and Friendship Choices," *Social Development* 6 (1997): 355-72.
203. 다인종 학교를 대상으로 연구하면 아이들은 인종에 개의치 않는다: J. Moody, "Race, School Integration, and Friendship Segregation in America," *American Journal of Sociology* 107 (2001): 679-716.
204. '접촉 가설': Gordon W. Allport, *The Nature of Prej-udice* (Reading, MA: Addison-Wesley, 1954); T. E. Pettigrew, "In- tergroup Contact Theory," *Annual Review of Psychology* 49 (1998): 65-85.
205. 3세 아이들을 … 성별이 중요하고: K. Shutts, M. R. Banaji, and E. S. Spelke, "Social Categories Guide Young Children's Preferences for Novel Objects," *Developmental*

*Science* 13 (2010): 599-610.

206. **반면, 3세 아이들에게 인종은 상관없었다:** K. D. Kinzler and E. S. Spelke, "Do Infants Show Social Preferences for People Dif-fering in Race?," *Cognition* 119 (2011): 1-9.
207. **게다가 인종을 고려하는 … 언어만큼 중요하지는 않다:** Kinzler, Shutts, DeJesus, and Spelke, "Accent Trumps Race."
208. **셰리프와 타지펠은 둘 다 '그들'과 충돌하는 '우리'를 만들어내려면 무엇이 필요한가에 관심을 가졌다:** David Berreby, *Us and Them: The Science of Identity* (Chicago: University of Chicago Press, 2008).
209. **로버스 동굴 실험:** Muzafer Sherif, O. J. Harvey, B. Jack White, William R. Hood, and Carolyn W. Sherif, *Intergroup Conflict and Cooperation: The Robbers Cave Experiment* (Norman: University of Oklahoma Book Exchange, 1961). For review and discussion, see Berreby, *Us and Them*.
210. **바로 이것이 타지펠이 품은 의문이었다. 답을 찾기 위해 그는 간단한 실험을 했다:** H. Tajfel, M. G. Billig, R. P. Bundy, and C. Flament, "Social Categorization and Intergroup Behaviour," *European Journal of Social Psychology* 1 (1971): 149-78.
211. **이런 결과는 수차례 확인되었다:** B. Mullen, R. Brown, and C. Smith, "Ingroup Bias as a Function of Salience, Relevance, and Status: An Integration," *European Journal of Social Psychology* 22 (1992): 103-22.
212. **이 같은 '최소 집단' 연구는 아동을 대상으로도 진행되었다:** R. S. Bigler, L. C. Jones, and D. B. Lobliner, "Social Catego-rization and the Formation of Intergroup Attitudes in Children," *Child Development* 68 (1997): 530-43; M. M. Patterson and R. S. Bigler, "Preschool Children's Attention to Environmental Mes-sages About Groups: Social Categorization and the Origins of In- tergroup Bias," *Child Development* 77 (2006): 847-60.
213. **다른 연구자들의 발견에 따르면, 교사의 명시적 신호조차도 필요하지 않았다:** Y. Dunham, A. S. Baron, and S. Carey, "Conse-quences of 'Minimal' Group Affiliations in Children," *Child De-velopment* 82 (2011): 793-811.
214. **과학 작가 데이비드 베레비:** Berreby, *Us and Them*, xi.
215. **유대인은 … 4퍼센트를 차지한다:** We know this from survey data gathered by Ira Sheskin, father of Mark Sheskin, who worked with Karen Wynn and me on some of the inequity studies discussed in the last chapter; see A. Appel, "Sur-vey: Region Has 23, Jews," *New Haven Independent*, February 4, 2011, www.newhavenindependent.org/index.php/archives/entry/jews_23.
216. **선생님들이 학생들을 별자리에 따라 나누었는데:** Berreby, *Us and Them*, 208.
217. **용의 해였던 1976년에 태어난 아이들이 다른 해에 출생한 아이들보다 실제로 교육을 더 잘 받은 것으로 나타났다:** N. D. Johnson and J. V. C. Nye, "Does Fortune Favor Dragons?," *Journal of Economic Behavior and Orga-nization* 78 (2011): 85-97.
218. **"우리는 범주의 도움을 받아 생각해야 한다":** Allport, *Nature of Prejudice*, 20.
219. **인종과 민족 집단에 대한 그들의 고정관념이 대체로 정확한 것으로 밝혀졌다:** Lee Jussim, *Social Perception and Social Reality: Why Accuracy Domi-nates Bias and Self-Fulfilling Prophecy* (New York: Oxford Univer- sity Press, 2012).
220. **2차 세계대전이 시작된 후, 중국인과 일본인에 대한 미국인들의 태도가 뒤바뀌었다:** Berreby, *Us and Them*.
221. **어른들도 비원어민 악센트로 말하는 사람들은 덜 유능하고:** A. Gluszek and J. F. Dovidio, "The Way They Speak: A Social Psychological Perspective on the Stigma of Non-

native Accents in Communication," *Personality and Social Psychol-ogy Review* 14 (2010): 214-37.
222. **우리는 매우 낯선 외집단 구성원들에게는 질투나 후회처럼 인간에게만 있다고 여겨지는 감정들이 부족하다고 생각하는 경향이 있다**: S. Loughnan, N. Haslam, T. Murnane, J. Vaes, C. Reynolds, and C. Suitner, "Objectification Leads to Depersonalization: The Denial of Mind and Moral Concern to Objectified Others," *European Journal of Social Psychology* 40 (2010): 709-17; J. Ph. Leyens, M. P. Paladino, R. T. Rodriguez, J. Vaes, S. Demoulin, A. P. Rodriguez, and R. Gaunt, "The Emotional Side of Prejudice: The Attribution of Secondary Emotions to Ingroups and Outgroups," *Personality and Social Psychology Review* 4 (2): 186-97.
223. **심리학 실험에 참여하는 피실험자는 … 인종차별 의식이 없는 사람들일 것이다**: A. R. Pearson, J. F. Dovi- dio, and S. L. Gaertner, "The Nature of Contemporary Prejudice: Insights from Aversive Racism," *Social and Personality Psychology Compass* 3 (2009): 314-38.
224. **어린아이들은 애초부터 인종을 금기시하지는 않는다**: E. P. Apfelbaum, K. Pauker, N. Ambady, S. R. Sommers, and M. I. Norton, "Learn- ing (Not) to Talk About Race: When Older Children Underper-form in Social Categorization," *Developmental Psychology* 44 (2008): 1513-18.
225. **인종차별주의자로 보일까 봐 절박한 불안감**: Pearson, Dovidio, and Gaertner, "Nature of Contemporary Prejudice."
226. **세상에서 가장 인종차별주의자가 아닌 사람들조차도 무의식적인 인종차별 편향이 있다**: For review, see M. R. Banaji and L. Heiphetz, "Attitudes," in *Handbook of Social Psychology*, ed. Susan T. Fiske, Daniel T. Gil-bert, and Gardner Lindzey (New York: Wiley, 2010), 348-88.
227. **내가 목격한 최악의 경우는 〈라이 투 미〉라는 TV 프로그램의 한 장면이었다**: From *Lie to Me*, Fox, Season 1, Episode ("Unchained").
228. **정반대 입장의 몇몇 비평가들은 … 거의 없다고 주장한다**: H. Arkes and P. E. Tetlock, "Attributions of Implicit Prejudice, or 'Would Jesse Jack-son Fail the Implicit Association Test?'," *Psychological Inquiry* 15 (2004): 257-78.
229. **이런 측정치들은 … 정말로 중요한 고려 사항들과 상관관계가 있다**: A. G. Greenwald, A. Poehlman, E. Uhlmann, and M. R. Banaji, "Understanding and Interpreting the Implicit Association Test III: Meta-analysis of Predictive Validity," *Journal of Personality and Social Psychology* 97 (2009): 17-41; Banaji and Heiphetz, "Atti-tudes"; Pearson, Dovidio, and Gaertner, "Nature of Contemporary Prejudice."
230. **실제 대학교에 지원하는 아시아인들의 SAT 점수는 평균 이상이다**: Thomas. J. Espenshade and Alexandria W. Radford, *No Longer Separate, Not Yet Equal: Race and Class in Elite College Ad-mission and Campus Life* (Princeton: Princeton University Press, 2009).
231. **심리학자 프란시스코 길-화이트의 지적처럼 … 그의 조상의 민족성을 밝히는 것이다**: F. Gil-White, "Are Ethnic Groups Biological 'Species' to the Human Brain? Essentialism in Our Cognition of Some Social Categories," *Cur-rent Anthropology* 42 (2001): 515-54.
232. **"인간의 상상력과 창조적 쾌락을 낳는 타고난 원천 중 하나"**: Berreby, *Us and Them*, xiv.
233. **철학자 크와메 앤서니 아피아**: Kwame Anthony Ap-piah, *Cosmopolitanism: Ethics in a World of Strangers* (New York: Norton, 2006), 98.
234. **아피아는 이 문제에 대한 키케로의 생각을 인용한다**: Appiah, *Cosmopolitanism*, xviii.

### 5장 몸

235. **프리모 레비는 나치가 어떻게 유대인 수감자들을 화장실에 가지 못하게 했는지**: Primo Levi, *The Drowned and the Saved* (London: Abacus, 1988), 70–71.
236. **'혐오스럽게 부드러우면서 구멍이 숭숭 뚫리고'**: Martha C. Nussbaum, *Upheavals of Thought: The Intelligence of the Emotions* (New York:University Press, 2001), 347.
237. **조지 오웰은 계급분화에 있어서 혐오의 역할을 웅변적으로 잘 표현하고 있다**: George Orwell, *The Road to Wigan Pier* (London: Penguin,), 79.
238. **어떤 대상이나 물질, 경험**: For reviews, seeRozin, J. Haidt, and C. R. McCauley, "Disgust," in *Handbook of Emotions*, 3rd ed., ed. Michael Lewis, Jeannette M. Haviland–Jones, and Lisa F. Barrett (New York: Guilford Press), 757–76; Paul Bloom, *Descartes' Baby: How the Science of Child Development Explains What Makes Us Human* (New York: Basic Books, 2004); Daniel Kelly, *Yuck! The Nature and Moral Significance of Disgust* (Cambridge, MA: MIT Press, 2011); Rachel Herz, That's *Disgusting: Unraveling the Mysteries of Repulsion* (New York: Norton, 2012); William Ian Miller, *The Anatomy of Disgust* (Cambridge, MA: Harvard University Press, 1997).
239. **'혐오 민감성'을 측정하는 등급**: J. Haidt, C. McCauley, and P. Rozin, "Individual-Differences in Sensitivity to Disgust: A Scale Sampling 7 Domains of Disgust Elicitors," *Per-sonality and Individual Differences* 16 (1994): 701–13. For a modified version, see B. O. Olatunji, N. L. Williams, D. F. Tolin, C. N. Sawchuck, J. S. Abramowitz, J. M. Lohr, and L. S. Elwood, "The Disgust Scale: Item Analysis, Factor Structure, and Suggestions for Refinement," *Psychological Assessment* 19 (2007): 281–97.
240. **사람들의 혐오 민감성 등급을 보면 얼마나 기꺼이 혐오스러운 행동을 할 수 있는지 알 수 있다**: P. Rozin, J. Haidt, C. McCauley, L. Dunlop, and M. Ashmore, "Individual Differ-ences in Disgust Sensitivity: Comparisons and Evaluations of Paper-and-Pencil Versus Behavioral Measures," *Journal of Re-search in Personality* 33 (1999): 330–51.
241. **윌리엄 이언 밀러의 설명이 … 혐오스럽지 않은 것**: Miller, *The Anatomy of Disgust*, 90.
242. **"배설물은 아이들에게 혐오감을 자극하지 않는다"**: Sigmund Freud, *Civilization and Its Discontents* (New York: Norton, 1961), 54.
243. **영유아들은 온갖 혐오스러운 것들을 만지고 심지어 먹기까지 한다**: P. Rozin, L. Hammer, H. Oster, T. Horowitz, and V. Marmora, "The Child's Conception of Food: Differentiation of Categories of Rejected Substances in the 1.4 to 5 Year Range," Ap-7 (1986): 141–51.
244. **자녀가 배설물에 대한 당신의 혐오감을 공유하게 만들려고 애쓰지 말라**: Penelope Leach, *Your Baby and Child: From Birth to Age Five* (New Yokr: Knopf, 1989), 317.
245. **그 외 나머지 내용은 모두 잘못되었다**: See also Bloom, *Des-cartes' Baby*.
246. **우리가 나쁜 음식을 먹지 않도록 보호하기 위해 혐오가 진화했다**: Rozin, Haidt, and McCauley, "Disgust."
247. **"놀라울 따름이다 … 구토를 하는지 모른다"**: Charles Darwin, *The Expression of the Emo-tions in Man and Animals* (1872; repr., Oxford: Oxford University Press, 1998), 257.
248. **임산부는 태중의 태아가 독에 가장 민감한 시기에 유독 혐오 민감성이 높다**: D. M. T. Fessler, S. J. Eng, and C. D. Navarrete, "Elevated Disgust Sensitiv-ity in the First Trimester of Pregnancy: Evidence Supporting the Compensatory Prophylaxis Hypothesis," *Evolution and Human Behavior* 26 (2005): 344–51.

249. **사람들은 … 섬상세포군 피질이 활성화된다:** B. Wicker, C. Keysers, J. Plailly, J. P. Royet, V. Gallese, and G. Rizzolatti, "Both of Us Disgusted in My Insula: The Common Neural Basis of Seeing and Feeling Disgust," *Neuron* 40 (2003): 655–64; P. Wright, G. He, N. A. Shapira, W. K. Goodman, and Y. Liu, "Disgust and the Insula: fMRI Responses to Pictures of Mutilation and Contamination," *Neuroreport* 15 (2004): 2347–51.
250. **음식을 바탕으로 한 이론이 불완전하며:** For discussion, see Kelly, *Yuck!*
251. **혐오는 우리에게 더 일반적으로 병원균과 기생충을 피하라고 경고하기 위해 진화했다:** V. Curtis, R. Aunger, and T. Rabie, "Evidence That Disgust Evolved to Protect from Risk of Disease," *Proceedings of the Royal Society* B 271 (2004): 131–33. For review, see V. Curtis, M. DeBarra, and R. Aunger, "Disgust as an Adaptive System for Disease Avoidance Behaviour," *Philosophical Transactions of the Royal Society B: Biological Sciences* 366 (2011): 389–401.
252. **"한 원주민이 와서 손가락으로 그 고기를 만졌다":** Darwin, *Expression of the Emotions*, 255.
253. **심리학자 탈리아 위틀리 … 최면을 걸었다:** T. Wheatley and J. Haidt, "Hypnotic Disgust Makes Moral Judgments More Severe," *Psychological Science* 16 (2005): 780–84.
254. **또 다른 실험에서는 … 글로 쓰게 한 다음에 판단하게 한 것이다:** S. Schnall, J. Haidt, G. L. Clore, and A. H. Jordan, "Disgust as Embodied Moral Judgment," *Personality and Social Psychology Bulletin* 34 (2008): 1096–1109.
255. **쓴 음식을 먹으면 … 도덕적 일탈에 대해 더 냉철해진다:** K. Eskine, N. Kacinik, and J. Prinz, "A Bad Taste in the Mouth: Gustatory Disgust Influences Moral Judgment," *Psychological Science* 22 (2011): 295–99.
256. **혐오 민감성이 높은 사람들은 이민자나 외국인 같은 특정한 다른 사람들에게 더 가혹한 태도를 보인다:** G. Hodson and K. Costello, "Inter-personal Disgust, Ideological Orientations, and Dehumanization as Predictors of Intergroup Attitudes," *Psychological Science* 18 (2007): 691–98.
257. **도덕 심리학자들이 궁금해하는 것은 … 섹스에 신경을 쓰냐는 거다:** See also P. DeScioli and R. Kurzban, "Mysteries of Morality," *Cognition* 112 (2009): 281–99.
258. **설문조사:** L. Saad, "U.S. Acceptance of Gay/Lesbian Relations Is the New Normal," May 14, 2012, www.gallup.com/poll/154634 /Acceptance-Gay-Lesbian-Relations-New-Normal.aspx.
259. **제퍼슨이 1777년 다음과 같은 법안을 버지니아주에 발의했다:** Robert M. Pallitto, *Torture and State Violence in the United States: A Short Documentary History* (Baltimore: Johns Hopkins University Press, 2011).
260. **"아니, 여동생과 결혼한다고요?":** Margaret Mead, *Sex and Temperament in Three Primitive Societies* (New York: William Morrow, 1935), 79.
261. **심리학자 스티븐 핑커가 지적하듯:** Steven Pinker, *How the Mind Works* (New York: Norton, 1997).
262. **열쇠는 유년기 동안 함께 거주하기 때문인 것 같다:** D. Lieberman, J. Tooby, and L. Cosmides, "Does Morality Have a Biological Basis? An Empirical Test of the Factors Governing Moral Sentiments Relating to Incest," *Proceedings of the Royal Society* B: Biological Sciences 270 (2003): 819–26.
263. **딸이 특정 나이가 지난 다음 한 가족이 된 계부:** Martin Daly and Margo Wilson, *The Truth About Cinderella* (London: Weidenfeld, 1998).

264. **유명한 가상의 상황:** J. Haidt, "The Emotional Dog and Its Rational Tail: A Social Intuitionist Approach to Moral Judgment," Psychological Review 108 (2001): 814-34. See also Jonathan Haidt, *The Righteous Mind: Why Good People Are Divided by Politics and Religion* (New York: Pantheon, 2012).
265. **'3급 근친상간':** W. Saletan, "Incest Is Cancer," *Slate*, De-cember 14, 2010.
266. **혐오스러운 이미지를 보면 동성애에 대해 암묵적으로 더 부정적인 태도를 지니게 됨:** N. Dasgupta, D. A. DeSteno, L. Williams, and M. Hunsinger, "Fanning the Flames of Prejudice: The Influence of Specific Incidental Emotions on Implicit Preju- dice," *Emotion* 9 (2009): 585-91.
267. **악취―방귀 스프레이―에 노출했더니 그들은 게이 남성들에게 온정적인 태도를 덜 보였다:** Y. Inbar, D. A. Pizarro, and P. Bloom, "Disgusting Smells Cause Decreased Liking of Gay Men," *Emotion* 12 (2009): 23-27.
268. **혐오 민감성이 높으면 다양한 정치 이슈에 대해 더 보수적인 태도를 취하는 것으로 나타났다:** Y. Inbar, D. A. Pizarro, and P. Bloom, "Conservatives Are More Easily Disgusted Than Liberals," *Cognition and Emotion* 23 (2009): 714-25.
269. **학생들의 혐오 민감성 점수는 동성애자에 대한 그들의 암묵적 태도와 상관관계를 보였다:** Y. Inbar, D. A. Pizarro, J. Knobe, and P. Bloom, "Disgust Sensitivity Predicts Intuitive Disapproval of Gays," *Emotion* 9 (2009): 435-39.
270. **이제 우리는 순수하고 ⋯ 혐오스럽게 생각한다:** P. Rozin, J. Haidt, and C. McCauley, "Disgust," in *Handbook of Emotions*, 2nd ed., ed. Michael Lewis and Jeannette M. Haviland (New York: Guilford Press, 2), 642.
271. **'안전하게 보호받기 위해 채택한 일종의 계략':** Martha C. Nussbaum, *Hiding from Humanity: Sexual Orientation and Constitutional Law* (Princeton: Princeton University Press, 2004), 16.
272. **몸을 정화하는 건 많은 종교에서 의례의 한 부분을 차지한다:** For a review, see S. W. S. Lee and N. Schwarz, "Wiping the Slate Clean: Psychological Consequences of Physical Cleansing," *Current Di-in Psychological Science* 20 (2011): 307-11.
273. **이런 연관성은 언어에서도 찾아볼 수 있다:** Bloom, Descartes' Baby. For discussion of how children use the language of disgust, see J. Danovitch and P. Bloom, "Children's Extension of Disgust toand Moral Events," *Emotion* 9 (2009): 107-12.
274. **맥베스 효과:** C.-B. Zhong and K. Liljenquist, "Washing Away Your Sins: Threatened Morality and Physical Cleansing," *Science* 5792 (2006): 1451-52.
275. **후속 연구로:** S. W. S. Lee and N. Schwarz, "Dirty Hands and Dirty Mouths: Embodiment of the Moral-Purity Metaphor Is Spe-cific to the Motor Modality Involved in Moral Transgression," *Psy-chological Science* 21 (2010): 1423-25.
276. **깨끗이 씻는 행위는 실제로 죄의식과 수치심을 더는 데 도움이 되었다:** Lee and Schwarz, "Wiping the Slate Clean."
277. **청결을 상기시키면 실험 대상자들이 포르노 시청과 같은 행위를 더 옳지 않다고 여긴다:** C.-B. Zhong, B. Strejcek, and N. Sivanathan, "A Clean Self Can Render Harsh Moral Judgment," *Journal of Experimental Social Psychology* 46 (2010): 859-62.
278. **청결을 상기시키지 않은 학생들에 비해 이들은 스스로 정치적으로 더 보수적이라고 평가했다:** E. Helzer and D. A. Pizarro, "Dirty Liberals: Reminders of Clean-liness Promote Conservative Political and Moral Attitudes," *Psy-chological Science* 22 (2011): 517-22.
279. **신성 윤리:** R. A. Shweder, N. C. Much, M. Mahapatra, and L. Park, "The 'Big Three'

of Morality (Autonomy, Commu- nity, Divinity), and the 'Big Three' Explanations of Suffering," in *Morality and Health*, ed. Allan M. Brandt and Paul Rozin (New York: Routledge, 1997), 138.
280. 엘리엇 튜리얼은 도덕성을: Elliot Turiel, *The Development of Social Knowledge: Morality and Convention* (Cambridge: Cam- bridge University Press, 1983), 3.
281. 조너선 하이트: Haidt, *Righteous Mind*, 270.
282. 장애인에게 친절을 베풀라고 애원하는 시적인 내용: Lev. 19:14 (KingVersion).
283. '역겨움의 지혜': Leon Kass, "The Wisdom of Repug-nance," *New Republic*, June 2, 1977, 20.
284. 하지만 내 의견은 다르다: See also Bloom, Descartes' Baby; Nuss-baum, *Hiding from Humanity*.

### 6장 가족이 중요하다

285. 가족이 중요하다: A very preliminary version of this chapter was published as P. Bloom, "Family, Community, Trolley Problems, and the Crisis in Moral Psychology," *Yale Review* 99 (2011): 26-43.
286. 어머니와 아들: Alison Gopnik, *The Philosophical Baby: What Children's Minds Tell Us About Truth, Love, and the Meaning of Life* (New York: Farrar, Straus and Giroux, 2009).
287. 성인의 도덕 심리에 대한 최고의 이론들은 이런 종류의 판단에 대해서는 할 말이 거의 없다: John Doris and the Moral Psychology Research Group, eds., *The Moral Psychology Handbook* (New York: Oxford University Press, 2010).
288. 이 분야의 철학자들은 다시 양대 진영으로 나뉜다: For an accessible summary, see Michael Sandel, *Justice: What's the Right Thing to Do?* (New York: Farrar, Straus and Giroux, 2009).
289. '반성적 균형': John Rawls, *A Theory of Justice* (New York: Oxford University Press, 1971).
290. 철학자 피터 엉거가 제시하는 시나리오: Peter K. Unger, *Living High and Letting Die: Our Illusion of Innocence* (New York: Oxford University Press, 1996), cited in Peter Singer, "The Singer Solution to World Poverty," *New York Times Magazine*, Septem-ber 5, 1999.
291. 폭주 전차 사례: P. Foot, "The Problem of Abortion and the Doctrine of the Double Effect" [1967], in *Virtues and Vices*, ed. Philippa Foot (Oxford: Basil Blackwell, 1978); J. J. Thompson, "Killing, Letting Die, and the Trolley Problem," *Monist* 59 (1976): 2 0 4 - 1 7.
292. 사람들은 대부분 두 경우가 다르다고 직관적으로 느낀다: For review, see G. Miller, "The Roots of Morality," *Science* 320 (2008): 734-37.
293. 이중 효과 원칙: A. McIntyre, "Doctrine of Double Effect," in *The Stanford Encyclopedia of Philosophy* (Fall 2011 Edi- tion), ed. E. N. Zalta, http://plato.stanford.edu/archives/fall2011/ entries/double-effect.
294. 심리학자 루이스 페트리노비치 연구팀의 연구: P. O'Neill and L. Petrinovich, "A Preliminary Cross-Cultural Study of Moral Intuitions," *Evolution and Human Behavior* 19, no. 6 (1998): 349-67.
295. 존 미하일: The dissertation was pub-lished as John Mikhail, *Elements of Moral Cognition: Rawls' Linguistic Analogy and the Cognitive Science of Moral and Legal Judgment* (Cambridge: Cambridge University Press, 2010).

296. **뇌 영상 촬영법을 이용해서:** J. D. Greene, R. B. Sommerville, L. E. Nystrom, J. M. Darley, and J. D. Cohen, "An fMRI Investigation of Emotional Engagement in Moral Judgment," *Science* 293 (2001): 2105-8.
297. **전차 딜레마 연구가 물밀듯이 쏟아져나왔다:** For review, see G. Miller, "The Roots of Morality," *Science* 320 (2008): 734-37.
298. **그 결과 … 도덕적으로 구분 지었다:** F. Cushman, L. Young, and M. Hauser, "The Role of Conscious Reasoning and Intuition in Moral Judgments: Test-ing Three Principles of Harm," *Psychological Science* 17 (2006): 1082-89; Mikhail, *Elements of Moral Cognition*.
299. **심지어 세 살 아이들도 … 대답하는 경향을 보인다:** S. Pellizzoni, M. Siegal, and L. Surian, "The Contact Principle and Utilitarian Moral Judgments in Young Children," *Developmental Science* 13 (2010): 265-70.
300. **보편문법과 유사한 보편적인 도덕 기능:** Mikhail, *Elements of Moral Cognition*; Marc Hauser, *Moral Minds: How Nature Designed Our Universal Sense of Right and Wrong* (New York: HarperCollins, 2006).
301. **언어와 도덕성은 어떤 점에서는 매우 예리하게 차이가 난다:** P. Bloom and I. Ja- rudi, "The Chomsky of Morality?," review of *Moral Minds: How Nature Designed Our Universal Sense of Right and Wrong*, by Marc Hauser, *Nature* 443 (2006): 909-10.
302. **그린 연구팀:** J. D. Greene, F. A. Cushman, L. E. Stewart, K. Lowenberg, L. E. Nystrom, and J. D. Cohen, "Push-ing Moral Buttons: The Interaction Between Personal Force and Intention in Moral Judgment," *Cognition* 111 (2009): 364-71.
303. **어느 기발한 연구에서는 등장인물의 인종 관련 신호가 주는 효과를 들여다보았다:** E. L. Uhlmann, D. A. Pizarro, D. Tannenbaum, and P. H. Ditto, "The Motivated Use of Moral Principles," *Judgment and Decision Making* 4 (2009): 476-91.
304. **또 다른 연구에서는, 사람들에게 SNL의 유머 있는 한 장면을 보여준 다음에 전차 딜레마를 제시했다:** P. Valdesolo and D. DeSteno, "Manipula-tions of Emotional Context Shape Moral Judgment," *Psychological Science* 17 (2006): 476-77.
305. **"탈무드가 평범한 참고서처럼 보인다":** Kwame Anthony Appiah, *Experiments in Ethics* (Cam-bridge, MA: Harvard University Press, 2008), 91.
306. **그린의 표현처럼, 전차 딜레마는 도덕적 마음을 연구할 때, 마치 실험실의 초파리와 같은 존재:** J. D. Greene, "Fruit Flies of the Moral Mind," in *What's Next: Dispatches from the Future of Sci-ence*, ed. Max Brockman (New York: Vintage, 2009).
307. **애덤 스미스는 이 점을 훌륭하게 주장한다:** Adam Smith, *The Theory of Moral Sentiments* (1759; repr., Lawrence, KS: Digireads.com, 2011), 61.
308. **도덕성의 자연사는 … 작은 집단에서 시작되었다:** W. D. Hamilton, "The Genetical Evolution of Social Behavior, Parts 1 and 2," *Journal of Theoretical Biology* 7 (1964): 1-52; R. L. Trivers, "The Evolution of Recipro-cal Altruism," *Quarterly Review of Biology* 46 (1971): 35-57; R. L. Trivers, "Parental Investment and *Sexual Selection*," *In Sexual Se-lection and the Descent of Man*, ed. B. Campbell (Chicago: Aldine, 1972).
309. **2단계론을 주장한다:** Peter J. Richerson and Rob-ert Boyd, *Not by Genes Alone: How Culture Transformed Human Evolution* (Chicago: University of Chicago Press, 2005).
310. **집단선택 … 논쟁이 이어진다:** For a recent defense, see E. O. Wilson, *The Social Con-quest of Earth* (New York: Liveright, 2012).
311. **다윈도 마찬가지다. 그는 우리의 도덕적 능력의 기원에 관해 추측하면서:** Charles Darwin, *The Descent of Man* (1871; repr., London: Penguin, 2004), 121 (emphasis added).

312. 그들은 우리가 무력한 자식에게 베푸는 보살핌에서 이타성이 나온다: C. Daniel Batson, Altruism in Humans (New York: Ox-ford University Press, 2011); Paul Zak, *The Moral Molecule: The Source of Love and Prosperity* (New York: Dutton, 2012); Patricia Churchland, Braintrust: What *Neuroscience Tells Us About Moral-ity* (Princeton: Princeton University Press, 2011).
313. 옥시토신을 투여받은 사람들이 사람을 더 신뢰하고 더 관대해진다: M. Kosfeld, M. Heinrichs, P. J. Zak, U. Fischbacher, and E. Fehr, "Oxytocin Increases Trust in Humans," *Nature* 435 (2005): 673–76; T. Baumgartner, M. Heinrichs, A. Vonlanthen, U. Fischbacher, and E. Fehr, "Oxytocin Shapes the Neural Cir- cuitry of Trust and Trust Adaptation in Humans," *Neuron* 58 (2008): 639–50; P. J. Zak, A. A. Stanton, S. Ahmadi, and S. Bros-nan, "Oxytocin Increases Generosity in Humans," *PLoS ONE* 2 (2007): e1128.
314. 공감 능력이 더 뛰어나고 스트레스에 덜 민감한 경향: S. M. Rodrigues, L. R. Saslow, N. Garcia, O. P. John, and D. Keltner, "Oxytocin Re-ceptor Genetic Variation Relates to Empathy and Stress Reactivity in Humans," *Proceedings of the National Academy of Sciences* 106 (2009): 21437–41.
315. 옥시토신이 유발하는 반응은 그 자체로도 도덕적으로 복잡하다: C. K. W. De Dreu, L. L. Greer, G. A. Van Kleef, S. Shalvi, and M. J. J. Handgraaf, "Oxytocin Promotes Human Ethnocentrism," *Proceedings of the National Academy of Sciences* USA 108 (2011): 1262–66.
316. 3대 도덕 기반: R. A. Shweder, N. C. Much, M. Mahapatra, and L. Park, "The 'Big Three' of Morality (Auton-omy, Community, Divinity), and the 'Big Three' Explanations of Suffering," in *Morality and Health*, ed. Allan M. Brandt and Paul Rozin (New York: Routledge, 1997), 119–69.
317. 6대 도덕 기반: This was originally developed in collaboration with Craig Joseph, in J. Haidt and C. Joseph, "Intuitive Ethics: How Innately Prepared Intuitions Generate Culturally Variable Virtues," *Daedalus* 133 (Fall 2004): 55–66. For a recent summary, see Jonathan Haidt, *The Righteous Mind: Why Good People Are Divided by Politics and Religion* (New York: Pantheon, 2012).
318. 배신은 죄—매우 중한 죄—다: Haidt, *Righteous Mind*.
319. 복음에서 그리스도는 자신이 가족을 대신하러 온 것이지 떠받들려 온 것이 아니라고 명시적으로 밝힌다: Matt. 10:34–37 (King James Version).
320. 구약성경에서도 똑같은 선호가 드러난다: Deut. 13:6, 9, 10 (King James Version).
321. 0에 대한 추론을 담당하는 전용 뇌 시스템이 없다: K. Wynn, "Infants Possess a System of Numerical Knowledge," *Current Di-in Psychological Science* 4 (1995): 172–77.
322. 우리는 다른 사람의 얼굴을 보고 이름을 들었을 때 실제로 그 사람을 도와줄 가능성이 더 크다: P. Slovic, "'If I Look at the Mass I Will Never Act': Psychic Numbing and Genocide," *Judgment and De-cision Making* 2 (2007): 79–95. For a review, see Dan Ariely, *The Upside of Irrationality: The Unexpected Benefits of Defying Logic at Work and at Home* (New York: Harper, 2010).
323. 노숙하는 십 대 게이 청소년들의 삶을 알려온 작가 레이첼 아비브: Rachel Aviv, "Netherland," *New Yorker*, December 10, 2012, 64.
324. 열성 공리주의자이자 … 한번은 이런 질문을 던졌다: Peter Singer, *The Expanding Circle: Ethics and Sociobiology* (New York: Farrar, Straus and Giroux, 1981).
325. 애덤 스미스는 말했듯: Adam Smith, *The Theory of Moral Sen-timents* (1759; repr.,

Lawrence, KS: Digireads.com), 60.

326. **우리는 이 딜레마를 수학 문제와 별다르지 않게 취급할 수도 있다:** R. A. Shweder, "A Great Moral Legend from Orissa," *Orissa Society of Americas Souvenir*, 40th Annual Convention of the Orissa Soci-ety of the Americas, July 2009.
327. **찻잔을 두는 전차 시나리오:** S. Nichols and R. Mallon, "Moral Rules and Moral Dilemmas," *Cognition* 100 (2006): 530-42.
328. **한 연구에서 실험 참가자들을 … 돈을 기부해달라고 했고:** T. Ko-gut and I. Ritov, "The 'Identified Victim' Effect: An Identified Group, or Just a Single Individual?," *Journal of Behavioral Decision Making* 18 (2005): 157-67; Slovic, "If I Look."
329. **복내측 전전두피질이 손상된 사람들에게는 … 스위치 사례처럼 취급한다는 뜻이다:** M. Koenigs, L. Young, R. Adolphs, D. Tranel, F. Cushman, M. Hauser, and A. Damasio, "Damage to the Prefrontal Cortex Increases Utilitar-ian Moral Judgments," *Nature* 446 (2007): 908-11.
330. **결과론자들을 꼬집는다:** D. Bartels and D. A. Pizarro, "The Mismeasure of Morals: Antisocial Personality Traits Predict Utilitarian Responses to Moral Dilemmas," *Cognition* 121 (2011): 154-61.
331. **나는 이런 상황이 강한 감정 반응을 일으킨다는 조슈아 그린의 의견에 동의한다:** J. D. Greene, R. B. Sommerville, L. E. Nystrom, J. M. Darley, and J. D. Cohen, "An fMRI Investigation of Emotional Engagement in Moral Judgment," *Science* 293 (2001): 2105-8.
332. **보통 우리는 모르는 … 사람들에게 친절하다:** Kogut and Ritov, "'Identified Victim' Effect."

**7장 어떻게 해야 좋은 사람이 될까?**

333. **자선 차원의 기부는 자신의 부와 지위를 보여줄 완벽한 선전 방법이다:** Thorstein Veblen, *The Theory of the Leisure Class: An Eco-nomic Study of Institutions* (New York: Random House, 1899).
334. **잠자리와 연애 상대의 마음을 사로잡을 좋은 방법이기도 하다:** G. F. Miller, "Sexual Selection for Moral Virtues," *Quarterly Review of Biology* 82 (2007): 97-125.
335. **뉴헤이븐 전역에 주소도 적혀 있고 우표도 붙어 있는 편지들을 뿌리는 실험:** S. Mil-gram, L. Mann, and S. Harter, "The Lost-Letter Technique: A Tool for Social Research," *Public Opinion Quarterly* 29 (1965): 437-38.
336. **우리가 선하다는 것은 다른 면에서도 명백하다:** For an extended review, see Steven Pinker, *The Better Angels of Our Nature: Why Violence Has Declined* (New York: Viking, 2011).
337. **토머스 제퍼슨의 법안:** Robert M. Pallitto, Torture and State *Violence in the United States: A Short Documentary History* (Baltimore: Johns Hopkins University Press, 2011).
338. **우리의 선함은 신이 개입했다는 증거라고 본다:** Francis Collins, *The Language of God: A Scientist Presents Evidence for Belief* (New York: Free Press, 2006); Dinesh D'Souza, *What's So Great About Christianity* (New York: Regnery, 2007), 237. The Wallace quote comes from his review of Charles Lyell's Principles of Geology and is cited in Robert J. Richards, *Darwin and the Emer-gence of Evolutionary Theories of Mind and Behavior* (Chicago: University of Chicago Press, 1989).
339. **이 친절한 행동이 반사적인 행동으로 바뀌었을 것:** Thanks to David Rand for dis-cussion

on this point. For discussion of how moral judgment can turn into moral reflex, see also D. A. Pizarro and P. Bloom, "The Intelligence of Moral Intuitions: Comment on Haidt," *Psycholog-ical Review* 110 (2001): 197-198.

340. **헤로도토스가 들려준 다리우스 왕 이야기:** Herodotus, The *Histories*, rev. ed., trans. Aubrey de Selincourt (New York: Penguin, 2003), 3:38.

341. **6~11세 아이들이 낯선 사람들의 자선 행위를 본 후 어떻게 행동하는지:** For a review, see Natalie Henrich and Joseph Henrich, *Why Humans Cooperate: A Cultural and Evolutionary Explanation* (New York: Oxford University Press, 2007).

342. **심리학자 피터 블레이크 연구팀:** P. R. Blake, T. C. Callaghan, J. Corbit, and F. Warneken, "Altruism, Fairness and Social Learning: A Cross-Cultural Approach to Imi-tative Altruism," paper presented at the Central European Univer-sity Conference on Cognitive Development, Budapest, Hungary, January 2012.

343. **'도덕적 범주':** Peter Singer, *The Expanding Circle: Ethics and Sociobiology* (New York: Farrar, Straus and Giroux, 1981); W. E. H. Lecky, *History of European Morals from Augustus to Charlemagne*, vol. 1 (New York: George Braziller, 1955), 103.

344. **우리의 동정심이 "더 다정해지고 더 널리 퍼졌다":** Charles Darwin, *The Descent of Man* (1871; repr., London: Pen- guin, 2004), 149.

345. **개인적 접촉의 힘:** Gordon W. Allport, *The Nature of Prejudice* (Reading, MA: Addison-Wesley, 1954). For a review, see T. E. Pettigrew, "Intergroup Contact Theory," *Annual Review of Psychology* 49 (1998): 65-85.

346. **이야기에 노출되는 것:** M. Nussbaum, "Exactly and Responsibly: A Defense of Ethical Criticism," *Philosophy and Literature* 22 (1998): 354.

347. **독방 수감자가 겪는 역경:** A. Gawande, "Hellhole," *New Yorker*, March 30, 2009, 36-45.

348. **"외국인이나 탐험가, 역사가의 눈을 통해서만 볼 수 있는 세계에 노출되면…":** Pinker, Better *Angels*, 175.

349. **"허구의 작품을 도덕적 각성제 또는 도덕적 구토 유발제로 취급하는 것":** H. Vendler, "The Booby Trap," *New Republic*, October 7, 1996, 34, 37.

350. **위대한 이야기들 가운데는 끔찍한 가치가 표현된 것들이 많다:** R. Posner, "Against Ethical Criticism," *Philosophy and Literature* 21 (1997): 5.

351. **요제프 괴벨스는 그리스 비극을 좋아했다고 전해진다:** M. Beard, "Do the Classics Have a Future?," New *York Review of Books*, Janu-12, 2012.

352. **문학작품을 더 많이 읽는 사람들이 비문학을 선호하는 사람들보다 사회적 기술이 다소 높다:** R. A. Mar, K. Oatley, J. Hirsh, J. de la Paz, and J. B. Pe- terson, "Bookworms Versus Nerds: Exposure to Fiction versus Non-fiction, Divergent Associations with Social Ability, and the Simulation of Fictional Social Worlds," *Journal of Research in Personality* 40 (2006): 694-712.

353. **경증 자폐증을 앓아서 사회적 장애가 있는 성인이 정상인보다 문학에 관심이 적다:** J. L. Barnes, "Fic-tion, Imagination, and Social Cognition: Insights from Autism," Poetics 40 (2012): 299-316.

354. **적시에 적절한 문학이 투입되면 효과가 있을 수 있다:** See also Paul Bloom, *Descartes' Baby: How the Science of Child Development Explains What Makes Us Human* (New York: Basic Books, 2004); Pinker, Better Angels.

355. **인도 농촌 마을에 … 남아선호사상이 줄어든다:** R. Jensen and E. Oster, "The Power of TV: Cable Television and Women's Status in India," *Quarterly Journal of Economics*

124 (August 2009): 1057-94.
356. **신의 존재를 믿지 않고서는 좋은 사람이 될 수 없다고까지 여긴다:** P. Bloom, "Religion, Morality, Evolution," *Annual Review of Psy-chology* 63 (2012): 179-99.
357. **사람들은 무신론자도 잠재적 범죄자와 오만한 엘리트주의자만큼이나 자기중심적이고 부도덕하다고 여긴다:** P. Edgell, J. Gerteis, and D. Hartmann, "Atheists as 'Other': Moral Boundar-ies and Cultural Membership in American Society," *American Sociological Review* 71 (2006): 211-34.
358. **"안락한 공동체의 제한된 이타심에 도전한 것이 … 알아볼 수 있다고 했다":** J. Waldron, "Secularism and the Limits of Com- munity," NYU School Law, Public Law Research Paper No. 10-88, http://papers.ssrn.com/sol3/papers.cfm?abstract_id=1722780, 10. For similar arguments, see D'Souza, *What's So Great About Chris- tianity*.
359. **종교가 "폭력적이고 비합리적이며 관용이 없고":** Christopher Hitchens, *God Is Not Great: How Religion Poisons Everything* (New York: Twelve Books, 2007), 56.
360. **역사상 가장 끔찍했던 잔혹 행위 가운데 일부가 종교적 신앙에 의해 유발되었다:** Matthew White, *The Great Big Book of Horrible Things: The Definitive Chronicle of History's 100 Worst Atrocities* (New York: Norton, 2011).
361. **"어린아이들이" 예언자 엘리샤를 대머리라고 놀리자:** Kings 2:23-25 (King James Version).
362. **같은 사회 안에서 과연 종교인이 세속인보다 더 도덕적일까?:** For a review, see P. Bloom, "Religion, Morality, Evolution," *Annual Review of Psychology* 63 (2012): 179-99.
363. **"그 사람이 얼마나 열심히 … 종교적 믿음이 아니다":** Robert D. Putnam and David E. Campbell, *American Grace: How Religion Divides and Unites Us* (New York: Simon & Schuster, 2010), 467, 473.
364. **종교성과 자살 폭탄 테러에 대한 지지도 사이에 밀접한 관계가 있음:** J. Ginges, I. Hansen, and A. Norenzayan, "Religion and Support for Suicide Attacks," *Psychological Science* 20 (2009): 224-30.
365. **신이 이교도를 죽이기를 원한다고 믿는 사람은 … 죽이고 싶은 열망이 훨씬 더 클 것이다:** Rich-ard Dawkins, *The God Delusion* (New York: Bantam, 2006), 348.
366. **종교적 신념이 도덕적 신념을 초래하는 것이 아니라, 종교적 신념에 도덕적 신념이 반영되는 것이다:** Robert Wright, *Evolution of God* (New York: Little, Brown, 2009), 410.
367. **도덕적 범주가 클수록 항상 좋은 법은 아니라는 것:** For an earlier ex-ploration of some of the ideas here, see Bloom, *Descartes' Baby*.
368. **고양이를 불 위에 올리는 행위를 용납 가능한 형태의 대중 오락으로 여겼다:** Norman Davies, cited in Pinker, *Better Angels*, 145.
369. **데이비드 브룩스는 … 이런 경향을 명료하게 옹호한다:** David Brooks, *The Social Animal: The Hidden Sources of Love, Character, and Achievement* (New York: Random House, 2011), x, xiii.
370. **2001년 논문:** J. Haidt, "The Emotional Dog and Its Ra-tional Tail: A Social Intuitionist Approach to Moral Judgment," *Psychological Review* 108 (2001): 814-34, quotes from 814 and 830.
371. **이 계파의 구호는 데이비드 흄에게서 왔다:** David Hume, *A Treatise of Human Nature* (New York: Oxford University Press, 1978), 415.
372. **손 씻기(청결 상기시키기)는 … 방귀 냄새를 맡는 경우도 마찬가지다:** S. Schnall, J. Haidt, G. L. Clore, and A. H. Jordan, "Disgust as Embodied Moral Judgment," *Person-ality and Social Psychology Bulletin* 34 (2008): 1096-1109; E. Helzer and D. A. Pizarro,

"Dirty Liberals: Reminders of Cleanliness Pro-mote Conservative Political and Moral Attitudes," *Psychological Science* 22 (2011): 517–22.
373. **우리는 갓 구운 빵 냄새를 맡거나 소액의 돈을 막 발견하면 다른 사람들을 도와주고 싶은 마음이 더 발동한다:** R. A. Baron and J. Thomley, "A Whiff of Reality: Positive Affect as a Potential Mediator of the Effects of Pleasant Fragrances on Task Performance and Helping," *Environment and Behavior* 26 (1994): 766–84; A. M. Isen and P. F. Levin, "The Effect of Feeling Good on Helping: Cookies and Kindness," *Journal of Personality and Social Psychology* 21 (1972): 384–88.
374. **시민권 운동이 일어나는 동안 미국 남부에서 흑인과 백인 어린이들이 겪어야 했던 역경:** Robert Coles, *The Moral Life of Children: How Children Struggle with Questions of Moral Choice in the United States and Elsewhere* (Boston: Houghton Mif-flin, 1986).
375. **낙태를 고민하는 젊은 여성들:** Carol Gilli-gan, *In a Different Voice: Psychological Theory and Women's Devel-opment* (Cambridge, MA: Harvard University Press, 1982).
376. **도덕적 이유로 … 합리적 이유를 분명하게 제시한다:** Paul R. Amato and Sonia A. Partridge, *The New Vegetarians: Promoting Health and Protecting Life* (New York: Plenum Press, 1989), quotes from 36–37.
377. **채식주의자가 된 6~10세 아동:** K. M. Hussar and P. L. Harris, "Children Who Choose Not to Eat Meat: A Study of Early Moral Decision-Making," *Social Development* 19 (2010): 627– 41.
378. **공평이 명시적으로 언급되어 있다:** Peter Singer, *The Expand-ing Circle: Ethics and Sociobiology* (New York: Farrar, Straus and Giroux, 1981).
379. **"당신을 해치지 않도록 … 서약하는 셈이 된다.":** Pinker, *Better Angels*, 648.
380. **공감과 공평성 간에는 흔히 상호강화 작용이 일어난다:** D. A. Pizarro and P. Bloom, "The Intelligence of Moral Intuitions: Comment on Haidt," *Psychological Review* 110 (2001): 197–98; Martin L. Hoffman, *Empathy and Moral Development: Impli-cations for Caring and Justice* (New York: Cambridge University Press, 2).
381. **심리학자 마틴 호프먼이 '귀납적 훈육'이라고 명명한 부모의 행동:** Hoffman, Empathy and Moral Development.
382. **도덕적 설득 과정을 완벽하게 포착할 수 있었다:** Melanie Killen and Adam Rutland, *Children and Social Exclusion: Morality, Preju-dice, and Group Identity* (New York: Wiley/Blackwell, 2011), 20–21.
383. **"난 숭고한 일을 하는 데는 소질 없지만":** The example of *Casa-blanca* is noted by Singer as well, in *Expanding Circle*, 340.

아포리아 4
# 선악의 기원

**1판 1쇄 발행** 2024년 9월 30일
**1판 5쇄 발행** 2025년 7월 14일

**지은이** 폴 블룸
**옮긴이** 최재천, 김수진
**펴낸이** 김영곤
**펴낸곳** (주)북이십일 21세기북스

**정보개발팀장** 이리현 **정보개발팀** 이수정 김민혜 김설아 양지원
**교정교열** 이보라 **디자인 표지** 수란 **본문** 푸른나무디자인
**출판영업팀** 정지은 장철용 강경남 황성진 김도연 이민재 한충희
**제작팀** 이영민 권경민
**해외기획팀** 최연순 소은선 홍희정

**출판등록** 2000년 5월 6일 제406-2003-061호
**주소** (10881) 경기도 파주시 회동길 201(문발동)
**대표전화** 031-955-2100 **팩스** 031-955-2151 **이메일** book21@book21.co.kr

ⓒ 폴 블룸, 2024

ISBN 979-11-7117-777-6 03180
KI신서 12999

**(주)북이십일** 경계를 허무는 콘텐츠 리더

21세기북스 채널에서 도서 정보와 다양한 영상자료, 이벤트를 만나세요!
**페이스북** facebook.com/jiinpill21 **포스트** post.naver.com/21c_editors
**인스타그램** instagram.com/jiinpill21 **홈페이지** www.book21.com
**유튜브** youtube.com/book21pub

책값은 뒤표지에 있습니다.
이 책 내용의 일부 또는 전부를 재사용하려면 반드시 (주)북이십일의 동의를 얻어야 합니다.
잘못 만들어진 책은 구입하신 서점에서 교환해드립니다.

※ '아포리아' 시리즈가 더 궁금하다면 큐알코드를 스캔하세요.

## 아포리아

**일상에서 마주친 사유의 정거장**

아포리아는 '해결하기 어려운 난제'를 뜻하는 그리스어로,
사유의 지평을 넓혀줄 '새로운 클래식'입니다.
지금까지와는 다른 삶 속으로 나아갈 우리가 탐구해야 할
지식과 지혜를 펴냅니다.

---

**01 제임스 앨런 원인과 결과의 법칙**
사람은 생각하는 대로 살게 된다

제임스 앨런 지음 | 박선영 옮김 | 184쪽(양장) | 값 19,800원

---

**02 제임스 앨런 부의 여덟 기둥**
부의 잠재력을 깨우는 위대한 공식

제임스 앨런 지음 | 임경은 옮김 | 360쪽(양장) | 값 23,800원

---

**03 제임스 앨런 운의 법칙**
내면의 힘이 운의 크기를 결정한다

제임스 앨런 지음 | 박은영 이미숙 옮김 | 704쪽(양장) | 값 33,800원

---

**04 선악의 기원**
아기를 통해 보는 인간 본성의 진실

폴 블룸 지음 | 최재천 김수진 옮김 | 344쪽 | 값 22,000원

---

**05 생각을 잃어버린 사회**
시대를 앞서간 천재 버트런드 러셀의 비판적 세상 읽기

버트런드 러셀 지음 | 장석봉 옮김 | 292쪽 | 값 19,800원

---

**06 빈곤 해방**
세계적 실천윤리학자 피터 싱어의 담대한 제언

피터 싱어 지음 | 황규진 옮김 | 340쪽 | 값 22,000원

---

**07 지그문트 바우만 행복해질 권리**
세기의 지성이 불안한 현대인에게 건네는 철학적 조언

지그문트 바우만 지음 | 김수진 옮김 | 노명우 감수 | 300쪽 | 값 19,900원